国家社科基金项目成果 *经管* 文库

Research on the System Optimization of the Financial Manipulation
Behavior and Performance Impact of Listed Companies' CFOs

上市公司CFO
财务操纵行为与绩效影响的
作用机制及制度优化研究

周方召　范允奇／著

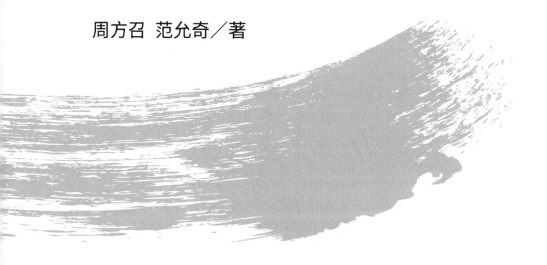

中国财经出版传媒集团
经济科学出版社
Economic Science Press

图书在版编目（CIP）数据

上市公司 CFO 财务操纵行为与绩效影响的作用机制及
制度优化研究/周方召，范允奇著 . —北京：经济科学
出版社，2019.10
（国家社科基金项目成果经管文库）
ISBN 978 – 7 – 5218 – 0895 – 7

Ⅰ.①上…　Ⅱ.①周…②范…　Ⅲ.①上市公司 – 财务
管理 – 研究 – 中国　Ⅳ.①F279.246

中国版本图书馆 CIP 数据核字（2019）第 194926 号

责任编辑：崔新艳
责任校对：靳玉环
责任印制：李　鹏

上市公司 CFO 财务操纵行为与绩效影响的作用机制及制度优化研究

周方召　范允奇　著

经济科学出版社出版、发行　新华书店经销

社址：北京市海淀区阜成路甲 28 号　邮编：100142

经管中心电话：010 – 88191335　发行部电话：010 – 88191522

网址：www. esp. com. cn

电子邮件：espcxy@ 126. com

天猫网店：经济科学出版社旗舰店

网址：http：//jjkxcbs. tmall. com

北京季蜂印刷有限公司印装

710 × 1000　16 开　15.5 印张　280000 字

2019 年 11 月第 1 版　2019 年 11 月第 1 次印刷

ISBN 978 – 7 – 5218 – 0895 – 7　定价：62.00 元

国家社科基金项目成果经管文库
出版说明

我社自 1983 年建社以来一直重视集纳国内外优秀学术成果予以出版。诞生于改革开放发轫时期的经济科学出版社，天然地与改革开放脉搏相通，天然地具有密切关注经济领域前沿成果、倾心展示学界翘楚深刻思想的基因。

2018 年恰逢改革开放 40 周年，40 年中，我国不仅在经济建设领域取得了举世瞩目的成就，而且在经济学、管理学相关研究领域也有了长足发展。国家社会科学基金项目无疑在引领各学科向纵深研究方面起到重要作用。国家社会科学基金项目自 1991 年设立以来，不断征集、遴选优秀的前瞻性课题予以资助，我社出版了其中经济学科相关的诸多成果，但这些成果过去仅以单行本出版发行，难见系统。为更加体系化地展示经济、管理学界多年来躬耕的成果，在改革开放 40 周年之际，我们推出"国家社科基金项目成果经管文库"，将组织一批国家社科基金经济类、管理类及其他相关或交叉学科的成果纳入，以期各成果相得益彰，蔚为大观，既有利于学科成果积累传承，又有利于研究者研读查考。

本文库中的图书将陆续与读者见面，欢迎相关领域研究者的成果在此文库中呈现，亦仰赖学界前辈、专家学者大力推荐，并敬请经济学界、管理学界给予我们批评、建议，帮助我们出好这套文库。

经济科学出版社经管编辑中心

2018 年 12 月

　　本书为国家社会科学基金项目"上市公司 CFO 财务操纵行为与绩效影响的作用机制及制度优化研究"（15BGL063）的成果；并受江南大学金融创新与风险管理研究基地（项目批准号：1092050205193200）的资助

前言

Preface

2000 年初，安然、世通等知名企业财务造假丑闻直接暴露了英美国家公司治理和 CFO（首席财务官，Chief Financial Officer）制度的缺陷，随着美国的《萨班斯—奥克斯利法案》（Sarbanes – Oxley Act，简称萨班斯法案、SOX 法案）出台，CFO 在公司财务报告、战略决策和运营管理方面负有日益重要的职责。然而直到近些年来，财务管理和公司金融学领域才逐渐将研究视角聚焦于 CFO 职能定位、CFO 财务行为与公司治理问题等方面。据资料统计，2002~2007 年，美国有超过 50 位 CFO 因财务欺诈被单独起诉定罪；而根据《2013 年中国企业家犯罪报告》统计，2013 年 592 个样本中，明确犯案环节的 391 个企业家犯罪案例中，财务方面违法违规占比达到 42%。尽管 CFO 地位愈加突出、企业财务操纵行为愈加严峻和隐蔽，但目前国内外对于 CFO 财务操纵问题的理论研究仍相对薄弱。

与欧美上市企业不同，中国上市公司中，不仅投资者与管理层之间存在委托代理关系，而且由于股权结构较为集中，大股东往往直接出任公司 CEO（首席执行官，Chief Executive Officer）或通过其家族持股而参与公司的运营管理。实际控制人的影响甚为重要，CEO 和 CFO 之间也可能存在利益协调的问题。本书从 CFO 财务行为与影响的角度出发，首先，通过对上市公司 CFO 职能的界定明确其应有的责任和作用；其次，深入剖析 CFO 对于企业绩效的影响，分析 CFO 个人背景特征因素的具体效应，并在此基础上，进一步探讨和阐明民营上市公司和国有上市公司 CFO 制度的效果，同时厘清 CFO 在盈余管理、投资效率和违法违规行为中的影响以及 CEO 或大股东在其中施加的影响。本书的研究内容对于丰富公司治理领域文献、剖析 CFO 违法违规原因、完善薪酬激励理论等具有一定的学术价值，同时，基于中国证券市场制度背景的研究也为公司治理实践、监管政策完善和优化 CFO 制度提供了现实参考。

本书着重探讨分析了以下内容，并得出相应的结论。

第一，当前上市公司 CFO 职能和工作内容都发生了变化，需要 CFO 成为 CEO 的战略伙伴和投资者的"看门人"（watching dog），在公司的价值创造过程中发挥更大作用。上市公司 CFO 的工作重心应该从传统的财务会计逐步向战略管理、风险管理、价值管理和监督管理方面倾斜；同时，赋予 CFO 相应的权限、提升 CFO 在我国上市公司管理团队中的地位，真正成为投资者公司的"看门人"。

第二，从民营上市公司来看，控制权和现金流权分离程度越高的企业越倾向聘用内部来源的 CFO，女性 CFO 更能够减轻内部委托代理。女性高管可以显著抑制公司过度投资，但也会加剧投资不足。在国有上市公司中，女性高管抑制过度投资的作用并不显著。

第三，国资委控股国有上市公司中，CFO 和 CEO 没能产生抑制超额销售管理费用的影响，财务总监委派制度没能起到应有的财务监督效果，国有上市公司中 CFO 和 CEO 薪酬与公司财务绩效之间存在显著的正向关系，这主要是由于国资委考核企业高管的业绩导向所致。

第四，目前民营上市公司 CEO 薪酬、CFO 薪酬已经和公司绩效之间建立起了较强的正向联系，而且在考虑了盈余管理活动的影响之后，未管理的真实业绩与高管薪酬之间仍然存在显著的正向关系。公司非控股股东董事比例的提高有助于 CFO 和 CEO 薪酬业绩敏感性的提升，非控股股东董事更好地发挥了对管理层的监督激励作用。

第五，在财务操纵方面，民营上市公司的应计盈余管理不会对 CFO 或 CEO 的货币薪酬产生显著影响，但 CEO 相对影响力会带来其薪酬水平的直接提升。而真实活动盈余管理程度的提高却体现了 CFO 和 CEO 的薪酬私利动机，真实活动盈余管理的绝对量加大，CEO 或 CFO 的货币薪酬水平也会显著增加，在 CEO 相对影响力更大的公司中，这种效应更为显著。实际控股股东的两权分离程度越大，真实活动盈余管理的机会主义行为带来的货币薪酬水平提升也越高。

第六，公司财务重述和 CEO 次年的薪酬之间存在显著的负向关系。这说明财务重述等不当行为会引发公司对 CEO 薪酬的惩罚，这也体现出目前中国上市公司高管薪酬自律性的制约机制能够起到一定的效果；但当 CEO 相对影响力更高的时候，CEO 所受到的降薪效应将会减弱，CFO 降薪会显著，体现了 CEO 权力论的观点。

第七，从公司违法违规角度分析发现，公司面临退市业绩压力会显著提高违法违规的可能性，而 CEO 和 CFO 的薪酬水平都与公司违法违规倾向之间存在显著的负向关系，验证了公司高管违法违规是经济理性选择假设，而且也体现了单纯以业绩衡量的退市压力会弱化高管薪酬对违规倾向的抑制效应。

第八，研究了高管影响力和制衡对于公司股价崩盘风险的影响，CEO 影响力提高了未来公司股价崩盘的风险，而 CFO 对 CEO 相对影响力的制衡能够显著降低公司股价崩盘风险，CFO 影响力制衡是公司董事会等治理机制的一种有效替代。

第九，通过对萨班斯法案施行以来美国公司治理实践和相关文献的梳理、研究发现，萨班斯法案提高了公司董事会的独立性，而且由独立董事构成的审计委员会在监督高管和财务信息披露方面起到了一定的积极作用；相对执行成本较小的 302 条款内控要求、公司治理质量的提高和法律对外部审计的威慑，在一定程度上起到了提高公司信息披露透明度的作用，因此适度的外部监管和内部治理机制完善能够对公司财务造假行为及高管渎职行为起到一定的限制作用。

基于研究内容和结论，对上市公司监管、公司治理完善和 CFO 制度优化提出以下具体对策建议。

（1）对政府相关监管机构的建议。第一，完善信息披露制度，强化 CFO 法律责任、提高 CEO 和 CFO 信息披露违规成本。除了对 CEO 信息披露责任强化之外，还需要提高 CFO 在财务报告和信息披露方面的法律地位，发挥其作为董事会和股东"看门人"的功能作用。第二，强化内部控制要求的同时，考虑合理的"豁免"原则，从而降低中小上市公司的合规成本。第三，对国有控股企业的监管应避免单纯业绩导向，而且对于不同职位的高管应制定有区别的考核目标，集体考核业绩的办法需要进行调整，对 CFO 的考核应着重从财务监督角度入手。第四，在证券市场退市制度方面进行改革与硬约束的强化，除了业绩标准外，对违法违规企业的处罚（特别是信息披露方面的处罚）应更趋严格，增加对信息披露违规退市的具体政策规定。

（2）对上市公司治理和 CFO 制度方面的建议。第一，推进公司治理改革、完善"三委"设置，进一步提高董事会独立性，发挥外部董事（特别是非控股股东）的积极作用。第二，完善上市公司高管薪酬制度，强化薪酬业绩敏感性，进一步提高 CFO 的影响力和职权，适当增加女性 CFO 和董事比例。第三，发挥非控股股东董事和 CFO 的影响力，完善 CFO 制度设计，提升管理职责和地位，对 CEO 和实际控制人进行有效监督与制衡。

（3）对公司股东和投资者的建议。第一，投资者应在投资过程中关注公司的财务重述和盈余管理，对发生财务重述和盈余管理的公司、存在违法违规行为的公司采取"用脚投票"或法律诉讼的方式，减轻和避免投资损失。第二，关注公司 CEO 和 CFO 的影响力与地位差异，充分利用公司高管信息，预防和减轻面临的股价崩盘风险。第三，公司大股东需要在 CFO 选择方面进行考察，特别是非控股股东要充分发挥投票权并积极利用董事会席位发挥监督作用。

全书由周方召统稿，其中第五章、第六章部分内容，以及第九章部分内容由范允奇负责完成，其余章节由周方召负责完成。在本书的写作过程中，加拿大温莎大学安云碧（Yunbi An）教授、加拿大麦吉尔大学谭红平（Hongping Tan）副教授、江南大学谢玉梅教授、王雷教授和张泽南副教授对本书的完成提供了重要的学术启发和帮助，研究生刘子颖、项爽等在数据搜集、文献整理方面做了大量的工作。感谢崔新艳编审细致认真的工作，在她的帮助下此书得以及时顺利出版。在此对为本书及研究工作提供帮助的专家学者和工作人员一并表示由衷感谢！

作者

2019 年 8 月

目　录
Contents

第一章 绪 论

第一节 研究背景、目的和意义

一、研究背景

随着 CFO（首席财务官）在公司高管团队中地位的逐渐提高，其职能作用也越来越受到重视，尤其是自美国的《萨班斯—奥克斯利法案》（Sarbanes - Oxley Act，简称萨班斯法案）出台之后，CFO 在公司财务报告、战略决策和运营管理方面负有日益重要的职责①。实际上，2000 年初安然、世通等知名企业财务造假丑闻直接暴露了英美国家公司治理和 CFO 制度的缺陷，从而促使萨班斯法案出台，进而对欧美国家公司治理改革和 CFO 权责重新定位都产生了重要的影响（Cohen，2009；Barua and Yan，2011；Knewtson and Nofsinger，2013）。

然而，直到近些年来，财务管理和公司金融学领域才逐渐将研究视角聚焦于 CFO 职能定位、CFO 财务行为与公司治理问题等方面（Fogel et al.，2014）。据资料统计，2002~2007 年，美国有超过 50 位 CFO 因财务欺诈被单独起诉定罪（DOJ，2007）。冯等（Feng et al.，2008）关于 CFO 违法违规的研究也发现，占其样本总量 20% 的企业 CFO 被单独起诉；而根据《2013 年中国企业家犯罪报告》统计，2013 年 592 个样本中的 7% 为 CFO 单独犯罪，且明确犯案环节的 391 个企业家犯罪案例中，财务方面违法违规占比达到 42%。

---

① 欧美一些知名大企业近年来甚至已经取消了 COO 职位，而将原 COO 职能赋予了 CFO，且欧美公司治理和监督方面的监管法律法规也将 CFO 的法律责任提升到与 CEO 地位相似来看待。

尽管 CFO 地位愈加突出、企业财务操纵行为愈加严峻和隐蔽，但目前国内外对于 CFO[①] 问题的理论研究仍相对薄弱。实际上，作为公司会计职能和内部财务监督职能的负责人，CFO 可能对公司会计信息处理和财务绩效的影响更大，其财务行为可能会直接影响个人收益乃至企业绩效（Geiger and North, 2006; Chava and Purnanandam, 2010）。姜等（Jiang et al., 2010）的研究发现，在解释应计盈余管理活动方面，CFO 股权激励比 CEO（首席执行官）的股权激励更重要，出于个人私利目的，CFO 更有可能从事盈余管理行为，而且在控制了 CEO 影响的条件下，CFO 股权激励仍然可以对盈余管理产生显著影响，这就体现了 CFO 在财务会计活动中的独立作用。冯等（2011）的研究则以是否存在欺诈性财务报告来划分两类公司样本，回归结果表明，两类公司 CFO 的股权激励程度基本相同；然而，存在欺诈性盈余操纵的公司，其 CEO 股权激励更高，CFO 卷入财务造假主要的原因是屈服于 CEO 的压力。

欧美国家上市公司股权结构较为分散，公司治理中主要的问题是投资者和管理层之间的内部委托代理矛盾。反观中国上市公司，不仅投资者与管理层之间存在委托代理关系，而且由于股权结构较为集中，大股东往往直接出任公司 CEO 或通过其家族持股而参与公司的运营管理，实际控制人的影响甚为重要，CEO 和 CFO 之间也可能存在利益协调的问题。特别是近年来，在我国经济体制改革不断深入的背景下，公司治理改革不断深化，混合所有制和引入社会资本也提上公司治理改革实践的日程。因此，不同所有权性质的上市公司 CFO 究竟如何定位，CFO 财务行为与公司绩效之间关系、CEO 或控股股东对 CFO 职能作用的影响究竟如何，内外部公司治理机制对公司 CFO 的行为会产生何种影响等问题迫切需要理论和经验总结。虽然国内外相关文献逐渐涌现，但从研究视角和研究结果来看，并未形成完全一致的结论与统一成熟的理论，从研究问题和研究方法来看，仍有进一步改进的空间。本书以中国上市公司为研究对象，系统探讨 CFO 能否起到"看门人"的作用，其职能发挥或财务行为是否出于私利、是否受到 CEO 和大股东的影响等具体问题。

二、研究目的

本书从 CFO 财务行为与影响的角度出发，首先，通过对上市公司 CFO

[①] 2002 年中国总会计师协会第三次全国会员代表大会决定采用首席财务官（CFO）称呼替代总会计师，本书对公司财务负责人统称为 CFO。

职能的界定明确其应有责任和作用；其次，深入剖析 CFO 对于企业绩效的影响，分析 CFO 个人背景特征因素的具体效应，并在此基础上，进一步探讨和阐明民营上市公司和国有上市公司 CFO 制度的效果，同时厘清 CFO 在盈余管理、投资效率和违法违规行为中的影响以及 CEO 或大股东在其中施加的作用；再次，结合中国证券市场制度背景和国外已有研究，通过对国外法律法规施行的实践总结，提出针对我国上市公司 CFO 制度的完善建议与优化措施。

具体的研究目标包括：第一，通过分析以美国、德国等为代表的成熟市场经济国家 2002 年后公司治理方面的改革和 CFO 制度的变化，结合我国上市公司 CFO 制度现状，剖析和明确 CFO 的职能、地位和作用，从而为我国 CFO 制度完善提供可供借鉴的实际思路；第二，通过分析 CFO 财务行为的作用机制和影响效果，总结 CFO 个体特质因素对企业资本结构、委托代理和绩效提升影响的经验证据，并提供实践参考；第三，通过分析国有控股上市公司和民营上市公司目前 CFO 制度的执行效果，进一步检验公司治理、CEO 或大股东影响与 CFO 行为之间的逻辑关系和计量证据，为评价和优化公司治理与 CFO 制度提供经验参考与政策建议，促进和完善 CFO 发挥作为投资者"看门人"的应有效应。

三、研究意义

根据中国上市公司内部控制指数的统计披露，2013 年 201 家上市公司发生了财务重述，103 家上市公司及董事、监事或高管受到处罚，68 家上市公司被出具非标准审计意见。尽管近年来中国上市公司治理结构、证券市场投资者法律保护程度不断得以完善，但上市公司的财务造假丑闻和欺诈舞弊事件仍层出不穷。从"蓝田股份""绿大地"的财务造假到"南纺股份""万福生科"的欺诈操纵，我们发现，除了公司实控人或 CEO 之外，CFO 更趋深陷于盈余操纵和会计造假丑闻的泥潭之中。同时，随着中国企业深化改革步伐的加快和相关市场监管法规国际化接轨的推进，作为公司高管团队中地位仅次于 CEO 的主要成员，CFO 的职能作用也日趋重要，CFO 既要负责公司财务报告的时效质量与信息披露准确，又要对企业投融资决策和资本结构等财务管理运营做出决定。国内外上市公司中，CFO 地位与战略影响都与日俱增，企业绩效、财务报告质量和费用控制都会受到 CFO 财务行为的影响，CFO 财务行为往往又会受到其背景等个体特质因素的影响，而如何选拔和约束 CFO 行为又取决于公司股权结构、治理结构和机制。因此，CFO 财务行为的影响效果、CFO 特质因素和公司治理制度三者环环相扣，层层递进。本书拟以 CFO 在公司中的地位和作用为切入点，探讨 CFO 选择财务行为的原因，并解释其背后的作用机制，进而对目前 CFO 制度进行评价和优化研究。

本书试图回答以下问题：（1）为什么 CFO 会选择盈余管理甚至财务操纵行为以及这种行为对企业造成何种损害；（2）目前的公司治理机制对于 CFO 的监督约束和变更是否发挥了有效的作用。要回答这两个问题，就需要进一步深入探讨：究竟是委托代理还是 CEO 压力假设能够解释 CFO 的财务操纵行为？CFO 的相对影响力能否发挥积极影响？CFO 的个体背景特征是否会对其财务行为、委托代理关系以及公司绩效产生影响？国有企业财务总监委派制度是否有效，民营企业选择 CFO 的目的与效果如何？CFO 在企业中的地位、职责和作用究竟是什么？如何改进公司治理机制才能发挥 CFO 的作用？本书正是要通过对以上问题的回答，从而给出相应的理论解释、经验证据和具有可行性的政策建议。

本书的学术价值与理论意义在于：首先，依托公司治理和公司金融的基本理论，对存在 CEO（或控股股东）压力下的 CFO 财务行为与绩效影响进行分析，明确中国上市公司 CFO 财务操纵行为的具体动因和影响因素，辨析公司大股东和 CEO 在其中的作用，从而可以为理论演进和监管政策提供有的放矢的经验支持；其次，引入公司治理机制对 CFO 行为的影响研究，通过实证检验进而扩展公司治理机制在 CFO 行为和公司违法违规约束领域的文献，并提供经验证据的参考；再次，设计合理的相对影响力衡量指标、检验理论假设，明确公司治理机制具体优化方向，提供有效建议。

本书的应用价值与现实意义在于：第一，通过对国有企业财务总监委派制度和民营企业 CFO 任命影响的考察，丰富本领域的实证研究文献，明确公司治理机制对 CFO 财务行为和绩效的影响，并为监管政策和 CFO 制度的制定、完善提供明确证据与经验支持；第二，通过对 CFO 特质因素及其影响的分析，总结样本统计特征和经验结论，为完善 CFO 任命与选拔制度提供参考和切实可行的政策建议；第三，通过对财务重述、高管薪酬和公司违规等角度的深入分析，明确 CFO 在其中的作用，并结合 CEO 影响，有针对性地总结和提出相应经验结论，从而为完善公司治理和保护投资者利益政策的制定提供借鉴。

第二节 文献述评与研究内容

一、国内外文献梳理

目前，针对上市公司 CFO 问题的研究正不断向纵深方向发展，从逻辑关系来看，最为突出的集中在相互关联的四个方面，即 CFO 职责定位和 CFO 为何越来越多卷入财务操纵行为、从 CFO 人口统计特征出发探讨 CFO 特质因素对会计信息质量和绩效的影响、CFO 异常变更的原因与反应、公司治理机制对 CFO 变更是否起到作用和变更后的绩效评价。具体的国内外文献分为以下四个部分详细述评。

1. CFO 财务操纵行为的原因与机理分析

考虑到 CFO 对会计信息处理和财务绩效的影响可能更大（Geiger and North，2006；Graham et al.，2005；Chava and Purnanandam，2010），部分学者基于个人私利假设或 CEO 压力假设，在控制 CEO 特征变量基础上实证考察了 CFO 从事盈余管理甚至财务造假等操纵行为的动机。姜等（2010）发现 CFO 股权激励对于盈余管理规模具有更大敏感性，但冯等（2011）也验证了 CFO 盈余管理或者财务造假行为更多迫于 CEO 压力。国内方面，林大庞和苏冬蔚（2012）发现，正式实施股权激励会诱发盈余管理行为，CEO 股权激励效应要强于 CFO 股权激励效应。都卫锋（2012）的实证研究结果却表明，具有较强独立性和影响力的 CFO 对会计信息质量的独立影响力显著增加；当 CEO 与 CFO 同时更换时，调减应计利润的"大洗澡"现象更加严重。姜付秀等（2013）进一步发现，CEO 与 CFO 任期交错能够降低公司的应计项目盈余管理水平，但 CEO 权力影响了任期交错对降低公司盈余管理的积极作用。目前的国内外经验研究结论仍存在冲突，并不能在一个统一的理论框架下对 CFO 财务操纵行为进行有效解释。就申请者目前掌握的文献来看，仅有弗瑞德曼（Fiedman，2013）对 CFO 财务操纵行为进行了理论分析，解释了存在 CEO 压力下的 CFO 财务行为机理，但其模型并未深入探讨如何优化公司治理机制进而约束 CFO 财务操纵行为，而且对于 CFO 在财务管理活动和其他战略活动之间职能配置的分析未能提供相应的经验证据。此外，在经验研究中，主要采用应计项目盈余管理，较少采用真实活动盈余管理指标；最近的研究却表明，真实活动盈余管理才是影响企业长期成长的重要因素（Roychowdhury，2006；Chapman et al.，2011）。

纵观以上研究，发现仍存在较大改进空间。首先，需要解释 CFO 财务操纵行为的动机与机理，明确竟 CEO 还是 CFO 在财务报告质量方面具有主要影响力；在此基础上更为重要的是探求约束 CFO 财务操纵行为、提高财务报告质量和创造企业价值的作用机理和激励机制，并进一步优化 CFO 制度和公司治理机制。其次，现有文献从 CFO 角度出发的研究丰富了公司治理领域的研究范畴与内容，但多关注于传统应计项目盈余管理，缺乏对真实活动盈余管理的考察，科恩等（Cohen et al.，2010）、李增福等（2011）的研究均发现，真实活动盈余管理才是影响企业长期发展的最重要因素，那么探求 CFO 真实盈余管理的动机和影响也就更具有现实意义。再次，已有经验研究中，仅引入 CEO 特征作为控制变量并不能充分解释和衡量 CEO 压力，选取和构建更为合适的 CEO 与 CFO 相对影响力指标对于计量模型的稳健性和解释力度都有重要的意义。

2. CFO 人口统计特征对财务行为和会计信息质量的影响

在分析 CFO 财务操纵动机的基础上，学者们从 CFO 性别、年龄和经历背景等特质因素出发，试图探索和总结 CFO 特质因素和个人风格对财务行为和会计信息质量的影响。埃尔等（Aier et al.，2005）研究发现，财务重述和 CFO 的财务工作经验负相关，但该文在模型设计上存在明显的内生性问题，因此其结论存在争议。盖革和诺思（Geiger and North，2006）、葛等（Ge et al.，2010）的研究都证实了 CFO 个体特质因素对公司会计政策选择和财务报告质量有显著影响。国内关于 CFO 个体特质因素影响的研究仍不多见，其中，杜胜利等（2005）描述统计了上市公司高级财务管理人员的基本情况，邱昱芳等（2011）、王霞等（2011）和熊焰韧等（2013）都从 CFO 年龄、性别和学历角度出发，研究了 CFO 人口统计特征对会计信息质量的影响。

这些文献为 CFO 特质因素分析提供了更加丰富的视角和思路，但已有研究不同程度地忽略了 CEO 特质因素的交互影响，姜付秀等（2013）改进了相关研究方法，考虑了 CEO 和 CFO 的任期交错，研究结果表明二者的交错任期可以降低盈余管理行为。由于研究热点和关注角度转换需要时间，早期国内外研究多是从 CEO 角度进行探讨，目前多数研究仍未能提供 CFO 和 CEO 工作经验与选拔来源等更为深入的信息，CFO 源自内部提升、家族成员还是"空降兵"以及是否与 CEO 经历存在交集都会对企业财务行为和其他战略活动产生重要影响,而此方面的经验证据非常缺乏。此外,CFO 个体特质因素也可能对融资策略、贷款可得性和资本结构发挥影响(Francis et al., 2011),这也需要进一步提供相应的证据。

3. CFO 变更的原因分析

早期文献主要分析了 CEO 变更的原因和绩效影响问题,随着 CFO 在公司高管团队中地位的不断提高,同时也为了验证 CEO 财务操纵压力是否是迫使 CFO 离职的主要原因,近年来关于 CFO 变更问题的实证文献逐渐增加,研究成果较为丰富,研究结论较为一致。已有研究均指出,公司糟糕的前期业绩表现或财务重述是导致 CFO 离职或变更的主要原因(Mian, 2001; Hennes et al., 2008; 李常青等, 2005; 郭葆春, 2008; 王跃堂等, 2008; 王进朝, 2009);而当经营和绩效表现正常的公司 CFO 异常变更后,企业明显出现财务操纵或盈余管理行为,这可能是 CFO 迫于 CEO 财务操纵压力下的非自愿离职(Engel et al., 2013)。尽管这一方向的研究文献不断涌现,但不少文献都忽视了 CFO 变更和企业绩效之间可能存在的互为因果问题和样本选择偏差问题;因此,仍需在控制内生性问题的基础上采用更为适合的计量方法加以改进,以期得到更具稳健性和说服力的研究结论。

4. 公司治理机制对 CFO 变更效果的评价及 CFO 制度有效性的分析

2002 年美国的萨班斯法案对公司治理结构、董事会治理机制和 CFO 监督约束机制都产生了重要影响,尽管法学界对此法案有矫枉过正与否的争论,但科恩等(2008)的经验研究发现,2002 年后应计项目盈余管理明显下降,虽然应计盈余管理可能被更多的真实盈余管理所替代(Lobo and Zhou, 2006),但法案所引发的公司治理改革仍然对企业会计信息质量和 CFO 作用发挥具有积极影响(Dyck et al., 2013)。姆布斯(Mobbs, 2011)较为详细地考察了由董事会主导 CFO 变更后的公司绩效情况,董事会任命新 CFO 会降低公司融资约束,提高融资弹性从而有利于企业经营绩效提升。恩格尔等(Engel et al., 2013)采用样本匹配方法的研究发现,萨班斯法案颁布实施后,董事会治理机制的完善对 CFO 变更以及后期业绩改善具有显著的有效性。

实际上,我国的 CFO 制度也处于一个动态变化的过程中,1999 年的《会计法》、2006 年《中央企业总会计师工作职责管理暂行办法》、2010 年《会计行业中长期人才发展规划》都对其职责、能力、地位和制度建设提出总体规划和具体要求。尤其在 2000 年后，中央和各地国有控股企业财务总监委派制度普遍推行，而针对国有企业 CFO 委派制度的效果评估、财务总监委派制度对于在职消费和会计报告信息质量的影响等方面的经验研究却寥寥无几，而且公司内外部治理机制对 CFO 变更效果影响的评价研究也较为缺乏。

二、本书的主要内容

本书着重研究了以下内容，并得出相应的结论。

第一，民营上市公司 CFO 选择、CFO 个体特征、CFO 薪酬的影响因素和经济后果研究。首先，从民营上市公司来看，控制权和现金流权分离程度越高的企业越倾向聘用内部来源 CFO，女性 CFO 更能够减轻内部委托代理；其次，目前民营上市公司 CEO 薪酬、CFO 薪酬已经和公司绩效之间建立起了较强的正向联系，而且在考虑了盈余管理活动的影响之后，未管理的真实业绩与高管薪酬之间仍然存在显著的正向关系。

第二，CFO 财务操纵和公司违法违规问题的研究。首先，民营上市公司的应计盈余管理不会对 CFO 或 CEO 的货币薪酬产生显著影响，但 CEO 相对影响力会带来其薪酬水平的直接提升；而真实活动盈余管理程度的提高却体现了 CFO 和 CEO 的薪酬私利动机，真实活动盈余管理的绝对量越大，CEO 或 CFO 的货币薪酬水平增加也会越显著，在 CEO 相对影响力更大的公司中，这种效应更为显著。其次，实际控股股东的两权分离程度越大，真实活动盈余管理的机会主义行为带来的货币薪酬水平提升也越高。再次，公司非控股股东董事比例的提高有助于 CFO 和 CEO 薪酬业绩敏感性的提升，非控股股东董事更好地发挥了对管理层的监督激励作用。

第三，国有上市公司的 CFO 财务总监制度评价。国资委控股的国有上市公司中，CFO 和 CEO 没能产生抑制超额销售管理费用的影响，财务总监委派制度没能起到应有的监督效果，国有上市公司中 CFO 和 CEO 薪酬与公司财务绩效之间存在显著正向关系。

第四，高管薪酬和财务违规方面的研究。首先，公司财务重述和 CEO 次年的薪酬之间存在显著的负向关系。这说明财务重述等不当行为会引发公司对 CEO 薪酬的惩罚，这也体现了目前中国上市公司高管薪酬自律性的制约机制能够起到一定的效果。但当 CEO 相对影响力更高的时候，CEO 所受到的降薪效应将会减弱，CFO 降薪会显著，体现了 CEO 权力论的观点。其次，公司面临退市业绩压力会显著提高违法违规的可能性，而 CEO 和 CFO 的薪酬水平都与公司违法违规倾向之间存在显著的负向关系，验证了公司高管违法违规是经济理性选择假设，而且也体现了单纯以业绩衡量的退市压力会弱化高管薪酬对违规倾向的抑制效应。

第五，高管影响力制衡和国外监管借鉴研究。通过对高管影响力和高管制衡与公司股价崩盘风险关系的研究发现，CEO 影响力提高未来公司股价崩盘的风险，而 CFO 对 CEO 相对影响力制衡能够显著降低公司股价崩盘风险，CFO 影响力制衡是公司董事会等治理机制的一种有效替代。通过对萨班斯法案施行以来美国公司治理实践和相关文献的梳理、研究发现，萨班斯法案提高了公司董事会的独立性，而且由独立董事构成的审计委员会在监督高管和财务信息披露方面确实起到了一定的积极作用。相对执行成本较小的 302 条款内控要求、公司治理质量的提高和法律对外部审计的威慑在一定程度上起到了促进公司信息披露透明度提高的作用，因此适度的外部监管和内部治理机制完善能够对公司财务造假行为和高管渎职行为起到一定的限制作用。

三、研究思路与方法

本书坚持以问题为导向，理论研究和经验研究相结合，归纳分析和比较研究相结合，运用已有数据库或文本阅读方式获得数据信息、构建相关指标，采用配对样本研究方法、DIDPSM（双重差分和倾向评分匹配）和工具变量两阶段最小二乘方法展开计量分析。具体研究方法包括：采用双重差分方法、虚拟变量、倾向评分匹配方法、处理效应模型、两阶段最小二乘方法和赫克曼（Heckman）两阶段模型等实证计量方法，在充分考虑内生性问题和选择性偏误的基础上，对 CFO 的经济影响进行经验研究。

第三节　创新之处

第一，从研究内容和研究对象来看，已有文献通常关注 CEO 对企业绩效和财务操纵的影响，自萨班斯法案颁布以来，公司治理改革和 CFO 作用的争论逐渐获得越来越多的关注，尤其是近些年来，针对 CFO 问题的学术研究呈现递增的趋势，学术界开始反思和聚焦于 CFO 对企业会计财务活动和绩效的影响，并进而探讨公司治理机制和 CFO 制度的完善。在此背景下，本书着重考察 CFO 财务行为的内在原因和影响，通过理论分析和实证检验，验证了

CFO 财务操纵和违规行为是否会受到 CEO 压力和大股东影响的经验问题，在现有研究基础上进一步控制计量模型中的内生性问题，从 CFO 角度出发为本领域研究提供新的视角和思路。

第二，从研究方法和研究视角来看，本书以 CFO 个体特质因素和公司治理机制监督效果为切入点，探讨日益重要的 CFO 职能及其个人特质因素对于财务活动和企业绩效的影响，进一步丰富了公司治理领域和高管监督激励理论方面的文献。同时，本书在研究 CFO 问题的过程中，也控制了 CEO 相对影响力变量，手工收集整理 CFO 和 CEO 背景等特质因素信息，并进行文本阅读，搜集 CFO 相关信息，综合采用多元回归分析、倾向评分匹配（propensity score matching，PSM）、面板数据和系统广义矩估计多种计量模型和方法，全面实证检验了相关的研究假设，为 CFO 的经济影响和 CEO 在其中的作用提供了较为稳健的研究结果。

第三，从研究设计和研究思路来看，本书在已有文献基础上，着眼于我国目前的上市公司治理改革和产权多样性问题，通过对国外公司治理机制改革和 CFO 制度完善的历史经验梳理，总结出相关建议。在具体的研究设计上，以公司盈余操纵是否会带来薪酬和私利的提高为检验逻辑，实证研究了不同盈余管理活动、财务重述行为对于 CFO 和 CEO 薪酬的影响，并且引入了 CEO 影响力和相对制衡因素，较为深入地分析了 CFO 财务操纵行为的影响因素和经济后果，从而为相关政策提供参考与经验支持。

第二章 现代企业 CFO 制度演进与中国企业 CFO 的职责定位

　　随着公司规模的不断扩大与股权结构的逐渐分散,所有权与经营权相分离也导致所有者与经营者在目标和利益等方面存在较大差异。为了克服企业契约关系中的委托代理问题,也为了解决现代公司规模扩大而产生的决策效率低下弊端,美国在 20 世纪 60 年代后对公司治理结构进行创新,设置了 CFO 这一职位来执行董事会的部分权力,股东也试图借用 CFO 职能实现所有者对财务的控制权和完善内部治理的监督机制。一般来说,CFO 作为公司 CEO(公司决策执行机构的最高负责人)的助手,被授权处理与公司财务有关的事务。除了传统的资金管理和财务监督职能外,随着现代公司财务管理的综合性和战略性愈加增强,CFO 的职责定位已经远远超越了传统的财务管理范畴。2014 年,埃森哲公司针对全球 600 多位高级财务管理人员在财务与绩效方面的一项全球在线调查表明,CFO 已经成为 CEO 的关键合作伙伴,正在承担起与 CEO 一道共同推动业务转型和战略执行的关键职责。

　　进入 21 世纪后,随着欧美大公司的财务丑闻和美国萨班斯法案的推出,欧美国家不仅对 CFO 职能进行重新定位(张华伦和王磊,2006),更是明确要求公司 CEO 和 CFO 对报送给证券监管机构的财务报告的合法性和公允性表达进行保证,并承担相同的法律责任,从而进一步提升了公司 CFO 的法律地位。在财务操纵和盈余管理频发的现代经济背景下,CFO 在公司的作用愈加重要,其职责定位及其在公司治理中的作用研究无疑具有重要的意义,本章通过对 CFO 职责定位的理论分析,并结合欧美及我国 CFO 制度的发展与演变进行考察,不仅能够为我国公司治理结构完善、CFO 制度优化提供参考借鉴,而且也将提供完善内部监督机制和减轻委托代理问题的新思路。

第一节   CFO 职责的理论分析与职能框架构建

一、委托代理理论视角下的 CFO 职责

从现代公司产生的那一天起，公司治理问题就摆在企业的所有者和参与者面前了。公司治理就是限制针对事后产生的准租金分配的种种约束方式的总和，包括所有权的配置、企业的资本结构、对管理者的激励机制、公司接管、董事会制度、来自投资者的压力、产品市场的竞争、劳动力市场的竞争、组织结构等（Williamson，1979）。尽管众多学者对公司治理含义认识上存在着一定的分歧，但对公司治理的基本内涵和主要作用已经达成了基本共识，即作为一种制度安排，公司治理一方面通过产权合理配置提供投资者的激励，以解决合约不完全问题；另一方面通过治理机制设计提供经营者的工作监督激励，以解决信息不对称问题（郑志刚，2010）。公司治理的核心是处理作为委托人的所有者与作为代理人的经营者之间的关系，由于契约不完全和信息不对称的存在，公司内外部的委托代理问题就需要一系列的治理机制来监督、激励与制约。委托代理理论视角下的 CFO 职能类似于传统的企业总会计师和财务总监职责要求，即主要赋予 CFO 财务管理、资金管理和财务监督职能。但随着现代公司面临的经营环境不断变化，CFO 所要求具备的知识和要处理的问题不断复杂化、多样化和深入化，简单的财务管理和监督职能已经不能满足企业的要求。同时，21 世纪初的财务丑闻显示，越来越多的 CFO 卷入财务造假之中，这也暴露了美国公司治理结构和 CFO 职位设计的缺陷，内部人控制的追逐私利（Jiang et al.，2010）和 CEO 压力都使得 CFO 的自我监督和履行外部受托责任失效（Feng et al.，2011）。随后颁布的萨班斯法案，则对 CFO 的法律地位和职责权限做了进一步的明确与规范，进一步强化了 CFO "看门人"的角色。与此同时，越来越多的上市公司都要求 CFO 对董事会负责，其选聘、奖惩和任免也主要由董事会来决定（Li et al.，2010），这就进一步加强了 CFO 职位的独立性和 CEO 战略伙伴的地位。

二、现代公司对 CFO 职能的要求和变化

20 世纪 90 年代以来，全球经济高速增长，股东的回报要求与竞争压力迫

使公司更积极地进行购并、投融资、引入新技术以及管理变革。在这场管理变革中，由于其不可替代的作用，CFO 被推向前台，承担起股东价值管理和企业资源配置决策的重要任务。1995 年，《财富》刊登了一篇题为《超级 CFO》的封面文章，揭示了 CFO 们领导公司关键性变革并作为 CEO 真正的战略合作伙伴参与公司决策的趋势。普华永道 1996 年调查了世界 300 家最大跨国公司的 CFO，调研结果显示：CFO 职能关注的焦点已由交易过程和控制，转向决策支持和更深入地参与制定全球化战略。2014 年，埃森哲公司在财务与绩效方面开展了一项全球在线调查，受访对象为全球 617 名高级财务管理人员，平均分布在 10 个主要行业，调研主要目的是确定财务部门所面临的新挑战与新机遇，以及 CFO 角色的变化。调查结果表明，CFO 已经成为 CEO 的关键合作伙伴，共同推动业务转型和战略执行。CFO 帮助企业采取严格措施来管控费用、现金和资本，这对于逆境中的生存不可或缺，而且他们还为企业领导者献计献策，在极具挑战性的环境中恰当分配各种稀缺资源。实际上，随着企业并购重组频繁、波动性和风险管理要求加强、投资者法律保护程度提高等新的环境变化，CFO 的职能具有了更重要的内涵，即支持公司战略。CFO 战略支持职能的充分发挥，将有效提升公司业绩（Indjejikian and Matµejka，2009；Zorn，2004）。在以美国为代表的发达市场经济国家，CFO 作为 CEO 的战略合作伙伴，被认为是与 CEO 几乎同等重要的关键角色，其拥有的权力足以影响公司的发展方向。因此，对于 CFO 职能的要求，已经远远超过了传统的会计、财务管理者或财务活动监督角色，现实的公司管理要求丰富、完善了 CFO 职责的内涵，提高了 CFO 在公司高管团队中的地位和作用（Friedman，2014）。

三、现代公司 CFO 职能活动框架和制度特征

1. CFO 所涉及的活动和主要职能

正如前面所述，现代公司 CFO 职能已经远远超过了传统的公司总会计师甚至财务总监的职能范畴，CFO 的管理活动涉及公司运营管理和战略决策的方方面面，已经占据了现代公司经营管理和公司治理的中枢地位。传统的总会计师角色更多强调会计记账和财务报表，而财务总监更多是承担监督审计的功能，但现代公司 CFO 的职能涉及更多层面、活动远超传统财务主管人员。

如图 2 - 1 所示，现代公司 CFO 职能所涉及的活动大致可以分为以下几个方面。第一是会计和监督活动，这是 CFO 角色必须具有的固有职能，即负责

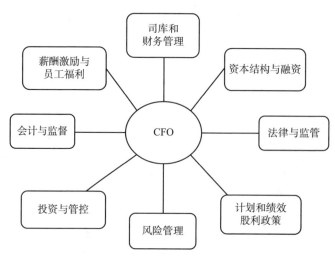

图 2 − 1　CFO 职能涉及的活动

公司的会计报表、财务报告和财务活动监督。第二是公司的计划和绩效衡量活动，CFO 在其中主要涉及公司的预算、计划执行、绩效考核和股利政策等的制定和测算。第三是公司的风险管理，这需要 CFO 能够找到合适的人才、制定适宜的对冲策略、实现使公司价值最大化的风险管理策略。第四是司库和财务管理，主要由 CFO 牵头负责企业内资金结算和金融工具开发应用等。第五个方面主要体现了 CFO 的对外活动，即 CFO 负责与法律监管部门的沟通等。第六和第七个方面主要集中企业的内部活动，即投资管控和薪酬福利制度，这需要 CFO 牵头协调公司人力资源、资产运营、风险管理等部门，进而实现对投资项目的跟踪控制和薪酬福利制度的制定执行。第八个方面则涉及与不同融资来源打交道和决定公司内部战略的资本结构调整问题。CFO 需要指导财务主管和财务部门对公司资本结构进行动态调整，满足公司的投融资战略需要，实现最低融资成本下的公司价值最大化战略要求。

2. 现代公司 CFO 制度特征

CFO 制度正是在现代公司所有权和经营权相分离以及完善现代企业法人治理结构背景下，由企业所有者在企业内部所建立的，以保障股东价值最大化和企业价值最大化为目标，以专业人员、机构、制度和措施为依托，以明确公司内部最高财务负责人的职责地位和组织权责关系为依据，组成的会计执行、财务监督与管理机制的总称。现代公司的 CFO 制度不同于传统的总会计师或财务总监制度，它是首席官制度的一个子系统（杜胜利，2010），也是整个公司治理制度的一个组成部分和公司管理体制的一个子模块。CFO 制度特征主要体现在治理结构和治理机制、公司管理结构两个方面：CFO 既要对董事会及其独立的审计委员会负责，也要对 CEO 在经营管理方面负责；既具有相对独立的监督权，又具有共同承担的统一决策权。

首先，从公司治理结构和公司治理机制内涵来看，上市公司 CFO 制度的目的之一便是保障股东价值和投资收益，CFO 对股东或投资者在法律上负有诚信责任。现代企业理论对公司的基本认识表明，作为一系列契约关系的组合，公司合约存在不完全性，公司治理内涵就需要解决投资者的激励问题，这就需要通过产权安排向投资者（股东）提供投资的激励。以明确的股权方式实现的产权安排可以实现所有者的剩余索取权，同时也赋予所有者通过股东大会等形式来实现一定的剩余控制权，从而有助于缓解契约不完全性所造成的投资激励不足问题或"敲竹杠"难题（Shleifer and Vishny, 1997；Hart, 2001）。因此，从上述意义上说，一个公司的股权结构和持股性质等产权安排会对公司治理的效率产生重要影响，并且影响公司 CFO 制度以及 CFO 作用的发挥。要保障投资者取得投资收益，既需要赋予股东股权的产权安排，又需要明确 CFO 对股东负责的地位和作用。

CFO 往往为董事会成员，或者由董事会选聘，这就赋予 CFO 对股东负责的法律地位。在战略决策方面，CFO 已经成为公司运营的中枢系统，需要通过其对各种资源和信息进行分析与调配，尤其是在财务决策、信息披露、内部控制等方面与 CEO 同时享有权力和共同承担法律责任。现代公司中投资者和经营者之间的信息不对称问题需要借助公司治理机制来加以协调，CFO 作为公司最高财务负责人，既需要具有专业的财务金融知识，又负责管理公司内部财务和审计等部门。依据公司治理结构的产权安排和公司治理机制的监督激励设计，CFO 制度体现了公司治理的目的和内涵，其要对股东负责，保障"投资者按时收回投资并获得合理回报"，即需要 CFO 对股东和董事会负责，对公司内部财务报告和会计审计方面具有独立的监督权。从上述分析也可以发现，目前我国国有上市公司所实行的财务总监或总会计师制度尚未能够体现 CFO 的制度特征，至少从 CFO 的任命方面，主要采用了财务总监的委派制度，国有上市公司财务总监的双重属性和产权制度安排会对 CFO 作用发挥产生一定的阻碍效应。

其次，从公司管理结构和组织内部地位来看，CFO 作为公司高管团队的一员，是 CEO 的战略伙伴和公司管控的专家。CFO 不仅需要负责计划预算、投资和风险管理、金融市场融资与资金使用等业务，还需要负责会计核算和管理信息系统等内容，在当代企业管理系统中居于神经中枢的地位。发挥 CFO 在公司治理和企业经营方面的作用必须合理界定 CEO、CFO 的职权范围，并要求董事长、CEO 尊重 CFO 的权利边界（邓春华，2003）。如前面图 2－1 所示，CFO 职能所涉及的活动复杂多样，在公司运营中具体的管理职责包括了会计和财务管理、税收规划、资金使用配置等，需要与外部的财务顾问、审计师、投资银行、律师和银行信贷机构等进行沟通，此外还要与监管部门、中小股东和机构投资者等打交道。作为公司政治领袖，CEO 需要负责公司战略性、全局性和发展性的整体问题，并且通盘负责企业运营和管理的协调，因此，从管理或执行层面来说，CFO 要向 CEO 负责，向其报告公司内部财务状况，为战略目标的制定等提供决策依据，并参与战略管理，成为 CEO 的战略伙伴和公司价值的创造者。

第二节　我国上市公司 CFO 制度的演进与问题分析

一、我国上市公司财务负责人制度与法规的演进及现状

在改革开放之前，我国实行的是计划经济体制，政府对国有企业实行典型的计划经济管理，而企业财务负责人的工作向企业的厂长或经理负责，往往仅作为一个财务核算的职能部门，基本上不存在单独的职能权力，而企业的财务管理体制也采取国家统收统支、统负盈亏的模式，企业的筹资、投资、福利和财务监督制度基本上都由国家宏观管理制度来限定。

改革开放后，随着所有制成分的增加和企业改革的推进，1985 年全国人大颁布《会计法》，首次以法律的形式明确了设置总会计师的要求。1990 年，国务院正式发布了《总会计师条例》，对总会计师制度建设提出了具体的要求。2010 年 9 月，财政部颁布了《会计行业中长期人才发展规划（2010—2020 年）》，结合新形势的发展要求，对总会计师的职责、能力、地位和制度建设等提出了总体规划和具体要求。以上的文件和法规要求对拓展会计职业发展空间和推动整个会计事业向更高层次发展都具有积极的意义。

但是，随着我国社会经济形势的不断变化，尤其是资本市场的建立与发展，亟须对上市公司财务负责人的权限和公司财务管理制度进行规范。总会计师制度的相关政策法规体系和内容，尤其是对上市公司的要求和制度执行等方面仍然存在很多问题。为了配合资本市场发展和企业改革深化，1993 年，全

国人大通过了《中华人民共和国公司法》（简称《公司法》），此后不断修订，现行的《公司法》为全国人大 2013 年修订的。同时，为了规范证券市场发展，1999 年颁布执行《中华人民共和国证券法》（简称《证券法》），2005 年进行过一次修订，目前正处在最新的修订过程中。

根据《总会计师条例》《公司法》《证券法》的规定，目前多数上市公司（包括国有控股上市公司、民营控股上市公司和部分外资持股的上市公司）的财务负责人主要负责会计财务方面的工作，具体包括组织编制和执行预算、财务收支计划与信贷计划，建立健全经济核算制度，强化成本管理，负责本公司财务会计机构的设置和会计人员的配备等基本职能工作。同时，作为财务负责人，他们协助公司最高行政负责人对公司生产经营和业务管理等问题提供决策支持、协助决策制定，并适当参与新产品开发、技术改造、项目研究、商品价格和工资、奖金方案的制定等其他财务相关活动。与图 2－1 所示的 CFO 职能活动相比，多数国内上市公司的财务负责人管理范围相对小很多，对高层决策只扮演参与角色，仅起到协助作用。尤其是在国有控股的上市公司中，自 2000 年财政部、监察部的《关于试行会计委派制度工作的意见》出台后，财务负责人多采用财务总监委派制度，"财务总监"也作为派出机构向下属（下级）单位委派的履行管理、监督职能的会计人员的专门术语来使用。从字面理解，以及从国外上市公司的财务人员职位设置来看，财务总监的职能应更多地理解为监督、监察，英文的翻译应该是"Controller"，这实际上与上市公司 CFO 的职能有很大的区别。而且《总会计师条例》和《关于试行会计委派制度工作的意见》都主要是针对中央企业或国有控股企业的。就广大的民营上市公司而言，其公司治理结构较为完善、公司产权性质清晰，但以上文件对民营公司 CFO 制度等公司治理机制却没有涉及。

此外，对于公司治理结构尚不完善的国有控股上市公司，以上的文件涉及的总会计师或财务总监等财务负责人的权责无法满足现代企业 CFO 职能的要求。《总会计师条例》涉及的职权主要是履行公司治理中的财务监管职能，并且有计划经济时代的局限，显然这些职权远远不能满足现代公司治理中对财务负责人战略管理、价值管理、风险管理、流程管理、绩效考评等职能的要求。即使 2006 年国资委又发布了《中央企业总会计师工作职责管理暂行办法》以明确总会计师的四大职责和四大权限，但法规之间的冲突和法规的不完善会导致现实执行过程中对总会计师职责和权限认识的混乱与模糊，因而，绝大多数企业的总会计师工作还停留在《总会计师条例》所规定的权责范畴中（丁友刚和文佑云，2012）。

二、上市公司财务负责人地位、职能和制度存在的问题分析

从以上对法律法规的内容和对我国上市公司财务负责人现状的分析可以发现，从 1992 年深圳证券市场建立开始直至 21 世纪初期，我国上市公司财务负责人职能地位和财务管理制度主要围绕总会计师的职责进行，财务负责人依据企业有关总会计师的规定对公司会计、财务管理和成本核算等传统内容负责。总会计师是单位行政领导成员，协助公司主要行政领导人工作，直接对公司最高的行政领导人负责，并不具备 CFO 的权责。

首先，从我国上市公司财务负责人是否进入董事会、持有股份和薪酬水平等方面来看，根据表 2 - 1 的样本统计情况，2013 年的 2194 家 A 股上市公司中仅有 546 家公司的财务负责人以执行董事身份进入了董事会，占比约为 24.89%；财务负责人持有公司股份的上市公司数量为 643 家，占比为 29.31%，在持股的公司样本中，财务负责人持股比例的均值为 17.39%。在 2194 家 A 股上市公司中，总经理薪酬均值为 64.52 万元，财务负责人薪酬均值为 41.27 万元，二者差距达到 23.25 万元。从不同所有权性质划分来看，第一大股东为国有控股的上市公司中，财务负责人是董事会成员的企业占比约为 20.72%，持有股份的财务负责人占比约为 17.13%，持股均值为 2.27%。民营上市公司中财务负责人是董事会成员的上市公司占比为 25.42%，持有股份的财务负责人占比为 30.88%，持股均值为 19.10%。目前我国上市公司财务负责人享有股权激励的比例仍然偏低，尤其是进入董事会的比例也比较低，国有上市公司的财务负责人激励和地位要更差一些（国有上市公司财务负责人持有股份比例的均值仅为 2.27%），需要进一步完善公司治理结构和治理机制。总体来看，对于 CFO 的激励和其在公司中地位的提高仍然有待进一步加强，真正强化 CFO 作为 CEO 战略伙伴的地位，提升其为公司价值增值做出贡献的权责，落实其受托责任。

表 2 - 1　　　　2013 年中国 A 股上市公司财务负责人持股和薪酬等情况

项目	总体	国有	民营
财务负责人进入董事会比例（%）	24.89	20.72	25.42
持有股份的财务负责人比例（%）	29.31	17.13	30.88
财务负责人持股比例的均值（%）	17.39	2.27	19.10
总经理与财务负责人薪酬差距均值（万元）	23.25	13.87	13.90

注：原始数据信息来源于 CSMAR 上市公司高管背景特征数据库，经过作者整理计算后得到相应指标。

其次，从 CFO 制度建设和目前上市公司财务负责人职能来看，我国上市公司 CFO 制度仍存在诸多不完善之处。第一，正如前面所述，《中央企业总会计师工作职责管理暂行办法》（简称《暂行办法》）是国务院国资委颁布的，而《总会计师条例》是以国务院令的形式发布的，国资委系统的上市公司究竟应该遵行哪一个法规并不明确。第二，以上的法规都是对中央企业上市公司或地方国有上市公司的财务负责人制度进行规定的，按照《公司法》的规定，财务负责人是对董事会负责的，地位显然不同于其他副总经理，这实际上承认了财务负责人在公司治理层面与公司管理层面的双重作用。但与此同时，《公司法》又规定，董事会根据经理的提名决定聘任或者解聘公司副总经理、财务负责人及其报酬事项，无意中将财务负责人的排名列在副总经理之后（丁友刚和文佑云，2012）。而《暂行办法》又赋予总会计师既对所有者负责又对经营者负责的双重身份，其选聘应当经董事会审议批准，这与西方的 CFO 制度比较接近。按照这个规定，总会计师的地位显然要高于副总经理。这些法规对财务负责人地位的确定存在着明显的冲突和模糊之处，相应地，对于财务负责人的权责也就无法进行明确。第三，就民营上市公司来说，CFO 制度仍然存在若干的问题亟待解决。通过对多家民营上市公司的公司章程和财务负责人管理制度的查阅可以发现，多数民营上市公司都规定了 CFO 或财务总监由总经理提名、董事会提名委员会审核、董事会聘任，这实际上也将财务负责人的选聘权力转移到了 CEO 的手中。但 CFO 不仅在公司管理上要对 CEO 负责，而且在财务监督方面要对董事会的审计委员会负责。已有研究发现，萨班斯法案颁布施行后，在美国上市公司中，由董事会主导 CFO 选聘和变更对于公司绩效提升有更为显著的影响，这实际上体现出 CFO 制度赋予财务负责人公司价值创造和财务监督双重职能。董事会对 CFO 有更大的监督影响，才能够更好地促进 CFO 职能作用的发挥（Engel et al.，2015）。而目前在我国的多数民营上市公司中，财务负责人的职能还被限制在财务报告和参与战略制定的从属地位，并没有真正实现 CFO 的职能。

第三节　本章总结与启示

一、研究总结

本章通过对我国上市公司 CFO 制度现状和演进的分析，结合国外上市公司 CFO 职能、地位与制度特点的考察，在对 CFO 职能的理论分析基础上发现，当前上市公司的 CFO 制度不仅强调了财务负责人对会计活动和财务报告的权责，更加注重 CFO 的公司价值创造功能和对所有者负责的双重角色。

从公司价值创造方面来看，在公司所面临的经济社会环境急剧变化的背景下，CFO 的工作内容已经发生变化，需要 CFO 成为 CEO 的战略伙伴，在公司价值创造过程中发挥更大的作用。这就对 CFO 的职能和影响提出了更为复杂和全面的要求。首先，CFO 能够全面把握企业战略，从而在稀缺资源重要性和风险可接受度等问题的相关决策中对企业发挥更大的影响力；CFO 还应当依据企业决策和外部市场的变化分析财务结果，熟练掌握各种分析工具，对企业决策进行全方位评估，在战略制定过程中发挥强有力的作用；CFO 还需要对数字信息技术和 IT 技术有一定的把握，能够在内部控制流程中有效利用 IT 技术，从而发挥更大的影响力（李蕊爱和段如水，2009）。因此，上市公司 CFO 的工作重心应当从传统的财务会计逐步向战略管理、风险管理和价值管理等领导性的工作倾斜，同时，在明确职责的基础上，赋予 CFO 相应的权限、提升 CFO 在我国上市公司管理团队中的地位。

二、相关启示

从减轻公司内部委托代理问题和对所有者负责的角度来说，传统公司治理对于高管的监督激励问题研究往往从 CEO 角度展开，但自安然、世通等大公司财务丑闻爆发以来，学术界和监管层都注意到公司 CFO 在财务和会计信息报告方面的重要作用。考虑到 CFO 对会计信息处理和财务绩效的影响可能更大（Mian，2001；Geiger and North，2006；Chava and Purnanandam，2010；Jiang et al.，2010），美国萨班斯法案重新强调了 CFO 财务监督的职责。欧美上市公司的 CFO 全盘管理公司的财务和会计事务，负责财务、会计、投资、融资、投资关系和法律等事务，公司的财务部门、会计部门、信息服务部门基本都归 CFO 管理。因此 CFO 不仅要负责公司与投资人的公共关系、保证公司现金流、负责投融资和法律事务等战略支持与战略制定活动，更需要对上市公司财务的真实性负责。在公司治理意义上，CFO 需要对董事会及其审计委员会汇报工作，体现财务监督职能，真正成为投资者或所有者公司的"看门人"。因此，需要完善 CFO 的激励机制，审慎确定 CFO 是否进入董事会，同时，可以借鉴萨班斯法案的内容，提高 CFO 的法律地位，并严格 CFO 的法律责任，使其承担相应的民事和刑事责任。

第三章 CFO个人特征对民营公司绩效和代理问题的影响研究

在有些家族控股企业中，CFO等高层管理岗位会引入家族或企业外部的"空降兵"担任，而有些家族控股企业却乐于任命家族或企业内部的"子弟兵"担任CFO。CFO对于家族企业的影响是非常重要的，目前学术界对于CFO的作用及其特征因素的影响研究正日趋活跃（Feng et al.，2010；Jiang et al.，2010）。在实践层面，随着我国资本市场和上市公司内部治理结构的不断完善与发展，出于对公司财务信息和治理质量的关心，监管层、上市公司或公众投资者都对上市公司CFO的职能作用提出了更高的要求。特别是美国国会于2002年通过的自20世纪30年代以来最为严厉的《2002年上市公司会计改革和投资者保护法案》（即萨班斯法案），将CFO对公司财务报告等方面的责任提升到了与CEO同等的高度（Geiger and North，2006）。

经典代理理论认为，委托人与代理人之间的利益冲突可以通过监督激励机制来协调，进而降低代理成本，使委托人与代理人的目标相一致。由于家族控股上市公司的所有者和CEO往往属于同一家族内部成员，股东和高管之间的内部委托代理问题可能会比较轻；然而，无论是任用家族成员还是非家族成员，家族企业所有者（委托人）与企业实际经营者及工人（包括内部或外部的代理人）之间同样存在信息不对称和效用函数的不一致问题，从而导致委托代理问题（陈凌等，2009）。在家族上市公司中，由于缺乏有效的监督，家族股东或缺乏竞争力的家族成员占据关键领导职位也可能会加重内部委托代理问题，进而对公司绩效带来负面影响（魏志华等，2012）。然而，已有研究仍多集中于CEO的选择与影响问题，针对家族上市公司CFO问题研究的实证文献还不多见。现有从CFO角度进行的实证研究更多集中于CFO变更、CFO人口统计特征与盈余管理或会计信息披露等方面，而对于家族上市公司CFO选择、CFO来源背景和经济影响等方面的实证研究较为欠缺。

正是因为 CFO 职位在公司财务管理、投融资活动和财务内控以及信息披露质量等方面的重要作用，公司对 CFO 能力和素质的要求不断提升，家族企业内部人可能无法胜任这一岗位的要求，很多家族上市公司通过聘用外部的 CFO 帮助家族企业整合财务资源和运营企业投融资活动。外部 CFO 进入家族上市公司中，不仅会在财务技术和财务管理方面给家族企业提供支持（Filbeck and Lee，2000），而且当家族创始人大股东兼任 CEO 时，通过聘用外部 CFO，可以更好地增加监督激励效果，从而提高企业绩效（Caselli and Di Giuli，2010）。那么，我国家族控股上市公司通过引入外部来源的"空降兵"作为公司 CFO 是否能够起到缓解第一类委托代理问题的作用呢？"空降兵"或"子弟兵"担任 CFO 是否会对企业绩效产生积极的影响呢？具有何种特征的 CFO 能够更好地减轻家族上市公司内部代理问题并促进公司绩效提升呢？

本章基于代理理论的视角，首先检验家族控股上市公司在 CFO 来源选择上的影响因素，即什么样的家族上市公司偏爱"空降兵"；其次进一步检验外部 CFO 对民营上市公司财务绩效的影响和在缓解公司内部委托代理问题方面的作用，并进一步研究 CFO 个体特征对民营上市公司的影响。本章的主要贡献在于，以新兴加转轨的中国资本市场为背景，探讨了家族上市公司在 CFO 选择问题上的初衷，并进一步考察了 CFO 来源及其背景特征对内部委托代理问题和公司绩效的影响，从而丰富了委托代理理论以及家族企业研究领域的相关文献。同时，研究结论也对完善公司治理结构、理解家族企业 CFO 选择和减轻民营企业内部委托代理问题具有重要的启示作用。

第一节　基于文献视角的理论分析与研究假设

一、内外部 CFO 来源选择与实际控制人的两权分离

卡尔森（Carlson，1961）首次将高管继任者分为内部继任者（insider）和外部继任者（outsider），开始关注高管内外部来源对企业的影响。道尔顿和克斯纳（Dalton and Kesner）于 1983 年和 1985 年分别对小型公司和中型公司的调查表明，这两类公司对选择外部来源的高管均具有特殊的偏好。万齐（Vancil，1987）的研究发现，内部任命的 CEO 不能给高管团队带来新的思维方式，外部聘任 CEO 成为改革的第一步，这往往成为公司革新的信号。国外针对

CFO 聘任的部分经验证据也告诉我们，家族企业在决定是否雇用外部人员出任高管层的时候，首先考虑的职位就是 CFO（Filbeck and Lee，2000）。对此可能的解释为，CFO 职位往往需要更多的财务金融知识、更好的财务管理和内部财务架构及政策设计的技巧，而这些素质恰恰可能是控股的家族成员或企业内部"子弟兵"们所不具备的（De Kok and Uhlaner，2001；Caselli and Di Giuli，2010）。

尽管国外学者对选择外部来源 CFO 的问题进行了广泛研究，基本结论也较为一致（即外部来源 CFO 的财务管理能力是家族企业所需要的重要资源），但国内针对 CFO 内外来源选择的研究却相对较少。其中，王霞等（2011）研究发现，会计信息质量越低的公司反而越不愿意选择具有注册会计师资格的 CFO。根据我国《公司法》的规定，虽然股东大会是公司的最高权力机构，但《上市公司的治理准则》第二十条规定：我国上市公司董事长和其他高管人员的任用、职位调整和罢免主要采取先由控股股东向董事会推荐的形式。在控股股东推荐的基础上，由董事会将最终选择上报股东大会，然后由股东大会投票决定。可以看出，我国上市公司的控股股东在高管人员的任免方面居于实际上的主导地位，尤其是在民营上市公司中，实际控股股东一般兼任公司 CEO，这种一股独大的特征，也为上市公司控股股东的掏空行为创造了条件。特别是当控股股东的控制权与现金流权分离程度更高时，家族控股股东往往有更强烈的掏空动机（La Porta et al.，2002；王鹏和周黎安，2006；周方召和潘鹏杰，2011）。但兼任 CEO 的实际控股股东实行掏空策略或财务盈余管理时，必然需要直接负责会计信息处理的 CFO 的积极配合才能完成，尤其是在财务决策和会计信息处理方面，CFO 的影响与日俱增（Mian，2001；Jiang et al.，2010）。因此，CEO 和 CFO 能否达成一致意见对盈余管理活动实施至关重要，而且 CEO 与 CFO 任期相同、两者交流频率较高且凝聚力较强时就更容易达成一致（姜付秀等，2013）。基于以上分析，从逻辑上说，影响民营上市公司实际控股股东对内外部 CFO 来源选择的一个重要因素可能就是两权分离程度。实际控制人的控制权和现金流权两权分离程度越高，则民营上市公司选择内部来源的 CFO 更容易实现对企业的控制和达成一致意见，而外部来源的 CFO 则相对较难沟通，并且不容易被控股股东所控制。基于此，本部分提出第一个研究假设。

假设 H3－1：民营上市公司实际控制人的控制权和现金流权相对分离程度越大，则公司越不愿意选择外部来源的 CFO。

二、CFO 来源与民营上市公司绩效

民营企业从外部选拔任命的"空降兵"CFO 是否能够发挥优势帮助企业提升绩效呢？国内外学者就这一问题展开了一系列经验研究。其中，凯斯利等（Caselli et al.，2010）的实证研究发现，相对于内部人 CFO 而言，家族控股企业选择的外部 CFO 一般具备更好的管理能力和财务决策水平，从而能够和金融机构保持更好和更长期的合作关系（Klein and Bell，2007），对企业价值和长期绩效产生积极影响。然而，由于外部来源的 CFO 缺乏与家族控股企业所有者的血缘纽带或共同创业成长的经历，外部 CFO 与家族控股所有者之间的目标并不完全一致，因此可能会产生更大的委托代理问题，从而导致 CFO 可能从事短期行为，引起公司财务绩效的下降（Chua et al.，2003）。

目前关于民营或家族控股企业 CFO 来源与公司绩效关系的国内外研究仍没有形成较为一致的结论。我国民营企业多数是在经济改革开放和市场化转型中成长壮大起来的，但多数民营上市公司的创始人往往并不具备高超的财务管理技巧，尤其是企业内部创业成员或家族成员在资本投融资和费用管控等方面也缺乏相应的财务知识与能力。而外部来源的 CFO 则拥有相对较好的财务管理知识和经验，在资本投资和融资等方面具有较为丰富的经验和背景，因此，民营企业中外部来源的 CFO 可能更会对公司绩效产生积极影响。但另一方面，如果仅仅是出于对财务管理水平的考虑，家族控股企业即使选择了外部来源的 CFO，但家族控股企业对公司具有较强的控制权，这可能也会干涉到外部 CFO 能力的发挥，从而产生负面的影响（Blumentritt et al.，2007）。由于我国民营企业的家族控制特征，外部 CFO 的职权与管理活动可能受到很大的干预。瞿旭等（2012）的实证研究结果表明，当公司出现会计违规时，创始人担任 CEO 的公司中，CFO 常被当作"替罪羊"，因此，外部 CFO 在发挥作用和履职的时候必然要考虑自己的短期目标。当实际控制人（大股东）对企业的控制较强的时候，外部 CFO 和公司绩效之间的关系必然会受到一定的影响。与以上观点相对应，凯斯利等（2010）通过对 2002～2004 年间意大利的 708 家中小企业的研究发现，在家族企业中，当 CEO 是家庭成员而 CFO 由外部聘任时，企业绩效表现得更好，这可能是因为家族大股东 CEO 对外部 CFO 作用发挥产生了积极影响。基于以上分析，外部来源的 CFO 对于民营企业绩效的影响还有待于进一步的经验检验，因而我们提出本部分的第二个和第三个研究假

设，并将第二个假设分为两个竞争性假设。

假设 H3 -2a：外部来源 CFO 对民营上市公司绩效具有显著的积极影响。

假设 H3 -2b：外部来源 CFO 对民营上市公司绩效具有显著的负面影响。

假设 H3 -3：其他条件不变，民营上市公司实际控制人对企业的控制程度越高，外部 CFO 对公司绩效的效应越会受到影响。

此外，根据经典的委托代理理论，家族控股企业由于大股东和 CEO 往往合二为一，其内部的代理问题并不严重（Uhlaner et al.，2007）。部分研究对于选择内部来源的高管的影响进行了考察，由于家族或内部高管出于珍惜家族或企业声望的目的会更稳健地进行决策，从而可以有效降低代理成本，具有更长期的投资视野，因此会提升企业绩效与价值（Villalonga and Amit，2006；陈然方，2006）。这些研究假定家族成员或内部高管具有利他主义行为（Schulze et al.，2002）。同时，由于投资者法律保护不完善、资本市场违规惩罚成本较低等原因，在我国民营上市公司中，家族控股股东往往存在侵占掏空的动机，民营企业大股东易于和公司高管相互勾结（李新春等，2008），而作为公司高管的 CFO 本身也可能存在道德问题，这些都对其监督超额管理费用等内部委托代理问题产生不利影响。因此民营上市公司的外部 CFO 也可能无法起到监督内部委托代理问题的作用。基于此，提出如下假设。

假设 H3 -4：外部来源的 CFO 可能无法起到缓解内部委托代理问题的作用。

三、CFO 背景特征和民营上市公司内部代理问题

公司高管是公司决策的关键决定因素，他们的个人特征直接影响其所在企业的战略决策和公司治理行为，进而会对公司内部代理问题和绩效产生重要影响（Bertrand and Schoar，2003）。CFO 的专长、教育背景和年龄等个体特征都会影响公司决策和绩效。邱昱芳等（2011）研究发现，CFO 的知识更新越快，任职年限越长，工作经验越丰富，则会计信息质量越高，但是 CFO 的学历和资格认证对会计信息质量的提高没有明显的帮助。王霞等（2011）认为，拥有注册会计师资格的 CFO 对提高会计信息质量有帮助，这一现象在女性 CFO 中表现得尤为明显。熊焰韧等（2013）以我国 A 股上市企业在 2005～2010 年间的数据为样本，探究了 CFO 的个人特征与会计信息质量间的相关性，发现 CFO 的学历越高，任职越久，会计信息质量越高，但是 CFO 经验和降低故意性的重述两者间没有相关性。

性别因素也是高管的一项重要个体特征。心理学、经济学和财务管理学的

研究都发现，男性高管与女性高管的行为决策存在很大差异，女性高管在公司治理中的作用和财务行为逐步成为一个重要的并被广泛关注的研究课题（Peng and Wei，2007；Adams and Ferreira，2009；李小荣和刘行，2012）。一般来说，公司女性高管更为谨慎，更不愿意采取冒险行为，更倾向于保护声誉资本，具有更高道德水平和较少的自利行为（Betz et al.，1989；Dreber and Johannesson，2008）。鉴于女性高管在公司治理中的作用和财务行为的重要性，世界各国甚至纷纷颁布法律，对公司中女性董事或高管的比例提出要求①。女性 CFO 在商业经营活动中可能更为保守和节俭，由于其谨慎认真的态度与行为方式，我们预期女性 CFO 将减轻公司内部的委托代理问题，或者说将会有效降低民营上市公司的超额销售管理费用。基于此，提出假设 H3 - 5。

假设 H3 - 5：民营上市公司的女性 CFO 更可能降低超额销售管理费用。

第二节　实证研究设计

一、样本选择和数据来源

本部分研究以 2007～2013 年沪、深两地中国 A 股民营上市公司作为研究样本，为了保证数据的准确性和可靠性，我们依据以下原则进行了筛选：（1）剔除金融行业上市公司，因为金融行业具有特殊性，与其他制造业企业有很大的不同；（2）剔除了上市时间不满一年的公司，因为这些企业刚上市，存在可能的 IPO 效应；（3）剔除 CFO 来源不详或无法进行交叉查询比对的公司；（4）剔除 ST 公司和其他公司治理数据无法获取的样本；（5）为了控制极端值对回归结果的影响，我们对计量模型中的连续变量 1% 以下和 99% 以上的分位数进行了缩尾处理（winsorize）。最后，共计获得了 3135 个具有准确 CFO 内外来源背景的有效的民营上市公司样本，同时经过变量剔除，得到所有变量均完整的 2934 个样本②。本部分的研究数据主要来源于 CSMAR 数据库，CFO 内外来源和个体特征数据主要来源于 CSMAR 管理者特征数据和 Wind 高管资料深

---

① 例如挪威在 2003 年颁布法律，要求到 2008 年为止公司董事会中女性比例达到 40%，西班牙、法国、德国和比利时等国家也开始或讨论相关的立法。

② 在后面的计量部分，由于不同控制变量存在一定缺失，因此在实际回归过程中所用到的样本数略有差异。

度分析数据库，另外还有部分 CFO 背景数据是通过百度、和讯财经网和巨潮资讯网等途径进行交叉查询比对后整理得来。

二、计量模型与变量定义

变量定义见表 3 – 1。

表 3 – 1　　　　　　　　　　　　　变量定义一览

变量类型	变量名称	变量符号	变量描述
因变量	资产利润率	ROA	净利润/[（年初总资产 + 年末总资产）/2]
	超额销售管理费	SG&A	计算得到实际销售管理费用与期望销售管理费用差额
自变量	CFO 内外来源	CFO_Source	当 CFO 为外部来源时取值为 1，否则为 0
	控股股东影响力	Duality	控股股东兼任民营上市公司 CEO 取值为 1，否则为 0
	两权分离程度	DP	实际控股股东的控制权/现金流权
	CFO 个体特征	CFO_Background	CFO 是否具有注册会计师资格（Quality，具备赋值 1，没有赋值为 0）和 CFO 的性别（Gender，其中男性为 0，女性为 1）
控制变量	公司规模	Size	总资产自然对数或员工总人数自然对数
	负债水平	Lev	总负债与总资产之比
	独立董事比例	Independent	独立董事人数与董事总人数之比
	高管薪酬	Compensation	最高前三名高管薪酬平均数的自然对数
	CFO 人口特征	Character	CFO 的年龄（Age）和学历程度（Education）
	CFO 经验背景	Finance	CFO 是否具有财务、金融从业的经验背景
	民营化上市方式	Direct	民营企业间接上市为 1，否则为 0
	时间效应	Year	7 个研究年度取 6 个年份虚拟变量
	行业效应	Ind	以证监会行业分类标准进行划分，其中制造业进一步划分了二级子行业，共设置 20 个行业虚拟变量

首先，为了考察民营上市公司对于 CFO 内外来源选择的影响因素，以民营化方式和实际控股股东的两权分离程度作为解释变量，采用 Logit 模型对研究假设 H3 – 1 进行检验，具体计量模型如下：

$$CFO\_Source_{it} = \alpha_0 + \alpha_1 Way_{it} + \alpha_2 DP_{it} + \alpha_3 Staff_{it} + \varepsilon \quad (3-1)$$

在模型（3 – 1）中，CFO_Source_{it} 表示民营上市公司的 CFO 是否来源于企业外部，如果 CFO 从企业外部聘任，则取值为 1，否则为 0。[①] 变量 Way 表示的是公司民营化方式，如果是间接上市则取值为 1，直接上市则取值为 0；DP 为公司最终控制人的控制权和现金流权比例，表示两权的相对分离程度；Staff 是公司员工总人数的自然对数；ε 为随机扰动项。

其次，本部分研究主要目的是检验 CFO 内外来源及其背景特征、控股股东的影响以及二者交互效应对于民营上市公司绩效的影响，为此，进一步利用计量模型（3 - 2）来进行回归，同时，根据已有文献识别出的公司特征和我国民营上市公司实际情况定义了一系列的控制变量，具体回归模型如下：

$$Performance_{it} = \beta_0 + \beta_1 CFO\_Source_{it} + \beta_2 Duality_{it} + \beta_3 Duality \times CFO\_Source_{it}$$
$$+ \beta_4 CFO\_Background_{it} + \beta_5 Controls_{it} + \varepsilon \qquad (3 - 2)$$

在模型（3 - 2）中，被解释变量 Performance 表示公司的绩效，用民营上市公司 i 该年度 t 的资产利润率（ROA）来衡量。解释变量包括：CFO_Source 表示 CFO 的内外来源；Duality 表示控股股东是否兼任公司 CEO，用以衡量控股股东权力影响；Duality × CFO_Source 为二者的交互项，用以衡量控股股东对 CFO 来源效应影响的交互作用；CFO_Background 为 CFO 个体特征等背景情况，主要衡量 CFO 是否具有财务或金融行业的工作经验；Controls 是一系列公司特征的控制变量；ε 为随机扰动项。

再次，为了考察 CFO 内外来源，尤其是为了验证假设 H3 - 5 的 CFO 性别个人特征对公司内部委托代理问题的影响，根据已有文献的研究成果，以公司超额销售管理费用为被解释变量。鉴于衡量代理问题的隐性收入或在职消费数据难以直接获得，但是它们最可能隐藏于公司的销售管理费用之中，因此这里以调整后的超额销售管理费用（SG&A）为因变量，构建计量模型如下：

$$SG\&A_{it} = \beta_0 + \beta_1 CFO\_Source_{it} + \beta_2 Gender_{it} + \beta_3 Controls_{it} + \varepsilon \qquad (3 - 3)$$

这里需要说明的是，借鉴杜兴强等（2010）、ABHJ（2006）、万华林和陈信元（2010）的研究思路，以现有数据库可获得的公开数据为来源，构建期望销售管理费用的估计模型，从而对超额管理费用（SG&A）进行了较为准确度量。采用此方法的主要原因是可以直接利用已有公开数据，避免了数据获得的过高成本和手工搜集整理可能带来的误差；此外，该方法将企业的销售管理费用进行相应的扣除之后将与高管在职消费支出高度相关，能够较为准确地衡

---

① 由于我国民营上市公司并未披露家族成员在企业内部的任职情况，因此我们很难确定 CFO 是否为控股股东家族成员。另外，CFO 背景信息和之前的工作履历信息是可以得到的，根据 CFO 个人工作经历、背景信息，我们将来自企业外部（这里包括了在进入该上市公司一年后即调升任 CFO 的情况）的 CFO 确定为外部来源，而将在该公司工作多年并与企业创始或控股股东具有工作交集的 CFO 定义为内部来源。

量公司内部的委托代理问题。本部分对民营上市公司销售管理费用的计量以销售收入进行了标准化处理；模型（3－4）右侧的变量则分别为公司当期销售收入的自然对数（Sales）、收入下降期哑变量（Recr_dum）、企业总资产自然对数衡量的公司规模（Size）、企业员工的平均工资水平（Paymng）、企业资产周转率（Effi）、企业资产负债率（Lev）和公司董事人数衡量的董事会规模（Board），同时也在模型中控制了行业（Ind）和年份（Year）的虚拟变量。具体计算超额管理费用的步骤为：首先，利用 2007～2013 年 A 股民营上市公司数据、分行业回归模型，估计出方程的各个系数；然后将每一上市公司观测值的各项指标代入估计出的模型，计算出期望销售管理费用；最后，再用实际发生的销售管理费用减去期望管理费用（$\overline{SG\&A}$），从而得到每个样本的超额管理费用（$\overline{SG\&A}$）。具体计量模型如下：

$$\overline{SG\&A} = \alpha_0 + \alpha_1 Sales_{it} + \alpha_2 Sales_{it} \times Decr\_dum_{it} + \alpha_3 Size_{it}$$
$$+ \alpha_4 Paymng_{it} + \alpha_5 Effi_{it} + \alpha_6 Lev_{it} + \alpha_7 Board_{it}$$
$$+ \eta_1 Ind + \eta_2 Year + \delta \qquad (3-4)$$

第三节　民营上市公司 CFO 个体特征影响的回归结果与分析

一、描述性统计

表 3－2 和表 3－3 报告了主要变量的描述性统计结果和差异分析。从表 3－2 可知，在样本期间内大约有 41% 的民营上市公司选择了外部来源的 CFO，CFO 中大约有 33% 的女性，CFO 年龄平均为 43 岁，不同公司的超额管理费用和规模也存在较大的差异，标准差分别为 0.2184 和 0.9645。

表 3－2　　　　　　　　　　　　主要变量的描述统计

变量	观测值	均值	标准差	最小值	最大值
CFO_Source	3135	0.4105	0.4920	0	1
ROA	3135	0.0456	0.0645	− 0.3875	1.7057
SG&A	3135	0.7109	0.2184	− 0.4443	9.1012
Gender	3135	0.3298	0.4702	0	1

续表

变量	观测值	均值	标准差	最小值	最大值
Age	3135	43.0089	6.2969	28	67
Indenpendent	3135	0.3688	0.0516	0.1819	0.6667
Size	3135	21.4586	0.9645	18.8283	25.1331
Compensation	3135	12.7572	0.7371	9.2623	16.0682
Lev	3135	0.4471	0.5871	0.0053	14.9241

表 3-3 进一步报告了分组样本的差异情况，从 CFO 来源分组的差异性检验来看，CFO 内、外来源的民营上市公司在财务绩效和超额销售管理费用方面并没有统计意义上的显著区别，但是从 CFO 性别分组的样本情况来看，女性担任 CFO 的公司，其超额销售管理费用要显著低于男性担任 CFO 的公司。从中可以看出，女性似乎更能降低民营上市公司的超额销售管理费用，从而起到减轻内部委托代理问题的作用，而 CFO 的内、外来源对于企业绩效和内部委托代理问题都没有明显的差异影响。

表 3-3　　　　　　　　　　　差异检验

变量	CFO_Source = 0	CFO_Source = 1	差异检验	
	均值	均值	T 值	Z 值
ROA	0.0454	0.0457	-0.1486	-1.495
SG&A	0.7102	0.7123	0.0367	2.792**

变量	Gender = 0	Cender = 1	差异检验	
	均值	均值	T 值	Z 值
SG&A	0.7165	0.6995	2.17**	1.591*

二、多元回归结果与分析

首先根据前面的模型（3-1），我们对 CFO 内、外来源变量进行了 Logit 回归，结果列示于表 3-4。从表 3-4 可以看出，民营上市公司实际控制人大股东的两权分离程度（DP）回归系数显著为负且在 1% 水平上显著，这表明当实际控制人两权分离程度越大，民营上市公司就越不愿意雇用外部来源的 CFO，从而支持了我们的假设 H3-1。在表 3-4 的第（2）列，我们也引入了其他一些控制变量，基本的回归结果没有发生变化，实际控制人大股东的两权分离相对程度越高，企业就更倾向于选择内部来源的 CFO。

表 3 - 4　　　　　　　　CFO 内、外来源与两权分离程度的回归结果

变量	（1）	（2）
DP	- 0.1571 *** （0.0406）	- 0.097 *** （0.023）
Direct		- 0.0046 （0.052）
Size		- 0.1882 *** （0.0221）
Number	3135	3135
LR Chi^2	17.01 ***	94.43 ***

注：括号中为标准误，*** 、** 和 * 分别代表在 1%、5% 和 10% 水平上显著（双尾），限于篇幅此处省略了行业虚拟变量和年份虚拟变量的报告。

为了验证研究假设 H3 - 2a 和假设 H3 - 2b，需要明确 CFO 内、外来源及其个体特征对我国民营上市公司财务绩效的影响。表 3 - 5 报告了模型（3 - 2）的回归结果。在表 3 - 5 的第（1）列和第（3）列，分别以公司财务绩效 ROA 和 ROE 作为因变量，分析了 CFO 外部来源对民营上市公司财务绩效的影响。从表 3 - 5 的第（1）列中可以看到，CFO_Source 的系数为负但并不显著，而在第（2）列中，当我们引入最终实际控制人兼任 CEO 变量时，Duality 的系数为正，同时实际控制人兼任 CEO 和外部来源 CFO 交互项（Duality × CFO_Source）回归系数为正且在 1% 水平上显著，这说明外部来源 CFO 的单一变量并不能体现显著作用，无法单独发挥对公司绩效的影响，其作用的发挥需要考虑实际控制人影响。这与杜胜利和周琪（2009）的研究结果相一致，即大股东对公司绩效影响的作用要强于 CFO 的单独影响。同样，在第（2）列中，加入实际控制人兼任 CEO 和交互项之后，外部来源 CFO 对公司绩效的影响变得显著为负（在 5% 水平上显著），这体现了在考虑实际控制人权力之后，外部来源 CFO 对公司绩效的单独影响为负，但实际控制人通过对公司的绝对控制可以减轻外部 CFO 的不利作用。当实际控制人兼任公司 CEO 和其他 CFO 个体特征变量都引入模型中时，外部 CFO 变量才变得显著，而且实际控制人的控制力较强则会缓解外部 CFO 对公司绩效的负面影响。基本的回归结果符合假设 H3 - 3 和假设 H3 - 2a，即可能由于对民营公司目标的认同感较低、与实际

表 3-5   CFO 内、外来源与公司财务绩效的回归结果

变量	ROA		ROE	
	(1)	(2)	(3)	(4)
CFO_Source	-0.0017 (0.0023)	-0.0113** (-2.37)	-0.0088 (0.0162)	-0.027 (0.0339)
Duality		0.0010 (0.28)		-0.0343 (0.0256)
Duality × CFO_Source		0.0145*** (2.62)		0.0153 (0.0394)
Gender		-0.0024 (-0.95)		-0.0208 (0.0178)
Quality		-0.0055** (-1.97)		-0.0055 (0.0197)
Age		-0.0007*** (-3.42)		0.0008 (0.0014)
Education		-0.0017 (-0.99)		0.0229* (0.0119)
Direct	0.0049* (0.0028)		0.0482** (0.0196)	
Size	-0.0029** (0.0014)	-0.0027* (-1.85)	-0.0008 (0.0095)	-0.0035 (0.0102)
Lev	-0.0096*** (0.0019)	-0.0102*** (-5.12)	0.0082 (0.0133)	0.0099 (0.0142)
Independent	-0.0230 (0.0221)	-0.0193 (-0.85)	-0.026 (0.1519)	0.0077 (0.1614)
Compensation	0.0169*** (0.0018)	0.0183*** (9.91)	0.0353*** (0.0122)	0.0338 (0.0131)
Industry	Yes	Yes	Yes	Yes
Year	Yes	Yes	Yes	Yes
Adj_R^2	0.1	0.1039	0.010	0.012
Number	3135	2934	3135	2934

注:括号中为标准误, ***、** 和 * 分别代表在 1%、5% 和 10% 水平上显著(双尾),限于篇幅我们省略了常数项、行业虚拟变量和年份虚拟变量的回归结果。

控制人家族存在协调成本等因素，导致外部来源 CFO 对公司绩效具有负面影响，但实际控制人兼任 CEO 可以起到缓解不利影响的作用，从而发挥外部 CFO 对绩效的积极影响。

从控制变量来看，CFO 的年龄和 CFO 具有注册会计师资格都对民营上市公司财务绩效 ROA 具有显著的负面影响，这可能是因为 CFO 的年龄越大、职业资质越高反而可能会更趋于保守，从而在企业经营投资过程中更容易采取稳健的会计行为。高管薪酬衡量的激励变量与 ROA 或 ROE 均呈现显著的正相关关系，公司债务比率与公司绩效负相关，独立董事比例和 CFO 受教育程度对公司绩效没有显著影响。

三、民营上市公司 CFO 与内部委托代理问题

CFO 职位在公司治理中发挥着越来越重要的作用，其内、外来源和个体特征背景都会对公司决策和行为产生重要影响，尤其是对公司的财务活动和费用管控具有更为直接的作用（Mian，2001；Jiang et al.，2010）。虽然在家族上市公司中，实际控制人大股东可以有效监督经理人，但在我国民营上市公司中，内部委托代理问题也一直存在，民营企业的大股东控制也会导致家族成员占据公司高管职位和要害部门，从而导致他们产生"壕沟效应"并恣意挥霍公司资源，加剧内部委托代理问题。针对内部委托代理的衡量，我们采用模型（3-4）的超额销售管理费用变量，为了验证 CFO 来源（尤其是 CFO 个体性别特征）的影响，我们对模型（3-3）进行回归，表 3-6 报告了具体的计量结果。

表 3-6　CFO 来源、性别与民营上市公司超额销售管理费用（SG&A）的回归结果

变量	（1） 全样本	（2） 全样本	（3） 全样本	（4） CFO_Source = 1	（5） CFO_Source = 0
CFO_Source	-0.0105 (0.0085)	-0.0073 (0.0083)			
Duality	0.0123 (0.0095)	0.0133 (0.0095)		0.0002 (0.0218)	0.0165 ** (0.0082)
Gender	-0.0213 ** (0.0085)		-0.0215 ** (0.0085)	-0.0372 ** (0.0192)	-0.0131 * (0.0071)
Quality	0.0090 (0.0093)		0.0163 (0.01)	0.0029 (0.0185)	0.0194 (0.0089 **)

续表

变量	(1) 全样本	(2) 全样本	(3) 全样本	(4) CFO_Source = 1	(5) CFO_Source = 0
Age	0.0030 *** (0.0007)	0.0029 *** (0.0006)	0.0029 *** (0.0007)	0.0061 *** (0.0015)	0.0012 ** (0.0005)
Education	0.0101 * (0.0057)	0.0116 ** (0.0057)	0.0104 ** (0.0057)	0.0173 (0.0124)	0.0108 ** (0.0049)
Finance			− 0.0254 ** (0.0107)	− 0.0134 * (0.0091)	
Size	− 0.0091 * (0.0049)	− 0.0084 * (0.0048)	− 0.0093 * (0.0048)	− 0.0085 (0.0107)	− 0.0089 ** (0.0042)
Lev	0.0156 ** (0.0067)	0.0161 ** (0.0067)	0.0158 * (0.0067)	0.0134 (0.0159)	0.0191 (0.0055) **
Independent	0.0791 (0.0768)	0.0872 (0.0768)	0.0896 (0.0762)	0.0111 (0.1834)	0.1281 * (0.0630)
Compensation	0.0365 *** (0.0062)	0.0362 *** (0.0062)	0.0377 *** (0.0062)	0.0350 ** (0.0143)	0.0393 *** (0.0053)
Industry	Yes	Yes	Yes	Yes	Yes
Year	Yes	Yes	Yes	Yes	Yes
Adj_R^2	0.1335	0.1320	0.1345	0.11	0.22
Number	2934	2934	2934	1189	1745

注：括号中为标准误，***、** 和 * 分别代表在1%、5%和10%水平上显著（双尾），限于篇幅我们省略了常数项、行业虚拟变量和年份虚拟变量的回归结果。

从表3 − 6 的第（1）、第（2）和第（3）列可以发现，CFO 外部来源并没有对公司的超额销售管理费用产生遏制，外部来源 CFO 并不能发挥减轻民营上市公司内部委托代理问题的作用，这与假设 H3 − 4 相一致。从 CFO 的个人特征来看，女性 CFO 能够显著降低民营上市公司的超额销售管理费用（在5%水平上显著负相关），女性 CFO 减轻内部委托代理问题的结果与假设 H3 − 5 相一致，也和王霞等（2011）、熊焰韧等（2013）的研究结论相一致，即女性 CFO 在财务管理活动中更为谨慎，可以起到缓解民营上市公司内部委托代理问题的作用。为了进一步验证假设 H3 − 5 的稳健性，我们对样本进行了分组回归，第（4）和第（5）列分别以 CFO 外部和内部来源进行分组。回归结果说

明，女性 CFO 的确能够显著减轻内部委托代理问题，同时外部来源的女性
CFO 起到的作用更为显著（相关系数为 - 0.0372，在 5% 水平上显著），要比
内部来源的女性 CFO 的影响大接近 3 倍。在控制变量中，CFO 年龄与超额销
售管理费用显著正相关，CFO 教育水平也呈现正相关关系，CFO 的年龄和教
育程度并不能减轻民营上市公司内部的超额销售管理费用支出；这可能是因为
CFO 年龄越大，越容易和高管们进行沟通，越懂得"人际关系"，同时也可能
因为其更多地考虑自己的福利待遇。其他控制变量中，CFO 的财务金融行业从
业背景（Finance）与公司超额销售管理费用显著负相关，负债率和高管薪酬
均呈现正相关关系。

第四节　稳健性检验

考虑到 CFO 内、外来源，以及 CFO 性别特征与公司绩效或超额销售管理
费用可能受到内生性问题的影响，即由于女性 CFO 自选择问题可能造成计量
的偏差，为了增强以上研究结论的稳健性，我们还进行了以下的检验。

首先，根据已有研究（Francis et al.，2012；Faccio et al.，2014；李小荣
和刘行，2012），我们选择赫克曼（Heckman，1979）的两阶段回归模型，即
在第一阶段的 Probit 回归模型中控制公司规模、资产负债水平、董事会特征、
高管薪酬和年度效应等影响 CFO 外部来源和女性 CFO 选择的变量。此外，伦
诺克斯（Lennox，2012）指出，在使用赫克曼两阶段方法的第一阶段模型中需
要有"排除性约束"变量（exclusion restrictions），所以我们在检验 CFO 外部
来源影响时也加入了同年同行业中其他公司的外部来源 CFO 变量（Other CFO_
Source）作为排除性约束变量，在检验女性 CFO 对超额销售管理费用影响时加
入了同年同行业其他公司女性 CFO 的比例（Other CFO_Gender）和实际控制
人两权分离程度（DP）作为排除性约束变量。法乔等（Faccio et al.，2014）、
李小荣和刘行（2012）都采用了这一变量作为本公司女性高管的工具变量，
而且我们的回归模型结果也显示，这两个变量对公司绩效和超额销售管理费用
没有直接的影响，作为排除性约束变量是恰当的[①]。同时，考虑到将第一阶段

----

① 将表 3 - 6 第（1）、第（2）和第（3）列中的 CFO_Source 和 Gender 替换为 Other CFO_Source
和 Other CFO_Gender，将 Gender 替换为 DP 进行了多元回归，只有 Other CFO_Gender 的回归系数显著，
这样，在对女性 CFO 回归过程中选择 DP 作为排除性约束变量，对 ROA 或 S&GA 的回归系数均不显著，
符合工具变量的性质。

模型得到的逆米尔斯比率（inverse mills ration，IMR）放入第二阶段模型可能会造成严重的多重共线性问题（Lennox et al.，2012），我们还对回归模型进行了 VIF 检验（variance inflation factors），以判断是否存在多重共线性问题。利用赫克曼模型重复 CFO 外部来源与公司绩效、超额销售管理费用，以及女性 CFO 与超额管理费用的第二阶段具体回归结果见表 3 - 7，其中 $\hat{\lambda}_1$、$\hat{\lambda}_2$ 和 $\hat{\lambda}_3$ 分别是利用 Other CFO_Source、Other CFO_Gender 和 DP 作为排除性约束变量的第一阶段 Probit 回归得到的逆米尔斯比率（IMR）。

表 3 - 7   赫克曼模型的第二阶段回归结果

变量	（1）	（2）	（3）	（4）
	ROA	SG&A	SG&A	（SG&A）
CFO_Source	- 0.0011 (0.0025)	- 0.0034 (0.0087)		
Gender			- 0.0244 *** (0.0085)	- 0.0192 ** (0.0087)
Duality	0.0051 * (0.0021)	0.0213 ** (0.0101)	0.0237 ** (0.0144)	
Quality				0.0147 (0.0102)
Age	- 0.0004 (0.0002)	0.0018 ** (0.0008)	0.0025 *** (0.0007)	0.0029 *** (0.0007)
Education	0.0006 (0.0021)	0.0026 (0.0071)	0.0305 ** (0.0089)	0.0104 * (0.0058)
Finance	0.0117 (0.0080)	- 0.0755 *** (0.0274)	0.0094 (0.0144)	- 0.0231 * (0.0116)
Size	- 0.0029 ** (0.0014)	- 0.0082 * (0.0049)	- 0.0083 * (0.0048)	- 0.0167 ** (0.0048)
Lev	- 0.0127 *** (0.0024)	0.0274 *** (0.0083)	0.0253 *** (0.0075)	0.0064 (0.0073)
Independent	- 0.0135 (0.0226)	0.0766 (0.0771)	0.0799 (0.0767)	0.0063 (0.0784)
Compensation	0.0161 *** (0.0022)	0.0458 *** (0.0074)	0.0349 *** (0.0063)	0.0490 *** (0.0063)

续表

变量	(1)	(2)	(3)	(4)
	ROA	SG&A	SG&A	(SG&A)
$\widehat{\lambda}_1$	0.0250 * (0.0134)	−0.1041 ** (0.0455)		
$\widehat{\lambda}_2$			−0.2255 ** (0.0808)	
$\widehat{\lambda}_3$				−0.0193 (−0.0469)
Number	2922	2922	2922	2934
Adj_R^2	0.11	0.1321	0.1344	0.1312
VIFs				
CFO_Source	1.13	1.13		
Gender			1.01	1.03
$\widehat{\lambda}_1$	8.5	8.5		
$\widehat{\lambda}_2$			3.94	
$\widehat{\lambda}_3$				1.28

注：括号中为标准误，***、** 和 * 分别代表在 1%、5% 和 10% 水平上显著（双尾），限于篇幅我们省略了常数项、行业虚拟变量和年份虚拟变量的回归结果。

从表 3-7 的回归结果可以发现，除了第（4）列的 IMR 不显著之外，其他三个回归的逆米尔斯比系数至少在 10% 水平上显著，这表明样本选择偏差是存在的。在控制了 CFO 外部来源和女性 CFO 的自选择偏差后，CFO 外部来源对公司绩效和超额销售管理费用仍然没有显著的影响，女性 CFO 对民营上市公司的超额销售管理费用具有显著的降低作用，这和之前的 OLS 回归结果基本一致，本书结论是可靠的。此外，各个 VIFs 值均小于 10，不存在多重共线性问题，采用自选择模型的变量也是恰当的。

为了进一步增强研究结论的可靠性，我们首先对样本进行了筛选，剔除了样本个数小于 10 个的行业，重新进行回归。其次，根据同年度同行业 CFO 外部来源比例中位数、同年度同行业女性 CFO 比例中位数，对样本进行了分组，就高低两组样本进行回归。再次，我们用董事平均薪酬替换了高管平均薪酬、用员工总人数对数替换了总资产对数、用销售管理费用与营业收入之比替换了超额销售管理费用率。以上的回归结果没有发生显著变化，实证结果较为稳健一致，主要研究结论未变。

第五节　本章总结与启示

以 2007～2013 年中国 A 股民营上市公司为样本，本章节实证检验了外部 CFO 对民营公司财务绩效和内部委托代理的影响，并进一步考察了 CFO 个体特征在民营上市公司中的效应。研究发现：（1）民营上市公司控制权和现金流权相对分离程度越高，企业越倾向于聘用内部来源的 CFO；（2）外部来源的 CFO 对民营上市公司的财务绩效和超额销售管理费用并未能产生直接的重要影响，但是在实际控制人权力更高和在其直接控制管理企业的条件下，实际控制人能够促进外部 CFO 产生绩效提升影响，这也说明在影响公司绩效方面，实际控制人兼任 CEO 的作用是显著的；（3）民营上市公司 CFO 的性别特征对公司超额销售管理费用的影响显著为负，女性 CFO 更能够减轻内部的委托代理问题，而 CFO 年龄的增加会加重内部代理问题的程度。

本章研究为民营上市公司 CFO 的影响提供了新的证据，丰富了公司治理领域的相关研究；同时，进一步检验了高管个体特征和性别因素在公司治理角色和财务行为中产生的影响。本章启示在于：一方面，民营上市公司需要实际控制人发挥其重要影响，监督和管理公司的运营，从而发挥创始大股东 CEO 对 CFO 的积极影响；另一方面，民营上市公司应不断完善公司治理结构，在高管团队的构成中，注意引进女性 CFO，发挥其个体特征对降低代理成本的作用，并重视 CFO 的年龄和其他背景的影响。

由于 CFO 来源和背景特征是手工收集的，限于客观条件，我们未能获得实际控制人和 CFO 之间联系的背景资料，这可能在一定程度上影响我们的结论。同时，限于篇幅，也没有能够进一步研究选择内部 CFO 或外部 CFO 对公司盈余管理或大股东掏空行为的影响。这些局限可作为我们未来的研究方向。

第四章　国资委监管委派下的
高管薪酬和公司绩效

在中国创新体系中，企业是技术创新的主体，市场起导向作用，而政府的作用也不容忽视。虽然企业的研发经费支出逐年上升，公共资本支出中政府补助也不断攀升，但从专利的有效性和数量来看，我国的科技创新水平仍与美国等科技发达国家存在较大差距。随着经济全球化和中国市场的不断开放，市场竞争日益加剧，科技创新日新月异。要在瞬息万变的市场中站稳脚跟，需要企业审时度势，有效整合内、外部资源，提升科技创新能力。然而，在我国大力支持企业技术创新的同时，政府对企业技术创新的资金扶持效率如何？政策落实是否到位？政府补助的情况是否存在行业差异？政府资金扶持政策是否受企业上期技术创新的影响？企业技术创新情况是否与政府科研方面的公共资本支出情况有关？已有的研究更多倾向于公共资本支出对企业技术创新的研究，而企业的技术创新情况是否对政府科技创新补助产生影响、企业技术创新与政府补助行为之间是否存在双向关系的影响研究尚未引起广泛关注。为了更好地提高科技创新效率，提升政府补助效率，促进我国由制造型大国向创新型大国转变，本书将基于公共资本理论和技术创新理论提出研究假设，着重研究以研发投入和专利授权数为代表的企业技术创新要素与未来以政府事前补贴及事后补贴为代表的公共资本要素之间的关系。

各级政府部门高度重视国有上市公司高管薪酬，国务院国资委 2006 年就印发了《关于规范中央企业负责人职务消费的指导意见》的通知，财政部和国资委等部门也于 2009 年联合出台《关于进一步规范中央企业负责人薪酬管理的指导意见》，对中央企业发出高管"限薪令"，明确指出严格规范国有企业、金融机构经营管理人员的薪酬管理，建立根据经营管理绩效、风险和责任确定薪酬的制度；同时，严格控制和监管职务消费。

现代企业制度和公司治理理论已经告诉我们，由于管理者和股东之间的信息不对称，股东需要建立基于公司业绩的激励机制，通过衡量薪酬与绩效之间的关系来实施监督，促使公司高管激励相容行为满足股东目标收益的最大化（Jensen and Meckling，1976；Engel et al.，2003）。如果股东目标完全是公司业绩，那么 CEO 或 CFO 的考核就会主要集中在业绩目标的完成上，即股东目标构成了 CEO 激励契约的基础（Gibbons，1998）。从我国国有企业监管体制与制度变迁的视角来看，自 20 世纪 90 年代明确了国有企业建立健全现代企业制度和现代产权制度的改革目标之后，为了解决原来的国有资产所有权分散、产权不明晰和所有者监管缺位的问题，中央政府和国务院于2003 年正式成立了代表国有资产出资人的国务院国有资产监督与管理委员会，随后各省市相继成立了地方国资委，并根据《企业国有资产监督管理暂行条例》的规定对下属国有企业履行管人、管事和管资产的职能。尽管国资委拥有监管职责，但其仍必须严格依照《公司法》要求，不能直接介入国有企业的日常管理，因此国资委作为国有资产出资人代表行使股东权利，还会通过委派 CEO、特别是委派 CFO 进入国有上市公司中，以期缓解间接管理当中的信息不对称问题和完善监督激励机制。20 世纪 90 年代中期之后，对国有企业委派 CFO 或 CEO 制度自深圳实行试点以来已经逐步在全国推行，尤其是在 2006 年之后，国务院国资委和地方国资委也纷纷发布多项政策法规对委派的 CFO 和 CEO 的权责、业绩考核和薪酬激励制度进行完善。

在国资委监管和委派 CFO 或 CEO 制度背景下，国有企业的 CFO 和 CEO 薪酬激励是否起到了应有的作用，是否实现了国资委对国有企业高管和企业的考核目标，对于以上问题的回答无疑具有重要的学术和实践意义。由于国务院国资委公布的《中央企业负责人经营业绩考核暂行办法》（简称《办法》）和各地方国资委的考核标准中，往往是对整个公司领导班子集体业绩考核，而且在已有文献中也多采用所有高管整体薪酬或 CEO 薪酬来衡量激励契约的有效性（肖继辉和彭文平，2004；辛清泉和谭伟强，2009），这就忽视了财务绩效往往会受到 CFO 和 CEO 激励及其个体特征的影响这一事实（Mian，2001；Feng et al.，2010）。此外，由于 CFO 和 CEO 的升迁、对不同绩效考核指标的重视、中央企业与地方国资委企业的自身特点都存在着差异，特别是《办法》中对被考核对象指标的同质性，必然都会给 CFO 和 CEO 的激励效应带来差异化的影响，以及对于不同考核目标的协调难度①。

第一节　研究意义与目标

本章关注国有上市公司 CFO、CEO 薪酬和个体特征对于国有企业财务绩效和超额销售管理费用的影响，并从三个方面构成了对公司治理领域新的贡献。

首先，从我国国有上市公司监管与高管委任的现实制度背景出发，利用国资委对下属国有企业 CFO 和 CEO 委派实践形成的独特制度安排，分别考察国资委控股的国有上市公司 CFO、CEO 薪酬对于企业绩效的影响，不仅经验研究薪酬和财务绩效（ROE）之间的关系，而且还引入了国务院国资委对绩效考核的最新 EVA 指标。基于国资委控股上市公司的数据，本章研究发现，CFO、CEO 薪酬和公司财务绩效、EVA 绩效均呈现显著的正向关系，这与姜付秀等（2014）基于国有上市公司数据得到的相关结论一致。但在分组样本回归中，央企控股上市公司 CEO 和 CFO 薪酬对于财务绩效和 EVA 绩效的影响则并不显著，而在地方国资委控股上市公司中呈现显著关系。

其次，围绕国资委对下属国有企业负责人业绩考核标准与目的，结合受委派的 CFO 与 CEO 激励有效性问题，本章就 CFO 薪酬、CEO 薪酬对业绩考核指标的影响进行了经验研究。研究结果表明，CFO 和 CEO 薪酬激励能够起到对《经营业绩考核暂行办法》中业绩评估指标的促进作用，但是，无论 CFO 还是 CEO 均未能对国有上市公司的超额销售管理费用支出起到抑制效应。虽然国有上市公司的 CFO 或 CEO 往往由各级国资委或上一级股东委派，但二者对于费用管控的积极影响却难以实现。造成这种考核目标实现程度巨大差异的原因在于，国资委对国有企业负责人考核侧重于经济指标的完成，以及对于国企高管考核的集体同质化方式和指标。正是因为考核方式和指标集中于按照《中央企业负责人经营业绩考核暂行办法》中的规定来执行，因此对于包括财务负责人在内的所有高管集体都会致力于完成业绩指标，反而忽视了 CFO 应履行的

---

①　例如，国务院国资委除了发布《中央企业负责人经营业绩考核暂行办法》之外，还于 2006 年发布了《中央企业总会计师工作职责管理暂行办法》，明确规定对于总会计师或财务总监的履职评估中必须包括"企业会计核算规范性、会计信息质量，以及企业财务预算、决算和财务动态编制工作质量情况"，还特别明确了"财务状况，资金的管理和成本费用控制情况，财务管理与监督、财会内控机制建设和重大财务事项监管"作为评估内容，明确强调了财务管理和监督以及费用控制，这就与《办法》中经营业绩考核指标存在差异，同时该文件还进一步强调了总会计师与企业负责人对重大财务费用的联签制度。

财务管理和监督职能。

再次，结合研究发现，同时借鉴美国萨班斯法案对于 CFO 监督职能的相关研究经验，对国资委监管和国有企业 CFO 委派制度的具体实施提出了相应建议，对完善国资委作为大股东出资人代表的监督激励机制有效性提供了有益的实践启示，也丰富了深化国有企业改革的具体措施。

第二节　制度背景和研究假设

一、制度背景和文献回顾

自 1978 年改革开放政策实施以来，我国国有企业的监管体系基本上实行的是中央一级所有、地方分级管理的模式，在 20 世纪 80 年代至 2003 年国务院国资委成立之前，基本上由国务院代表国家统一行使对国有资产的所有权。根据分级管理原则，中央企业的国有资产，包括特殊行业、关系国家安全和国民经济命脉的重要骨干企业的国有资产，由国务院直接管理和行使所有者职能；其他的国有资产，则由省市各级地方政府对其辖内的国有资产行使所有者职能。此外，这一期间，国家组建了一批大型的国有控股企业集团，作为国有资产授权经营的机构，集团母公司对企业集团内授权的国有资产行使出资人职责，承担保值增值任务并委任下属子公司的负责人。实际上，除了中央企业直接接受国务院领导之外，大多数地方国有企业的投融资活动和监管基本上处于包括财政部门、经贸委或计委等地方政府部门的直接管理之下。国务院于 2003 年 4 月正式成立了代表国有股权出资人的国有资产监督与管理委员会，各省市也相继成立了下一级的地方国资委部门，来统一行使对国有企业的"管人、管事、管资产"职能，标志着我国国有资产的监管体制进入了一个全新的时期。

从国资委的主要监管目标来看，自国资委成立之后，就相继制定和颁布了《中央企业负责人经营业绩考核暂行办法》和《关于规范中央企业负责人职务消费的指导意见》，旨在对国有企业负责人进行考核评估，并以该办法中"规模导向型"的营收增长指标作为 CEO 或董事长晋升的重要参考（杨瑞龙等，2013）。就国资委和下属的国有企业关系来看，依据《公司法》和《企业国有资产监督管理暂行条例》等法律法规，国资委享有所有者权益，但不直接干预企业的生产经营活动。所出资的国有企业作为市场主体和法人实体，享有《公司法》等所规定的权利，对其经营的企业国有资产承担保值增值责任，接受国有资产监督管理机构依法实施的监督管理，不得损害所有者权益。为了解决信息不对称问题和企业契约签订与执行过程中可能存在的内部人控制及委托代理问题，国资委除了委派董事到所属企业中之外，还采取了对企业负责人的委派方式（唐萍，1999）。从 1995 年开始，深圳国资管理部门就试点在所属国有企业实行委派财务总监制度，以期能够通过这一方法实现对国有企业的有效监督。随后，这一方式也被国务院国资委采用，并逐渐在全国国资委系统推行。

实际上，早在 20 世纪 90 年代，国务院就发布了《总会计师条例》，作为对国有企业中财务负责人管理的主要法规依据。为了保持对所属企业信息了解的畅通和会计信息的有效性，同时为了顺应各地方政府普遍实施的财务总监委派制度，国务院国资委在 2006 年印发了《中央企业总会计师工作职责管理暂行办法》，其中明确要求"企业应当按照规定设置总会计师职位……设置属于企业高管层的财务总监、首席财务官等类似职位的企业或其各级子企业，可不再另行设置总会计师职位，但应当明确指定其履行总会计师工作职责……企业可以按照有关规定对其各级子企业实施总会计师或者财务总监委派等方式，积极探索完善总会计师工作职责监督管理的有效途径和方法"。

经典的最优契约激励理论认为，股东通过设计符合自身利益最大化的绩效激励契约来实现管理者的激励相容行为，更高的薪酬—业绩敏感性会使得对自己才能有信心的经理人接受以业绩为基础的薪酬契约，在股权相对集中的公司中，股东也容易通过控制权来监督经理人的行为，从而更高的报酬激励会导致有效的公司业绩（Jensen and Murphy，1990；Gomez‐Mejia and Wiseman，1997；Core and Larcker，2002）。由于欧美公司高管的货币性薪酬只占其总体薪酬中很小的部分，因而国外学者的文献多侧重于探讨对于期股和期权等股基激励的影响与机制设计，而对基于公司业绩的货币薪酬契约研究则相对较少。围绕货币薪酬激励与企业绩效关系，国内外学者就中国不同产权性质企业的高管薪酬激励效应展开了一些研究。早期的研究发现，我国上市公司高管薪酬与企业绩效之间并没有呈现出显著的关系（魏刚，2000；李增泉，2000），而后续的研究表明，我国上市公司高管层薪酬对公司业绩敏感性在逐步增强（刘斌等，2003），高管薪酬水平的提高能够促进企业绩效的提升（张晖明和陈志广，2002；辛清泉和谭伟强，2009）。

出现这种不一致的原因可能有两个方面。第一，公司高管薪酬数据的问题。由于 2005 年以前，我国《企业财务报告披露准则》只要求上市公司公开披露薪酬最高的前三名高管薪酬之和以及所有高管的薪酬总和，因而已有研究无法直接衡量 CEO 或 CFO 的具体薪酬。而公司的 CEO 和 CFO 则是国资委企业负责人考核的重点对象，也是对企业经营负有最重要影响的高管，在这种情况下，如果总体薪酬没有发生变化，但其中不同管理者的薪酬发生变化，那么，它必然影响薪酬的激励作用，从而带来研究结论的变化（吴联生等，2010）。第二，随着时间的推移和我国国有企业市场化改革的深入，在初始阶段国有上市公司高管薪酬与业绩之间的无关表现会随着企业市场化改革和公司治理机制不断完善而相应得以强化（辛清泉和谭伟强，2009）。

关于国有企业和非国有企业 CEO 的激励契约中究竟谁更注重公司业绩或公司价值的研究并没有形成一致的结论。钱岩国和刘银国（2008）以 2007 年深市国有上市公司的截面数据为样本，研究结果表明，国有上市公司高管薪酬与公司的经营业绩之间并不存在显著的相关关系。吴联生等（2010）的研究也发现，正向的额外薪酬未能对国有上市公司绩效产生显著促进效应。但也有研究（Firth et al.，2007；Conyon and He，2011）发现，国有企业的 CEO 薪酬与会计绩效敏感性以及 CEO 变更的会计绩效敏感性与非国有企业并没有显著差异。还有研究（Wang and Xiao，2011；Conyon and He，2012）发现，国有企业会计绩效激励契约的有效性要高于非国有企业，但是，这些研究对这一结果没能做出相应的合理解释。姜付秀等（2014）的实证研究指出，已有研究除了受样本和数据限制外，忽略了对相关制度背景和国有企业特征的探讨，这也是导致既有结论不一致的原因之一。

二、理论分析与研究假设

本部分要解决的问题正是国企 CEO 和 CFO 薪酬与绩效之间的关系如何，为何央企与地方国资委企业的经济考核指标对 CEO 和 CFO 可能展现出不同的激励效应，以及对于经济考核指标与费用管控考核的影响存在差异的可能原因。由于经济绩效考核是国资委对下属企业监管目标的重中之重，国资委上市公司 CEO 和 CFO 必然会高度重视企业财务绩效，但由于地方国资委对于地方国有企业高管升迁的控制力和话语权更强，为了实现业绩考核的指标，地方国有企业 CEO 和 CFO 薪酬与绩效之间的关系将更为显著。倾向于经济绩效考核也会导致对其他考核指标的忽视，尤其是对国企负责人整体的经济绩效考核方式会使得国企 CFO 不重视财务管理和监控职责，从而导致 CFO 激励和职位对于费用管控无法发挥有效的影响。

国资委成立之初制定的《中央企业负责人经营业绩考核暂行办法》和《中央企业负责人薪酬管理暂行办法》都细化强调了与经营业绩挂钩的薪酬管理制度。国务院国资委依据《中央企业负责人经营业绩考核暂行办法》对央企领导进行严格的绩效考核。考核的对象包括国有独资企业、国有独资公司和国有控股企业股权代表出任的董事长、副董事长、总经理（总裁）、副总经理（副总裁）、总会计师。对这些企业负责人的经营业绩实行年度考核与任期考核相结合的方式，主要指标为利润总额、经济增加值指标（EVA）[1]、国有资本保值增值率和主营业务收入平均增长率。以上的考核标准和指标也被各省市地方国资委作为依据，对下属国有企业高管进行考核。作为国资委监管的下属企业，国有上市公司明显需要达到高管层考核要求的公司业绩表现，因此 CEO 和 CFO 都有动力来实现高管层整体经济绩效考核的显性要求。但央企与地方国有企业存在差异的是，地方国资委的考核文件中更多关注财务绩效和营收指标的考核，因此地方国资委上市公司的 CEO 可能与央企 CEO 的激励不同，他们会更加重视财务绩效的完成。此外，地方国资委上市公司的 CEO 和 CFO 薪酬激励将会与业绩之间形成更为显著的关系。

国务院国资委对下属国有企业的监管和委派高管的考核最主要依据《中央企业负责人经营业绩考核暂行办法》，地方国资委所属的企业依据各地方国资委的《国有企业负责人经营业绩考核办法》来评估业绩与企业高管的个人指标完成情况。但是对不同高管职位差异却没有考虑，例如，对于企业的在职消费和财务监督管理方面的政策文件与考核标准都较为稀缺，对于 CFO 绩效的考核基本上也是按照上述经营业绩考核办法来执行，而几乎忽视掉了曾经颁布的《总会计师工作职责管理暂行办法》中的考核规定。一直到 2014 年《关于合理确定并严格规范中央企业负责人履职待遇、业务支出的意见》出台，国有企业高管职务消费问题才有了新的规定。考核指标导向的差异和对不同职位高管业绩考核的同质性，使得国资委委派财务总监制度不能实现对企业的超额销售管理费用有效监督和制约，国企 CFO 或 CEO 薪酬激励或在管理层地位的提升均无法产生对非生产性支出的积极影响。

基于以上的分析，提出三个有待验证的研究假设。

---

[1] 国资委决定从 2010 年开始对央企负责人全面实行经济增加值（EVA）评价，EVA 评价的目标是使得央企经营者关注资本成本，变规模投资为价值投资，抑制企业过度投资的冲动。

假设 H4 - 1：出于对国资委业绩考核目标的重视，国有上市公司 CEO 和 CFO 薪酬与公司财务绩效（ROA）及经济增加值（EVA）均呈现显著的正向关系。

假设 H4 - 2：由于职位变化和升迁路径不同，地方国资委公司高管对业绩考核指标更为重视，央企上市公司业绩可能更多来自规模等其他因素，薪酬激励的作用并不明显。

假设 H4 - 3：由于国资委对委派高管业绩考核的导向作用，其所属上市公司高管激励不能实现对超额销售管理费用问题的有效约束或抑制，CFO 委派无法实现应有的财务监督影响。

第三节　研究设计与描述统计

一、样本选择与数据来源

由于主要关心的是国资委监管委派制度下的高管薪酬与绩效问题，而在 2004 年国务院国资委才颁布了《中央企业负责人薪酬管理暂行办法》，细化了与经营业绩挂钩的薪酬管理制度。2006 年之后，国资委修订《中央企业负责人经营业绩考核暂行办法》，相继出台了《中央企业负责人年度经营业绩考核补充规定》《中央企业总会计师工作职责管理暂行办法》《关于进一步规范中央企业负责人薪酬管理的指导意见》等一系列的政策，随后各个省市的地方国资委也根据这些规定的主要内容具体制定了各地方国资委的相关细则文件，逐步完善了国有企业的激励契约，健全了适应现代企业制度要求的经理人选用机制和激励约束机制。考虑到 2006 年前后的股权分置改革对财务报告的影响，本研究的初始样本为 2008～2013 年的中国沪、深两市 A 股国有上市公司中的国资委控股企业，通过对国有上市公司最终的实际控制人性质进行判断，如果公司的最终实际控制人是国务院国资委，则属于中央企业，如果最终实际控制人是地方国资委的，则属于地方国有企业，其他类型实际控制人的国有上市公司予以剔除。

本章所使用的 CEO 薪酬和 CFO 薪酬、CEO 和 CFO 的性别与年龄等个体特征、各项财务数据均来自 CSMAR 数据库。按照已有研究惯例和研究主旨，我们也根据以下程序进行样本筛选：（1）剔除了金融保险行业的上市公司观测值；（2）剔除了存在相关数据缺失的样本；（3）考虑到财务状况和运营情况的差异，剔除了 ST、*ST 类等股票非正常交易状态的上市公司样本；（4）为了消除极端值的影响，对所有的连续变量按照 1% ~ 99% 分位数水平进行缩尾处理。在进行了以上的筛选之后，获得了 1614 个有效的公司年度样本，其中国务院国资委控股的央企上市公司样本数是 295 个，[①] 地方国资委控股的上市公司样本数是 1319 个。

二、变量说明与计量模型

为了考察国资委控股上市公司不同高管的薪酬激励与公司绩效和超额费用支出之间的关系，验证前述提出的研究假设，本书设置因变量分别为公司财务绩效（ROA）和超额销售管理费用（EAE）。在对企业业绩的计量方面，以盈余为基础的会计业绩和以股票回报为基础的市场业绩是两种主要的备选指标。已有文献已经指出，会计盈余为基础的薪酬契约更有利于体现经理对在位资产的受托责任，提高在位资产经营效率（Natarajan，1996），而以股票为基础的薪酬契约则更有利于鼓励经理去挖掘新的投资机会，增加对风险项目的投资（Bryan et al.，2000）。由于我国证券市场的波动较为剧烈，且作为新兴资本市场，效率不高，特别是国资委监管考核制度中主要是以财务绩效和经济增加值作为考核目标，因此参考辛清泉和谭伟强（2009）、姜付秀等（2014）的研究方法，以财务绩效作为因变量，同时也以经济增加值（EVA）作为因变量进行了回归分析。

在经济增加值（EVA）的核算中一个关键问题是如何确定资本成本，借鉴姚颐等（2013）的做法，依据《中央企业负责人经营业绩考核暂行办法》的规定，并结合中央企业的实际情况进行分析。该办法中规定的对资本成本率的设定标准，即：（1）央企资本成本率原则上定为 5.5% ；（2）承担国家政策性任务较重且资产通用性较差的企业，资本成本率定为 4.1% ；（3）资产负债率在 75% 以上的工业企业和 80% 以上的非工业企业，资本成本率上浮 0.5% 。我们按照以上原则和企业具体特征对每一家国资上市公司的 EVA 进行了比较精确的测算。具体计算如下：

---

① 需要说明的是，国资委考核的是央企集团，而央企的上市公司只是其子公司，因此所获得的结论不能完全代表央企集团。但囿于央企集团没有公开数据的披露，这些样本无法观测，而上市公司是央企集团的市场化代表，所以从央企上市公司所获得的结论可窥一斑，在没有更好的选择下，本书对央企上市公司的研究是现有条件下的次优选择。

$$经济增加值 = 税后净营业利润 - 资本成本$$
$$= 税后净营业利润 - 调整后资本 \times 平均资本成本率$$

其中：

$$税后净营业利润 = 净利润 + (利息支出 + 研究开发费用调整项$$
$$- 非经常性收益调整项 \times 50\%) \times (1 - 25\%)$$

$$调整后资本 = 平均所有者权益 + 平均负债合计$$
$$- 平均无息流动负债 - 平均在建工程$$

根据以上文献和分析，CEO 薪酬和 CFO 薪酬与公司绩效的具体回归模型如下：

$$Performance = \alpha_0 + \alpha_1 Pay + \alpha_2 Center + \gamma Control + \sum Year + \sum Industry + \varepsilon$$

$$(4 - 1)$$

式（4 - 1）中被解释变量 Performance 表示财务绩效（ROA）和经过总资产调整的经济增加值（EVA）；解释变量中的 Pay 包括 CEO 年度薪酬和 CFO 年度薪酬的自然对数；Center 是虚拟变量，地方国资委企业为 1，否则为 0。同时，借鉴已有文献（Conyon and He，2011；姜付秀等，2014；陈仕华等，2014），我们还控制了其他一些影响因素，以 Control 来表示，具体包括了公司规模（Size）、资产负债率（Lev）、公司经营活动产生的自由现金流（Cash）、以主营业务收入增长率衡量的公司成长性（Growth）、董事会规模（Boards）、独立董事比例（Independent）、第一大股东持股比例（Fshare）、以第二大股东和第一大股东持股之比衡量的股权制衡程度（Z_index）、以公司前五大股东的赫斯费尔德指数表示的股权集中度（H5）、CEO 和 CFO 各自的性别（CEO_gender、CFO_gender，女性 = 1，否则为 0）和年龄（CEO_age、CFO_age）。此外，在回归模型中还控制了行业（Industry）与年度（Year）的虚拟变量。

为了检验 CEO 和 CFO 激励对超额销售管理费用的影响，我们借鉴德肖等（Dechow et al.，1995）、陈冬华等（2005）和杜兴强等（2010）的研究思路，以实际销售管理费用减去期望销售管理费用得到的超额销售管理费用作为在职消费或超额费用支出的衡量变量，具体回归模型如下：

$$EAE = \beta_0 + \beta_1 Pay + \beta_2 CFO\_status + \beta_3 Center + \lambda Control$$
$$+ \sum Year + \sum Industry + \mu$$

$$(4 - 2)$$

在式（4 -2）中，被解释变量为超额销售管理费用（EAE），首先构建期望销售管理费用（$\overline{AE}$）的估计模型，然后以经过调整的实际销售管理费用（AE）[1]

---

[1]　在实际的销售管理费用中我们扣减了高管薪酬、无形资产摊销、当年计提坏账准备和存货跌价准备（万华林和陈信元，2010），并以主营业务收入进行了标准化处理。

减去期望销售管理费用（$\overline{AE}$），从而得到被解释变量；考虑到 CFO 在财务管理和费用控制方面的职责和影响，解释变量中增加了 CFO 地位的变量，分别以 CFO 是否为董事会成员（CFO_dir）和 CFO 是否在上一级股东单位任职（CFO_od）来衡量；其他解释变量和控制变量与式（4-1）中相同。此外，具体的期望管理费用（$\overline{AE}$）估计模型为：

$$\overline{AE} = \eta_0 + \eta_1 LnSale + \eta_2 Lev + \eta_3 Growth + \eta_4 Boards + \eta_5 Avesalary$$

$$+ \eta_6 H5 + \eta_7 Margin + \eta_8 CI + Year + Industry + \zeta \qquad (4-3)$$

式（4-3）中选择的解释变量包括了销售收入自然对数（LnSale）、资产负债率（Lev）、销售收入增长率（Growth）、董事会规模（Boards）、员工平均工资水平（Avesalary）、以前五大股东的赫斯费尔德指数表示的股权集中度（H5）、体现公司盈利能力的毛利率（Margin）、以固定资产除以总资产得到的资本密集度（CI）。

三、描述性统计

我们对样本进行了区分，分别对地方国资委控股的上市公司和国务院国资委控股的央企上市公司主要研究变量进行描述性统计，具体结果如表 4-1 所示。从表 4-1 的结果来看：地方国资委上市公司的财务绩效（ROA）均值（中位数）为 0.038（0.03），央企上市公司为 0.036（0.033）；地方国资委上市公司经过总资产调整的经济增加值（EVA）的均值（中位数）为 0.003（-0.001），央企上市公司该值为 0.002（0.002）。尽管从均值来看，地方国资委上市公司的公司绩效略高于中央企业，但是从中位数来看央企上市公司的财务绩效要好于地方国资委公司，因此，并不能说地方国资委企业绩效要好于央企公司绩效。地方国资委公司和央企的超额销售管理费用（EAE）均值分别为 0.442 和 0.426，中位数都是 0.421，可知二者的超额销售管理费用支出实际上相差不大，从均值上看地方国资委企业还要略高于央企。地方国资委上市公司 CEO 货币薪酬自然对数的均值（12.915）和中位数都要略低于央企上市公司；从 CFO 薪酬来看，地方国资委上市公司 CFO 薪酬均值和中位数也要小于央企上市公司。然而从 CFO 地位的角度来看，地方国资委上市公司中有平均 23.4% 的 CFO 是董事会成员（CFO_dir），这远高于央企上市公司的 8.8%。从公司治理结构来看，地方国资委上市公司董事会规模、独立董事比例、第一大股东持股比例、以第二大股东和第一大股东持股之比衡量的股权制衡程度、以公司前五大股东的赫斯费尔德指数表示的股权集中度的均值（中位数）分别为 9.442（9.000）、0.366（0.333）、0.401（0.390）、0.218（0.097）、0.198（0.167），中央企业的上述指标的均值（中位数）分别为 9.637（9.000）、0.386（0.364）、0.419（0.416）、0.257（0.140）、0.221（0.185）。可以看出上述指标地方国资委上市公司均低于央企上市公司。

表 4 - 1　　　　　　　　　　　　主要变量的统计描述

变量	地方国有企业				中央企业			
	样本数	均值	中值	标准偏差	样本数	均值	中值	标准偏差
ROA	1319	0.038	0.030	0.061	295	0.036	0.033	0.052
EVA	1319	0.003	-0.001	0.059	295	0.002	0.002	0.051
EAE	1319	0.442	0.421	0.170	295	0.426	0.421	0.083
CEO_pay	1319	12.915	12.954	0.824	295	13.048	13.108	0.716
CFO_pay	1319	12.525	12.605	0.804	295	12.801	12.910	0.712
Size	1319	22.269	22.106	1.185	295	22.954	22.671	1.825
Lev	1319	0.529	0.546	0.193	295	0.556	0.569	0.197
Cash	1319	0.044	0.045	0.077	295	0.044	0.045	0.073
Growth	1319	0.786	0.106	18.391	295	0.164	0.120	0.374
Boards	1319	9.442	9.000	1.921	295	9.637	9.000	2.020
Independent	1319	0.366	0.333	0.055	295	0.386	0.364	0.079
Fshare	1319	0.401	0.390	0.157	295	0.419	0.416	0.167
Z_index	1319	0.218	0.097	0.256	295	0.257	0.140	0.269
H5	1319	0.198	0.167	0.136	295	0.221	0.185	0.148
CFO_dir	1319	0.234	0.000	0.424	295	0.088	0.000	0.284
CFO_od	1319	0.045	0.000	0.208	295	0.047	0.000	0.213

第四节　实证与结果分析

首先检验全样本的国资委控股上市公司 CEO、CFO 薪酬与企业绩效的关系，进而利用分组样本对地方国资委和国务院国资委控股的央企上市公司分别进行回归；其次对 CFO 薪酬、职位特征与超额销售管理费用之间的关系进行检验；最后在稳健性检验部分，我们采用替代变量和子样本重复之前的回归过程。

一、国资委控股上市公司的高管薪酬与绩效关系

利用模型（4-1）检验国资委控股上市公司 CEO 和 CFO 薪酬激励与企业绩效之间的关系，具体结果如表4-2 和表4-3 所示。

表4-2　　　国资委控股上市公司 CEO、CFO 薪酬与绩效关系

变量	ROA			EVA		
	(1)	(2)	(3)	(4)	(5)	(6)
CFO_pay	0.016 *** (9.11)		0.009 *** (4.22)	0.016 *** (9.21)		0.010 *** (4.47)
CEO_pay		0.016 *** (9.66)	0.011 *** (5.12)		0.016 *** (9.47)	0.010 *** (4.83)
Central	-0.005 (-1.44)	-0.003 (-1.07)	-0.004 (-1.18)	-0.004 (-1.18)	-0.003 (-0.81)	-0.003 (-0.94)
Size	0.005 *** (3.78)	0.004 *** (3.71)	0.004 *** (2.91)	0.007 *** (5.63)	0.007 *** (5.68)	0.006 *** (4.81)
Lev	-0.121 *** (-16.95)	-0.121 *** (-17.18)	-0.119 *** (-16.67)	-0.085 *** (-11.78)	-0.085 *** (-12.00)	-0.082 *** (-11.49)
Cash	0.196 *** (12.15)	0.202 *** (12.54)	0.198 *** (12.38)	0.201 *** (12.40)	0.206 *** (12.78)	0.203 *** (12.63)
Growth	0.000 (1.32)	0.000 * (1.67)	0.000 (1.62)	0.000 (1.21)	0.000 (1.53)	0.000 (1.50)
Boards	0.000 (0.74)	0.001 (1.14)	0.000 (0.75)	0.000 (0.76)	0.001 (1.16)	0.001 (0.78)
Independent	-0.028 (-1.43)	-0.027 (-1.34)	-0.026 (-1.30)	-0.032 (-1.58)	-0.030 (-1.52)	-0.029 (-1.46)
Fshare	0.008 (0.20)	0.010 (0.24)	0.014 (0.34)	0.027 (0.65)	0.028 (0.69)	0.032 (0.78)

续表

变量	ROA			EVA		
	(1)	(2)	(3)	(4)	(5)	(6)
Z_index	0.004 (0.59)	0.002 (0.31)	0.003 (0.39)	0.008 (1.15)	0.006 (0.88)	0.007 (0.96)
H5	0.016 (0.36)	0.015 (0.35)	0.011 (0.25)	−0.005 (−0.12)	−0.006 (−0.14)	−0.010 (−0.22)
CFO_gender	0.000 (0.01)		0.000 (0.07)	0.001 (0.33)		0.001 (0.37)
CFO_age	−0.001*** (−3.48)		−0.001*** (−2.77)	−0.001*** (−3.36)		−0.000*** (−2.66)
CEO_gender		−0.013** (−2.32)	−0.012** (−2.28)		−0.012** (−2.18)	−0.012** (−2.14)
CEO_age		−0.000 (−1.56)	−0.000 (−1.19)		−0.000* (−1.77)	−0.000 (−1.40)
N	全样本	全样本	全样本	全样本	全样本	全样本
Adj_R^2	0.462	0.465	0.472	0.422	0.424	0.432
F	19.452	19.699	19.480	16.716	16.835	16.727

注：括号内为标准误差经年份层面的聚类后计算得到的 t 值，***、**、*分别表示在 1%、5% 和 10% 水平显著；限于篇幅本表省略了行业、年份哑变量和常数项的回归结果（以下表同）。

表 4 – 3　　国资委控股上市公司 CEO、CFO 薪酬的分组回归结果

变量	(1) ROA	(2) EVA	(3) ROA	(4) EVA
CFO_pay	0.006 (1.27)	0.005 (1.02)	0.008*** (3.22)	0.009*** (3.71)
CEO_pay	0.002 (0.37)	0.002 (0.44)	0.013*** (5.63)	0.012*** (5.27)
Size	0.009*** (3.44)	0.009*** (3.30)	0.004*** (2.86)	0.007*** (5.27)
Lev	−0.126*** (−7.37)	−0.087*** (−4.92)	−0.120*** (−15.07)	−0.081*** (−10.17)

续表

变量	(1)	(2)	(3)	(4)
	ROA	EVA	ROA	EVA
Cash	0.294 ***	0.300 ***	0.179 ***	0.184 ***
	(7.39)	(7.28)	(9.93)	(10.26)
Growth	0.027 ***	0.032 ***	0.000	0.000
	(4.35)	(4.93)	(1.57)	(1.46)
Boards	0.001	0.001	0.000	0.000
	(0.67)	(0.64)	(0.16)	(0.09)
Independent	−0.063	−0.020	−0.014	−0.027
	(−1.54)	(−0.47)	(−0.58)	(−1.17)
Fshare	−0.106	0.004	0.032	0.039
	(−1.02)	(0.03)	(0.71)	(0.88)
Z_index	−0.006	0.013	0.006	0.007
	(−0.34)	(0.78)	(0.74)	(0.95)
H5	0.075	−0.038	0.005	−0.005
	(0.66)	(−0.32)	(0.10)	(−0.11)
CFO_gender	0.004	0.004	0.001	0.002
	(0.53)	(0.62)	(0.30)	(0.69)
CFO_age	0.002 ***	−0.002 ***	−0.000	−0.000
	(−4.57)	(−4.44)	(−1.56)	(−1.46)
CEO_gender	−0.028 *	−0.024	−0.008	−0.008
	(−1.78)	(−1.43)	(−1.44)	(−1.38)
CEO_age	0.001 *	0.001 **	−0.000	−0.000
	(1.85)	(2.07)	(−1.08)	(−1.35)
N	央企	央企	地方国资委	地方国资委
Adj_R^2	0.504	0.447	0.494	0.463
F	6.431	5.327	18.408	16.369

表 4 - 2 的全样本回归中第 (1)、第 (2)、第 (3) 列探讨了 CFO 薪酬、CEO 薪酬和财务绩效之间的关系，CFO_pay 和 CEO_pay 的回归系数在各列中均显著为正（在 1% 水平显著），说明国资委上市公司 CEO 和 CFO 薪酬对企业财务绩效的影响是积极的，货币薪酬激励能够与业绩之间形成正向的相关关系。从表 4 - 2 的列 (4)、列 (5) 和列 (6) 中也可发现，CEO 薪酬和 CFO

薪酬与绩效考核指标 EVA 之间也存在积极而显著的正向关系，这一结果与我们的研究假设 H4 - 1 相一致。企业类型变量 Central 的回归系数不显著，说明地方国有上市公司对于财务绩效和 EVA 指标几乎没有影响。从其他控制变量来看，公司规模 Size 与绩效关系显著为正（1% 水平显著），体现了国资委控股上市公司的体量规模是影响财务绩效的一个重要变量；资产负债率 Lev 对于绩效的影响均显著为负（1% 水平显著），这说明过高的杠杆会给公司绩效带来不利的影响；而各项公司治理指标则对于公司财务绩效和 EVA 指标均无显著影响，这也从一个侧面说明了目前国有上市公司治理"虽俱其形、未得其神"的现状。

表 4 - 3 报告了分组样本的回归结果，其中列（1）和列（2）是央企控股上市公司的回归结果，列（3）和列（4）是地方国资委控股上市公司。从中可以发现，与我们的研究假设 H4 - 2 相一致，地方国资委控股上市公司 CEO 薪酬和 CFO 薪酬激励对于财务绩效和 EVA 均具有显著的积极影响（1% 水平显著），CEO 薪酬的回归系数为 0.013，表明其薪酬每增加一个标准差会使财务绩效 ROA 提高 1.07 个百分点，且 CEO 薪酬的回归系数均大于 CFO 薪酬的回归系数，这说明地方国资委控股上市公司高管的薪酬激励更能够产生绩效提升的作用。而央企控股上市公司中，高管薪酬与绩效之间的关系并不显著，但从控制变量来看，公司规模和现金流对绩效具有显著影响且回归系数均大于地方国资委企业。公司治理变量中，独立董事比例、董事会规模、第一大股东持股比例、股权制衡、股权集中度等指标均对企业绩效没有显著影响，这与表 4 - 2 的回归结果基本相同。

二、国资委控股上市公司的超额销售管理费用及 CFO 委派的影响

表 4 - 4 报告了公司 CEO 和 CFO 薪酬、CFO 地位与国资委上市公司的超额销售管理费用之间的关系。对于财务费用的监督和重大资金项目的管控往往由 CEO 和 CFO 联合签字和监督负责，因此，我们在回归中分别就 CFO 和 CEO 的影响进行了分析。同时考虑到 CFO 作为最主要的财务负责人，其地位影响也可能会起到一定的作用，我们引入了 CFO 是否为董事会成员（CFO_dir）、CFO 是否在上一级股东单位任职（CFO_od）这两个解释变量，具体的回归结果在列（1）、列（2）和列（3）中列示。CFO 薪酬对于公司超额销售管理费用没有影响，且 CFO 作为董事会成员和在上一级股东单位任职两个变量均对超额销售管理费用没有显著影响，这说明目前的 CFO 委派制度并没有实现对

表 4 - 4　国资委控股上市公司高管激励与超额销售管理费用（EAE）

变量	（1）	（2）	（3）	（4）	（5）	（6）
CFO_pay	0.004 (0.75)	-0.006 (-0.72)	0.006 (0.80)			
CEO_pay				0.010* (1.77)	0.006 (0.72)	0.011* (1.65)
CFO_dir	0.006 (0.64)	0.004 (0.22)	0.007 (0.65)			
CFO_od	-0.009 (-0.52)	0.002 (0.08)	-0.011 (-0.49)			
Central	-0.004 (-0.40)			-0.004 (-0.34)		
Size	-0.018*** (-4.33)	0.004 (0.68)	-0.027*** (-5.27)	-0.020*** (-4.97)	-0.001 (-0.18)	-0.029*** (-5.65)
Lev	0.085*** (3.49)	-0.033 (-0.94)	0.109*** (3.78)	0.092*** (3.86)	-0.018 (-0.53)	0.115*** (4.06)
Cash	0.140** (2.56)	-0.075 (-0.93)	0.180*** (2.76)	0.135** (2.50)	-0.069 (-0.86)	0.175*** (2.69)
Growth	-0.000 (-0.57)	-0.033** (-2.59)	-0.000 (-0.60)	-0.000 (-0.52)	-0.030** (-2.39)	-0.000 (-0.53)
Boards	0.002 (0.91)	0.002 (0.47)	0.001 (0.51)	0.002 (0.94)	0.002 (0.60)	0.001 (0.57)
Independent	0.072 (1.07)	-0.083 (-1.00)	0.101 (1.18)	0.079 (1.18)	-0.089 (-1.07)	0.107 (1.26)
Fshare	-0.191 (-1.38)	0.297 (1.39)	-0.349** (-2.16)	-0.192 (-1.40)	0.268 (1.28)	-0.341** (-2.11)
Z_index	-0.044* (-1.87)	0.087** (2.58)	-0.083*** (-3.00)	-0.044* (-1.90)	0.074** (2.26)	-0.082*** (-2.98)
H5	0.223 (1.49)	-0.278 (-1.19)	0.358** (2.06)	0.227 (1.52)	-0.238 (-1.04)	0.353** (2.03)

续表

变量	(1)	(2)	(3)	(4)	(5)	(6)
CFO_gender	-0.015* (-1.72)	-0.013 (-0.95)	-0.020* (-1.84)			
CFO_age	-0.000 (-0.28)	-0.002 (-1.61)	-0.000 (-0.52)			
CEO_gender				-0.022 (-1.24)	-0.023 (-0.71)	-0.023 (-1.12)
CEO_age				0.002** (2.57)	0.000 (0.29)	0.002** (2.05)
N	全样本	央企	地方国资委	全样本	央企	地方国资委
Adj_R^2	0.136	0.206	0.147	0.141	0.203	0.151
F	4.303	2.414	4.121	4.539	2.441	4.303

企业费用支出方面的约束效应，财务总监委派制度对非货币性私有收益或非生产性支出的公司治理效应并不明显。此外，列（4）～列（6）中 CEO 薪酬激励也没能抑制超额销售管理费用等非生产性支出的增加，反而会提高支出额度（CEO_pay 的回归系数为 0.01，且在 10% 水平显著）。

从控制变量方面来看，董事会治理变量的回归系数均不显著，在国资委控股的上市公司中，独立董事（Independent）未能有效发挥监督作用。公司规模（Size）对超额销售管理费用的影响显著为负（特别是在地方国资委控股上市公司中显著性水平达到了 1%），这与万华林和陈信元（2010）的回归结果相一致。而值得注意的是，在股权制衡方面，Z_index 的回归系数均比较显著，在央企上市公司中第二大股东持股比例越高，越能够限制超额销售管理费用（在 5% 水平显著），特别是在地方国资委控股上市公司中，回归系数为 -0.083（在 1% 水平显著）。这说明股权制衡程度在地方国资委企业中能够对非生产性的支出起到有效的制约作用，这也为国有企业混合所有制改革和进一步推动公司治理结构完善提供了启发。综合以上的结果可以发现，由于对国资委企业负责人绩效考核方法更多关注于业绩指标，而且对于其财务负责人也合并到高管班子中集体考核，所以无论是 CEO 还是 CFO，对于以超额销售管理费用衡量的费用过度支出并未能起到应尽的监督责任。

三、稳健性检验

为了检验前面实证结果的稳健性，本部分进行测试（见表 4 - 5)①。首先，替换被解释变量。将被解释变量财务指标 ROA 替换为净资产收益率 ROE，重复之前的回归过程，并借鉴安德森等（Anderson et al.，2007）、万华林和陈信元（2010）的方法，重新计算了各个公司的超额销售管理费用变量（SG&A）替换了原来的 EAE，回归结果与前述显示的结果相比，并未发生实质性的改变，各解释变量的相关系数显著性水平和方向基本一致。其次，替换解释变量。以"薪酬最高的前三位高级管理人员的平均薪酬"替换 CEO 和 CFO 薪酬，重复回归过程，解释变量回归系数的方向与显著性水平未发生大的改变，回归结果基本一致。再次，变化样本期间。由于对经济增加值指标（EVA）的考察是国资委于 2009 年末下发文件中提出的，即从 2010 年开始，这一指标才正式成为国有企业负责人经营业绩考核的重要指标之一，所以本部分利用 2010 ~ 2013 年的样本，重新进行了回归，基本结论与之前的回归结果相一致，说明我们的研究结果具有较好的稳健性。

表 4 - 5　　　　　　　　稳健性检验的回归结果

变量	(1) EVA	(2) EVA	(3) EVA	(4) SG&A	(5) SG&A
CFO_pay	0. 009 *** (3. 83)	0. 007 (1. 41)	0. 008 *** (3. 34)	0. 006 (1. 01)	
CEO_pay	0. 006 *** (2. 75)	- 0. 001 (- 0. 15)	0. 009 *** (4. 01)		0. 008 (1. 57)
CFO_dir				0. 001 (0. 13)	
CFO_od				- 0. 015 (- 0. 88)	
Size	0. 006 *** (4. 71)	0. 011 *** (3. 89)	0. 007 *** (5. 43)	0. 003 (0. 88)	0. 002 (0. 49)

---

① 篇幅所限，稳健性测试的结果未全部列示，留存备索。

续表

变量	(1) EVA	(2) EVA	(3) EVA	(4) SG&A	(5) SG&A
Lev	-0.069 *** (-9.62)	-0.101 *** (-5.61)	-0.064 *** (-8.38)	0.107 *** (4.70)	0.112 *** (4.97)
Cash	0.200 *** (12.49)	0.341 *** (8.54)	0.172 *** (9.92)	0.115 ** (2.25)	0.113 ** (2.20)
Growth	0.000 (0.90)	0.023 *** (3.33)	0.000 (1.17)	-0.000 (-0.19)	-0.000 (-0.18)
Boards	0.000 (0.41)	-0.001 (-0.51)	-0.000 (-0.33)	-0.001 (-0.61)	-0.001 (-0.57)
Independent	-0.034 * (-1.73)	-0.057 (-1.38)	-0.027 (-1.19)	0.080 (1.26)	0.086 (1.36)
Fshare	-0.003 (-0.07)	0.065 (0.63)	-0.014 (-0.34)	-0.198 (-1.52)	-0.202 (-1.56)
Z_index	-0.001 (-0.08)	0.015 (0.95)	-0.004 (-0.53)	-0.046 ** (-2.08)	-0.046 ** (-2.11)
H5	0.020 (0.46)	-0.123 (-1.11)	0.043 (0.93)	0.180 (1.28)	0.186 (1.32)
Central	-0.006 * (-1.94)			0.003 (0.29)	0.004 (0.40)
CFO_gender	0.001 (0.23)	0.002 (0.29)	0.002 (0.79)	-0.011 (-1.31)	
CFO_age	-0.000 ** (-2.43)	-0.002 *** (-4.70)	-0.000 (-0.70)	-0.000 (-0.28)	
CEO_gender	-0.014 *** (-2.73)	-0.014 (-0.96)	-0.012 ** (-2.26)		-0.019 (-1.12)
CEO_age	-0.001 *** (-2.72)	0.001 (1.59)	-0.000 ** (-2.14)		0.002 ** (2.35)
N	全样本	央企	地方国资委	全样本	全样本
Adj_R^2	0.419	0.555	0.470	0.106	0.111
F	13.697	6.404	14.208	3.489	3.678

注：括号内为标准误差经年份层面的聚类后计算得到的 t 值，***、**、* 分别表示在 1%、5% 和 10% 水平显著；列（1）~列（3）的被解释变量为 EVA，样本期间为 2010～2013 年，列（4）和列（5）的被解释变量为回归计算得到的超额销售管理费用替代变量（SG&A），样本期间为 2008～2013 年的全部样本；限于篇幅本表省略了行业、年份哑变量和常数项的回归结果。

第五节 本章总结与启示

本部分研究利用国资委控股上市公司数据实证检验了国资委对下属国有企业领导人基于《中央企业负责人经营业绩考核暂行办法》导向的薪酬与业绩关系，以及在这种集中于业绩导向考核目标下，国有企业 CEO 和 CFO 激励对于公司超额销售管理费用的影响。主要的研究结论有：（1）从整体来看，国资委控股上市公司 CEO 和 CFO 薪酬与公司财务绩效和经济增加值之间存在积极的正向关系，薪酬水平的提高可以促进公司业绩的提升，但这种影响在地方国资委控股公司中更为显著；（2）无论是 CEO 还是 CFO，均对公司超额销售管理费用支出没有显著的影响，国资委对下属公司的 CFO 委派制度不能有效实现财务监督作用。由于国资委对下属国有企业领导人的考核主要针对整个领导班子任职期间的经营业绩，尤其是财务绩效，因此对国有企业 CEO 或 CFO 来说，只要能够达到经营业绩考核目标就能够满足国资委的主要监管要求，CEO 和 CFO 等公司高管的货币薪酬激励会更能促使其完成业绩考核目标。与此同时，对于费用管控和财务支出的监督则没能成为国企领导人的主要职责，因此，即使是负责财务工作的 CFO 也没能对超额销售管理费用等非生产性支出起到有效的监督抑制作用。

本书结论具有一定的启示：第一，国资委对国有企业领导者的绩效考核导向可以提高薪酬激励对绩效的影响，但更加市场化的改革和更为完善的公司治理结构将有助于加强高管薪酬业绩之间的联系，特别是股权制衡因素也能够起到促进国有上市公司绩效提升的作用；第二，目前的 CFO 委派并不能有效实现对财务监督的作用和对超额销售管理费用的抑制效应，因此对于不同职位的高管来说，集体考核业绩的办法需要进行调整，对 CFO 的考核应着重从财务监督角度入手。

第五章　女性高管、债务融资与投资效率

大量文献在研究非效率投资的影响因素时，往往忽视了公司高管自身不同特质产生的影响。已有研究已经表明，现实中管理者性别异质性对于公司治理行为具有显著的影响（Peng and Wei, 2007；Adams and Ferreira, 2009；李小荣和刘行，2012）。随着女性高管在管理层所占比例的逐渐上升，女性高管在企业中也取得了不菲的成绩。在国外，欧洲如法国、挪威、西班牙、瑞典等国家纷纷颁布法律强制要求公司女性董事达到一定比例（Firth et al., 2007）；祝继高等（2012）的研究也发现，在中国 A 股上市公司中，女性董事比例由2004 年的 9. 99% 上升至 2009 年的 11%。2017 年 3 月 8 日国际知名会计机构致同会计师事务所（Grant Thornton）公布的《国际商业问卷调查报告》中指出，2017 年中国内地企业中女性高管占比达到 31%，高于 25% 的全球平均比例，在全球 36 个主要经济体中居第 9 位。图 5 - 1 显示，2009 ~ 2016 年制造业上市公司中女性高管比例的增长率逐年提升，虽然近些年增速有所放缓，但是整体呈现不断上升的趋势。2013 年女性高管比例的增长率相较于 2007 年达到30. 71%，而 2016 年则上升到 44. 09%；在区分产权性质后，可以看出制造业上市公司中无论是国有企业还是非国有企业，女性高管比例增长率大都处于逐年上升的态势。

女性高管相较于男性高管，在财务方面表现出不一致的内在特质，如更加保守谨慎（Zuckerman, 1994），这些特质对于企业的财务行为会产生重要影响，进而影响到企业投融资决策。一方面，众多文献表明，企业的融资决策会对企业投资效率产生影响；另一方面，上市公司任用女性作为高管已成为一个较为普遍的现象。作为我国上市公司最主要的外部融资方式，债务融资是否也会因高管的性别不同而产生差异呢？女性高管风险厌恶以及不过度自信的性格特征是否也会影响企业投资效率呢？本章通过研究女性高管是否会对投资效率产生影响，深入分析女性高管影响投资效率的作用机制，明确女性高管通过债务融资影响企业投资效率的作用渠道。在进一步区分产权性质后，对国有企业

和非国有企业中女性高管与投资效率之间的关系进行实证检验。在稳健性检验部分，通过赫克曼两阶段模型来控制可能存在的内生性问题。

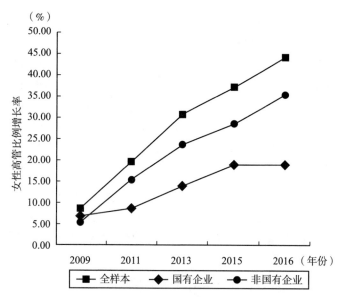

图 5 - 1 （制造业）女性高管比例增长率示意

注：数据来源于 CCER 数据库及作者整理，女性高管比例增长率均以 2007 年为基准进行计算。

第一节 理论分析与研究假设

一、女性高管与投资效率

女性高管在领导管理层团队时，更加倾向于信任与合作的组织决策风格，能够促进管理层与员工之间更多地进行信息交流，因此可以掌握更加全面的信息，为企业提供更宽阔的视野，同时，高管团队的多样性为管理决策提供多样化的视角和创新性的解决方案，从而提高决策质量，减少非效率投资决策的通过（吴德军和黄丹丹，2013）。

从心理学角度来看，泰勒（Taylor，1975）认为由于女性存在特殊的心理特征，高管团队具有较高的女性比例时，往往会采取更加"稳健"的投资决策，从而避免企业产生非效率投资问题。楚克曼（Zuckerman，1994）同样发现，女性相对于男性而言，具有更加谨慎和保守的心理特征及行为表现。郑立东等（2013）的研究则表明，女性独立董事比例的增加既能避免企业过度投资，也会加重企业投资不足。李世刚（2013）以 2007～2011 年我国沪深两市上市公司为样本研究，发现女性高管的参与能够显著抑制企业的过度投资行为，孙亮和周琳（2016）的研究也证明了这个观点。

从风险偏好角度来看，众多研究表明女性高管在财务决策方面风险偏好程度更低，具有风险规避的特性（Powell and Ansic，1997），从而在投资决策领域做出更加稳健的决定，进而抑制企业过度投资行为。也有的研究（Gulam-hussen and Santa，2010）表明，董事会女性董事的参与和比例与风险承担之间负相关，与银行贷款损失准备金正相关，由此说明女性更加不愿意冒险。女性高管比男性高管接受风险的程度更低，相应地就会做出较为"稳健"的投资决策（Adams and Ferreira，2009；Huang and Kisgen，2013）。祝继高（2012）的研究表明在金融危机的背景下，女性董事由于自身的风险规避特质会使过度投资公司降低投资水平，并且通过减少长期借款来提高公司未来的债务融资能力。

从过度自信角度来看，在社会心理学中普遍认为男性在进行决策的过程中比女性更加自信（Peng and Wei，2007），但是女性高管在个人发展以及职位晋升中更容易面临重重阻碍，存在"玻璃天花板现象"，这也对女性高管的过度自信造成一定程度的限制（何瑛和张大伟，2015）。过度自信的管理者往往对项目投资收益进行过高的估计，对项目风险反而过低地估计，从而导致过度投资现象（Malmendier and Tate，2005；王霞等，2008），而女性高管由于具有较低的过度自信倾向，可以抑制企业过度投资。黎海珊等（2014）研究发现，管理团队中较高的女性高管比例能够降低企业过度投资水平，并且抑制过度投资发生的可能性。吕兆德和徐晓薇（2016）认为董事背景多元化可以使董事会从多样化的视角进行思考，对于企业投资行为提出全面分析后的集体决策，从而对由董事长过度自信引起的非效率投资行为产生有效的抑制作用。

女性管理者的存在或管理层中女性比例的提高，能够向企业提供高质量的财务报告，增强企业的会计稳健性（张兆国等，2011；向锐，2014）。而会计稳健性对于投资效率则发挥"双刃剑"的作用。（1）在过度投资方面，会计稳健性能够通过信号传递功能，发挥监督作用，促使管理者拒绝非营利的投资项目（Watts，2003），并且及时反映投资决策的结果，及时终止不利投资项目（Ball and Shivakumar，2005），同时降低管理者和债权人之间信息不对称程度（Biddle and Hilary，2006），抑制过度投资。因此，会计稳健性越强，企业越不可能发生"道德风险"问题，从而有效抑制投资过度行为。（2）在投资不足方面，会计稳健性可能会系统性低估企业会计数据，导致投资者预期企业未来盈利能力会有一定程度的下降，从而对企业今后的融资能力造成不良的影响，进而加剧投资不足（孙刚，2010）；也可能使倾向于规避风险的管理者，因过于谨慎而放弃投资于具有风险但可盈利的项目，进一步加剧投资不足（李青原等，2010）。

综上所述，女性高管由于具有风险厌恶、不过度自信的特性，相较于男性高管在进行投资决策时会考虑多方意见，更加谨慎保守，规避风险，做出较为稳健的投资决策，从而避免一些不必要的投资，进而降低公司的过度投资行为。另外，女性高管对于提高公司会计稳健性具有正向的影响，而会计稳健性一方面可以有效抑制企业过度投资，另一方面也可能加剧投资不足现象，由此提出以下研究假设。

假设 H5 - 1a：其他条件不变，女性高管在财务方面的谨慎和保守能够有效抑制企业过度投资。

假设 H5 - 1b：其他条件不变，女性高管更趋于保守，从而有可能会加剧企业投资不足。

二、女性高管与债务融资

针对女性高管与债务融资之间的研究，主要可以分为债务融资的需求方和供给方两个角度。从债务融资的需求方来说，女性高管相较于男性高管更加倾向于规避风险。女性与男性在生理和心理方面存在不同特征，因此，女性更加谨慎保守，表现出明显的风险厌恶（Taylor，1975；Zuckerman，1994），而这种风险厌恶会影响女性高管财务决策的选择行为。祝继高（2012）在研究中指出，女性高管在金融危机期间倾向于采用低财务杠杆的方式降低债务危机发生的可能性。李世刚（2014）进一步通过实证指出，女性高管能够显著降低管理者过度自信的情绪。由此可以推断女性高管具有规避风险以及不过度自信的特质，因此，在进行融资时选择债务融资的可能性较低。总体而言，女性高管由于自身谨慎保守的特点，不容易出现过度自信行为，并且具有厌恶风险的内在特质，女性高管在进行融资决策时更加偏向于较少进行债务融资，由此提出以下研究假设。

假设 H5 - 2：其他条件不变，女性高管心理自信程度更低，不容易出现过度自信行为，从而避免过度的债务融资。

三、债务融资与投资效率

债务融资是企业重要的外部融资手段之一，从约束现金流量的角度来看，债务融资有利于减少企业管理者可控的自由现金流量，从而抑制管理者进行不利于股东的过度投资行为（Jensen，1986）。艾维安等（Aivazian et al.，2005）以加拿大上市公司为样本，在实证中也证明债务融资能够显著抑制过度投资。从控制权转移的角度来看，企业融资规模总额一定时，债务融资比例的增加会提升管理者所持有的股份比例，加大管理者进行过度投资的成本，从而减轻这种非效率投资行为（Jensen and Meckling，1976）。从破产威胁角度来看，债务融资比例的提高会增加企业破产的可能性，企业破产会导致管理者失去企业控制权，因而债务融资能够激励管理者减少在职消费等问题，更加努力工作（Grossman and Hart，1982）。

然而，一些学者提出，我国经济体制中存在着预算软约束现象，负债很难发挥其硬约束的功能（田利辉，2005；辛清泉和林斌，2006）。以中国上市公司为样本的研究发现，企业债务杠杆与过度投资之间存在正向相关关系，并且国有企业由于政府的干预，这种现象更为明显，由此看出债务融资治理功能的失效（Firth et al.，2008；Chen et al.，2011）。预算软约束的存在使以银行借款为代表的企业债务融资为管理者在职消费、盲目扩张等机会主义行为提供大量的自由现金流（彭中文和刘韬，2017），从而导致管理层滥用自由现金流，增加企业的经营风险（张亦春等，2015）。程新生等（2012）的研究表明，由于我国上市公司破产机制并不完善，政府会对国有控股公司贷款偿还问题进行干预，造成了负债相机治理无效，因此债务融资缓解企业投资不足，但也会导致企业过度投资。由此，提出如下研究假设。

假设 H5-3a：其他条件不变，企业债务融资的增加为企业提供更多可利用资金，从而导致企业过度投资。

假设 H5-3b：其他条件不变，企业债务融资的增加可以提供更多流动性，从而减轻企业的投资不足。

四、女性高管、债务融资与投资效率

企业非效率投资时常与不谨慎的投资行为密切相关（彭中文和刘韬，

2017)，而女性由于谨慎的性格特征和规避风险的偏好，会做出更加谨慎的财务决策，对企业产生积极的经济后果，从而有效规避非效率投资行为（Francis et al.，2015）。

本章主要考察债务融资在女性高管对企业投资效率的影响中是否起到了传导效应，即债务融资是不是一个中介变量。通过文献研究我们可以发现，女性由于谨慎的特点会表现为不过度自信，同时倾向于规避风险，从而会避免过度的债务融资。而对于债务融资与投资效率，虽然大量研究表明债务融资具有一定的治理功能，但这些研究都是基于发展成熟的市场体系，在我国的制度背景下，学者们主要支持的观点是，债务融资缓解了对企业的资金约束，避免出现投资不足，但是融资约束的降低会为管理层提供更多可自由支配的闲置现金流，可能会加重过度投资现象（蔡吉甫，2010；程新生等，2012）。因此，我们可以认为，一方面，女性高管心理自信程度更低，不容易出现过度自信行为，从而避免过度的债务融资，进一步约束管理层可利用的自由现金流，抑制过度投资行为；另一方面，女性高管在财务方面更加谨慎和保守，会规避债务融资比例过高带来的财务风险，所以会减少债务融资，降低可利用资金，从而可能会引起投资不足。基于此，提出如下假设。

假设 H5 - 4a：其他条件不变，女性高管不容易出现过度自信行为，会避免过度的债务融资，进而约束管理层可支配自由现金流，抑制企业过度投资。

假设 H5 - 4b：其他条件不变，女性高管在财务方面的谨慎和保守会减少企业债务融资，进而降低企业可利用资金，可能会引起投资不足。

第二节　变量设计与模型构建

一、样本选择与数据来源

本章选取 2007 ~ 2016 年沪、深两市我国 A 股制造业上市公司作为研究对象，行业分类标准参照中国证监会 2012 年修订的《上市公司行业分类指引》，即 C13 ~ C42 共计 29 个制造业细分子行业。考虑到财政部于 2006 年 2 月 15 日发布了新会计准则体系，并规定从 2007 年 1 月 1 日起开始在上市公司中执行，新会计准则对企业业绩、会计信息质量等多方面都有重要影响，故选取 2007

年为起始年份，同时由于估计预期投资需要滞后一期的数据，所以全部样本区间为 2006 ~ 2016 年。

为了保证数据的规范性和准确性，我们依据以下原则进行筛选和处理：剔除上市时间不满一年的企业；剔除全部 ST、*ST 类企业以及高管信息和相关数据存在缺失的企业；为了控制极端值对回归结果的影响，对计量模型中连续变量进行 1% 以下和 99% 以上分位数的缩尾处理。最终获得 1845 家企业共计 9614 个观测值，其中，国有企业观测值 4028 个，非国有企业观测值 5586 个。本章数据主要来源于 CCER 数据库、CSMAR 数据库以及 Wind 数据库，其中女性高管个体特征数据主要来源于 CSMAR 人物特征数据库，数据缺失部分主要从 Wind 数据库深度资料以及上市公司年报中进行手工补充。

二、变量设计

1. 投资效率

国内外学者在研究投资效率方面，多借鉴理查德森（Richardson，2006）的投资期望模型进行估计。国内学者则根据我国上市公司实际情况对相应变量的选取进行调整，借鉴理查德森（2006）、杨华军和胡奕明（2007）、肖珉（2010）的做法，由模型（5-1）估计出样本的实际新增投资支出与预期新增投资支出的残差，每个观测值对应的残差项 $\varepsilon_{i,t}$ 即代表 i 公司第 t 年的投资效率。残差项为正值表示过度投资（Over），反之则代表投资不足（Under）。为了便于解释，当残差小于 0 时取其绝对值来代表投资不足（Under）。残差绝对值的大小代表投资偏离程度，即残差绝对值越大表示投资越低效，而残差绝对值越趋向于零，则代表企业的投资越有效。

$$\mathrm{Inv}_{i,t} = \beta_0 + \beta_1 \mathrm{Tobinq}_{i,t-1} + \beta_2 \mathrm{Loar}_{i,t-1} + \beta_3 \mathrm{Cash}_{i,t-1} + \beta_4 \mathrm{Size}_{i,t-1} + \beta_5 \mathrm{Ret}_{i,t-1}$$
$$+ \beta_6 \mathrm{Inv}_{i,t-1} + \beta_7 \mathrm{Age}_{i,t-1} + \sum \mathrm{Year} + \sum \mathrm{Industry} + \varepsilon_{i,t} \quad (5-1)$$

其中，$\mathrm{Inv}_{i,t}$ 表示 i 公司在第 t 年的投资支出的新增部分，借鉴王成方等（2010）、林朝南和林怡（2014）的研究，将其定义为：

第 t 年构建固定资产、无形资产及其他长期资产的支出
　　+ 购买或处置子（分）公司的支出
　　- 处置固定资产、无形资产和其他长期资产而收回的现金
　　- 当期折旧额（当期折旧额为固定资产折旧、无形资产摊销、长期待摊费用之和）

并用第 t 年年初总资产对其进行了标准化处理。Tobinq$_{i,t-1}$代表 i 公司 t−1 年的托宾 Q 值，与王成方等（2010）、杨兴全等（2017）研究的做法一致，将其定义为（流通股股数×每股价格＋非流通股股数×每股净资产＋负债账面价值）/总资产；Loar$_{i,t-1}$表示 i 公司 t−1 年的资产负债率，等于负债总额/总资产；Cash$_{i,t-1}$代表 i 公司 t−1 年的现金持有量，等于货币资金/总资产；Size$_{i,t-1}$代表 i 公司 t−1 年的资产规模，为总资产的自然对数；Ret$_{i,t-1}$代表 i 公司 t−1 年的股票收益率；Inv$_{i,t-1}$代表 i 公司 t−1 年的新增投资；Age$_{i,t-1}$代表 i 公司 IPO 后到 t−1 年的上市年限，同时为了消除不同行业和时间的影响，控制了行业和年度的虚拟变量。

2. 债务融资和女性高管比例

我们采用负债总额的对数值（Lev）来代表债务融资情况，借鉴姜付秀等（2009）、周泽将和修宗峰（2015）等的做法，这里采用年末公司包括董事、监事、高级管理人员在内的所有女性高管所占比例，作为女性高管变量（Female）。

3. 控制变量

在目前研究投资效率的文献中，有大量的研究结果表明，公司治理因素和财务特征因素会对投资效率产生影响。同时，借鉴研究投资效率领域学者的已有研究（杨华军和胡奕明，2007；魏明海和柳建华，2007；姜付秀等，2009），这里选取多个变量作为控制变量，具体变量的符号、定义及解释如表 5−1 所示。

表 5−1　　　　　　　　　变量定义

变量类型	变量名称	变量符号	变量描述
因变量	过度投资	Over	根据模型（5−1）计算的大于 0 的残差
	投资不足	Under	根据模型（5−1）计算的小于 0 的残差，取其绝对值
中介变量	债务融资	Lev	负债总额的自然对数
自变量	女性高管比例	Female	包括董事、监事、高级管理人员在内的女性高管比例

续表

变量类型	变量名称	变量符号	变量描述
控制变量	自由现金流量	FCF	每股企业自由现金流量
	盈利能力	ROA	营业利润/年末总资产
	投资机会	Growth	主营业务收入增长率
	资产周转率	AT	总资产周转率
	公司规模	Size	总资产自然对数
	独立董事比例	Independent	独立董事人数/董事会人数
	股权制衡变量	Top1	公司第一大股东持股比例
	董事长与总经理兼任情况	Duality	当董事长兼任总经理时，取值为1，否则为0
	产权性质	State	国有企业为1，非国有企业为0
	时间效应	Year	10个研究年度取9个年份虚拟变量
	行业效应	Industry	按照证监会2012年行业分类标准将制造业进一步划分了二级子行业，共设置28个行业虚拟变量

三、计量模型

为研究女性高管与企业投资效率之间的关系，进一步分析债务融资对女性高管和企业投资效率之间的关系是否产生影响以及影响的机制，主要参考温忠麟和叶宝娟（2014）提出的中介效应检验流程，设立模型（5-2）至模型（5-4）来描述变量之间的关系。其中 Inv 表示企业的投资效率，包括过度投资（Over）和投资不足（Under），Lev 代表债务融资，Female 表示女性高管比例，Control 表示其他控制变量，ε、μ、δ 为随机误差。

$$\text{Inv}_{i,t} = \alpha_0 + \alpha_1 \text{Female}_{i,t} + \sum \alpha_k \text{Control}_{i,t} + \varepsilon_{i,t} \qquad (5-2)$$

$$\text{Lev}_{i,t} = \beta_0 + \beta_1 \text{Female}_{i,t} + \sum \beta_k \text{Control}_{i,t} + \mu_{i,t} \qquad (5-3)$$

$$\text{Inv}_{i,t} = \lambda_0 + \lambda_1 \text{Female}_{i,t} + \lambda_2 \text{Lev}_{i,t} + \sum \lambda_k \text{Controls}_{i,t} + \varepsilon_{i,t} \qquad (5-4)$$

第三节　实证结果分析

一、描述性统计

表 5 - 2 为主要变量的全样本描述性统计结果，投资不足的观测值为 6240 个，占总观测值的 64.91%，占据较大比重。从表 5 - 2 中可以看出，Inv、Over、Under 的均值都要大于中位数，这说明存在投资偏离正常水平的公司显然占据多数。此外，高管团队中男女比例不协调的现象十分显著，女性高管平均占比仅达 15.9%。控制变量中，企业自由现金流（FCF）均值为 - 0.162，说明我国上市公司在平均水平上存在内部现金流缺口；总资产收益率（ROA）的均值为 3.7%，说明企业盈利能力尚可，但是各个上市公司的盈利能力分布也比较分散。

表 5 - 2　　　　　　　　　　总体样本的描述统计

变量	观测值	均值	标准差	最小值	中值	最大值
Inv	9614	0.043	0.038	0.001	0.035	0.287
Over	3374	0.055	0.055	0.001	0.037	0.287
Under	6240	0.037	0.023	0.001	0.035	0.274
Female	8881	0.159	0.104	0.000	0.143	0.462
Lev	9614	20.898	1.466	17.525	20.829	25.372
FCF	9614	- 0.162	0.888	- 4.18	- 0.063	2.517
ROA	9614	0.037	0.054	- 0.171	0.033	0.188
Growth	9614	0.166	0.402	- 0.651	0.109	2.986
AT	9614	0.737	0.447	0.057	0.636	2.783
Size	9614	21.880	1.125	19.567	21.740	25.705
Independent	9614	0.570	0.116	0.333	0.500	0.833
Top1	9614	34.480	14.225	8.81	32.970	74.845
Duality	9614	0.218	0.413	0.000	0.000	1.000
State	9614	0.419	0.493	0.000	0.000	1.000

二、回归结果分析

1. 女性高管与投资效率

本部分运用模型（5-2）对女性高管与投资效率之间的关系进行了回归分析。表5-3 的回归结果显示，在过度投资组，全样本中解释变量女性高管（Female）与被解释变量过度投资（Over）之间的系数在 10% 的水平上显著为负；区分产权性质后，非国有企业中女性高管与过度投资之间系数在 5% 的水平上显著为负，说明女性高管起到抑制过度投资的作用。相较于国有企业，非国有企业中女性高管更能抑制过度投资，这与假设 H5-1a 一致，也与李世刚（2013）、范合君和叶胜然（2014）、孙亮和周琳（2016）得出的研究结论相同。相较于男性而言，女性高管在心理上更多地表现出谨慎、保守的特点，倾向于规避风险。女性高管的这种特质会影响到企业的财务决策，从而在投资决策方面更加稳健和保守，进一步抑制企业的过度投资行为。

表5-3   女性高管与投资效率的回归结果

变量	过度投资			投资不足		
	全样本	国有样本	非国有样本	全样本	国有样本	非国有样本
Female	-0.0164* (-1.74)	-0.0022 (-0.14)	-0.0255** (-2.12)	0.0068** (2.34)	0.0085 (1.61)	0.0046 (1.32)
Size	-0.0015 (-1.58)	-0.0006 (-0.49)	-0.0021 (-1.53)	-0.0038*** (-13.05)	-0.0030*** (-7.33)	-0.0045*** (-10.77)
FCF	-0.0166*** (-16.49)	-0.0143*** (-10.01)	-0.0182*** (-12.62)	0.0031*** (8.37)	0.0041*** (7.55)	0.0024*** (4.66)
ROA	0.1025*** (4.64)	0.1285*** (3.82)	0.0889*** (3.02)	-0.0472*** (-8.68)	-0.0570*** (-6.97)	-0.0382*** (-5.24)
Growth	0.0178*** (7.93)	0.0244*** (6.71)	0.0141*** (4.89)	0.0029*** (3.72)	0.0002 (0.15)	0.0041*** (4.32)
AT	-0.0158*** (-6.27)	-0.0190*** (-5.21)	-0.0133*** (-3.69)	-0.0007 (-0.96)	-0.0012 (-1.21)	0.0001 (0.11)

续表

变量	过度投资			投资不足		
	全样本	国有样本	非国有样本	全样本	国有样本	非国有样本
Top1	0.0000	−0.0001	0.0000	0.0001 ***	0.0001 ***	0.0000 *
	(0.19)	(−0.69)	(0.19)	(3.85)	(3.97)	(1.73)
Independent	0.0105	−0.0020	0.0187 *	−0.0011	0.0004	−0.0014
	(1.33)	(−0.16)	(1.83)	(−0.48)	(0.10)	(−0.47)
Duality	0.0018	0.0009	0.0018	−0.0016 **	−0.0002	−0.0021 **
	(0.82)	(0.20)	(0.70)	(−2.20)	(−0.13)	(−2.56)
_cons	0.2038 ***	0.0480	0.2178 ***	0.1436 ***	0.1016 ***	0.1381 ***
	(5.79)	(0.88)	(5.16)	(17.91)	(9.91)	(8.93)
Year	Yes	Yes	Yes	Yes	Yes	Yes
Industry	Yes	Yes	Yes	Yes	Yes	Yes
N	3117	1209	1908	5764	2412	3352
Adj_R^2	0.165	0.211	0.143	0.164	0.231	0.131
F	14.3642	8.8867	8.0955	25.5240	19.1336	12.1918

注：括号中为各系数的 t 值，*** 、** 和 * 分别代表在 1% 、5% 和 10% 水平上显著。下同。

在投资不足组，全样本中解释变量女性高管（Female）与被解释变量投资不足（Under）之间的系数在 5% 的水平上显著为正，区分产权性质后二者之间并不存在显著关系。这说明女性高管会加剧企业的投资不足行为，这与我们的假设 H5 − 1b 一致。

2. 女性高管、债务融资和投资效率

表 5 − 4 中第 1 列表示模型（5 − 3）的回归结果。结果显示，女性高管（Female）与债务融资（Lev）在 1% 的水平上显著负相关，说明女性高管显著抑制企业的债务融资，支持了我们的假设 H5 − 2，即在制造业上市公司中，女性高管会通过减少债务融资来控制企业经营风险。第 2 列表示以过度投资（Over）为被解释变量、以女性高管（Female）为解释变量、以债务融资（Lev）为中介变量的模型回归结果。债务融资（Lev）与过度投资（Over）之间的系数在 1% 的水平上显著为正，说明债务融资会导致企业过度投资，从而支持了假设 H5 − 3a。而同时女性高管（Female）与过度投资（Over）之间的系数并不显著，符合温忠麟和叶宝娟（2014）定义的完全中介过程，从而支持假设 H5 − 4a。由此可见，债务融资在女性高管与过度投资之间产生完全中介效应，即女性高管通过减少企业债务融资，进而抑制企业过度投资行为。

表5－4   女性高管、债务融资和投资效率的回归结果

变量	债务融资	过度投资	投资不足
Female	-0.1310 *** (-2.68)	-0.0144 (-1.54)	0.0076 *** (2.66)
Lev		0.0119 *** (5.60)	-0.0033 *** (-5.63)
Size	1.2375 *** (260.28)	-0.0161 *** (-5.90)	0.0001 (0.15)
FCF	-0.0037 (-0.67)	-0.0166 *** (-16.57)	0.0031 *** (8.36)
ROA	-4.6017 *** (-47.72)	0.1612 *** (6.81)	-0.0592 *** (-9.96)
Growth	0.1094 *** (8.88)	0.0170 *** (7.59)	0.0033 *** (4.33)
AT	0.3138 *** (25.30)	-0.0192 *** (-7.46)	0.0001 (0.13)
Top1	-0.0012 *** (-3.41)	0.0000 (0.18)	0.0001 *** (3.33)
Independent	-0.0449 (-1.09)	0.0121 (1.54)	-0.0009 (-0.38)
Duality	-0.0445 *** (-3.86)	0.0025 (1.14)	-0.0013 * (-1.90)
_cons	-5.5480 *** (-26.43)	0.2729 *** (7.43)	0.1279 *** (14.80)
Year	Yes	Yes	Yes
Industry	Yes	Yes	Yes
N	10057	3117	5764
Adj_R^2	0.899	0.173	0.167
F	2.0e+03	15.1709	26.1075

　　第3列表示以投资不足（Under）为被解释变量、以女性高管（Female）为解释变量、以债务融资（Lev）为中介变量的模型回归结果。结果显示，债

务融资（Lev）与投资不足（Under）之间的系数在1%的水平上显著为负，说明债务融资会避免企业投资不足，支持了假设 H5-3b。同时女性高管（Female）与投资不足（Under）之间的系数在1%的水平上显著为正，根据温忠麟和叶宝娟（2014）定义的检验流程可知，存在部分中介效应，从而支持假设 H5-4b，即女性高管通过降低债务融资规模，减少企业可利用自由现金流，从而导致投资不足。结果表明，债务融资在女性高管与投资不足之间存在部分中介效应。

三、稳健性检验

由于女性高管有可能并不是随机分配到企业中的，企业可能因为一些特殊的原因更愿意雇用女性高管，即有可能是具有某种投资效率特征的公司会选择女性高管。此时，所获取的样本具有自选择的特性，并不是随机分布的，为了克服女性高管选择的内生性问题，进一步借鉴赫克曼（1979）提出的两步估计法，来控制自选择问题引起的计量偏差，构建模型如下。

第一阶段，构建女性高管的 Probit 估计模型，估算逆米尔斯比率（IMR），具体模型如下：

$$Pr\,(Female)_{i,t} = \alpha_0 + \alpha_1 Size_{i,t} + \alpha_2 ROA_{i,t} + \alpha_3 Loar_{i,t} + \alpha_4 Age_{i,t}$$
$$+ \sum Year + \sum Industry + \varepsilon_{i,t} \qquad (5-5)$$

其中，Pr（Female）为女性高管的虚拟变量，当企业管理层存在女性高管时取值为1，不存在女性高管时为0。参考弗朗西斯等（Francis et al.，2013）、李小荣等（2013）、黄等（Huang et al.，2013）的研究，这里选取以下影响女性高管自选择的特征变量作为控制变量：盈利能力（ROA），公司规模（Size），资产负债率（Loar），公司上市年限（Age），同时控制年度虚拟变量（Year）和行业虚拟变量（Industry）。

第二阶段，将模型（5-5）回归计算得到的逆米尔斯比率（IMR）作为控制变量加入模型（5-2），进行第二阶段的回归，来修正自选择偏差。

表5-5是采用赫克曼的两阶段模型检验模型（5-2）的回归结果，主要分析女性高管与投资效率之间的关系。前三列表示过度投资组，以过度投资（Over）为因变量，结果表明，全样本中女性高管（Female）与过度投资（Over）在10%的水平上显著负相关，国有企业样本中两者关系并不显著，非国有企业样本中女性高管（Female）与过度投资（Over）在5%的水平上显著负相关，与前述研究结果一致。同时逆米尔斯比率（IMR）并不显著，说明过度

表 5 – 5　　　　　女性高管和投资效率的赫克曼第二阶段回归结果

变量	Over			Under		
	全样本	国有样本	非国有样本	全样本	国有样本	非国有样本
Female	– 0.0161 * (– 1.71)	– 0.0015 (– 0.09)	– 0.0255 ** (– 2.12)	0.0074 ** (2.54)	0.0097 * (1.84)	0.0053 (1.51)
IMR	0.0700 (0.99)	0.1442 (1.53)	0.0374 (0.32)	– 0.1198 *** (– 5.44)	– 0.1754 *** (– 5.38)	– 0.1418 *** (– 4.28)
Size	– 0.0023 * (– 1.86)	– 0.0023 (– 1.37)	– 0.0025 (– 1.39)	– 0.0026 *** (– 7.25)	– 0.0013 ** (– 2.41)	– 0.0033 *** (– 6.31)
FCF	– 0.0167 *** (– 16.50)	– 0.0144 *** (– 10.06)	– 0.0182 *** (– 12.53)	0.0031 *** (8.37)	0.0041 *** (7.55)	0.0024 *** (4.76)
ROA	0.1068 *** (4.76)	0.1359 *** (4.00)	0.0919 *** (3.02)	– 0.0540 *** (– 9.67)	– 0.0670 *** (– 8.03)	– 0.0465 *** (– 6.13)
Growth	0.0179 *** (7.96)	0.0245 *** (6.72)	0.0142 *** (4.91)	0.0028 *** (3.67)	0.0000 (0.00)	0.0041 *** (4.27)
AT	– 0.0160 *** (– 6.34)	– 0.0196 *** (– 5.34)	– 0.0134 *** (– 3.71)	– 0.0005 (– 0.65)	– 0.0008 (– 0.75)	0.0004 (0.42)
Top1	0.0000 (0.27)	– 0.0001 (– 0.56)	0.0000 (0.23)	0.0001 *** (3.63)	0.0001 *** (3.95)	0.0000 (1.30)
Independent	0.0103 (1.31)	– 0.0015 (– 0.12)	0.0186 * (1.82)	– 0.0014 (– 0.60)	– 0.0000 (– 0.00)	– 0.0018 (– 0.59)
Duality	0.0020 (0.89)	0.0012 (0.26)	0.0019 (0.74)	– 0.0017 ** (– 2.37)	– 0.0001 (– 0.05)	– 0.0023 *** (– 2.81)
_cons	0.0813 *** (3.05)	0.0512 (0.94)	0.0901 * (1.77)	0.1429 *** (17.82)	0.1003 *** (9.84)	0.1591 *** (15.02)
Year	Yes	Yes	Yes	Yes	Yes	Yes
Industry	Yes	Yes	Yes	Yes	Yes	Yes
N	3112	1209	1903	5735	2411	3324
Adj_R^2	0.161	0.212	0.137	0.168	0.241	0.135
F	14.2412	8.7412	7.8451	26.6906	20.0796	12.7942

投资样本内不存在选择偏误，上述多元回归结果是稳健的。后三列表示投资不足组，以投资不足（Under）为因变量，结果显示，全样本中女性高管（Female）与投资不足（Under）在 5% 水平上显著正相关，非国有企业样本中两

者关系仍不显著，国有企业样本中女性高管（Female）与投资不足（Under）在10%的水平上显著正相关。总体来看，在考虑到女性高管的自选择问题后，本部分研究假设仍然成立。

由于企业所处的行业以及企业内部具有差异性，同时也可能存在其他影响企业投资效率的因素，为了获得更为稳健的估计结果，再次利用倾向得分匹配法（PSM）对女性高管与投资效率之间的关系做了进一步检验（Rosenbaum and Rubin，1983），以减轻可能的样本"选择偏误"导致的内生性问题。根据企业管理层是否存在女性高管，设置一个虚拟变量（IFemale），当管理层存在女性高管时取值为1，反之为0，从而将样本划分为存在女性高管企业（处理组，即 IFemale = 1）和不存在女性高管企业（控制组，即 IFemale = 0）两组，控制对女性高管和投资效率都有关键性影响的可观测变量，采用最近邻匹配法为存在女性高管的企业寻找一个倾向值得分最接近且不存在女性高管的企业进行配对，使处理组与控制组的样本不存在显著差异。

参考李（Lee，2013）的研究，在进行分析前首先需要进行匹配平衡性检验，过度投资样本以及投资不足样本中，匹配变量（即多元回归分析中的控制变量）在匹配前后的均值情况及平衡性检验结果如表5-6和表5-7所示。当进行匹配后变量的标准偏差的绝对值大于20时，可认为匹配效果不好（Rosenbaum and Rubin，1985），关健和段澄梦（2017）的研究也指出，若匹配后变量标准偏差的绝对值小于10%，则表示匹配效果较好，标准偏差的绝对值越小代表匹配效果越好。表5-6的结果显示，在过度投资样本中进行匹配后，所有匹配变量标准化偏差都小于10%，并且所有匹配变量的标准偏差相比于匹配前的结果，都有一定幅度的缩小，这表明处理组与控制组的样本均值在统计学意义上已经没有显著的差异，具有较好的匹配效果。因而可以认为，企业过度投资的差异不是由匹配变量造成的，并且由这些匹配变量估计得到的倾向值得分是可信的。

表5-6　　　　　　　　　　过度投资样本匹配变量的平衡检验结果

变量	样本匹配	均值		标准偏差（%）	t检验	
		处理组（IFemale = 1）	控制组（IFemale = 0）		t值	p值
FCF	匹配前	−0.484	−0.536	5.3	0.87	0.383
	匹配后	−0.488	−0.501	1.3	0.56	0.574
ROA	匹配前	0.045	0.040	11.5	1.78	0.076
	匹配后	0.045	0.045	0.2	0.10	0.921

变量	样本匹配	均值		标准偏差（%）	t 检验	
		处理组（IFemale = 1）	控制组（IFemale = 0）		t 值	p 值
Growth	匹配前	0.212	0.182	8.0	1.25	0.210
	匹配后	0.207	0.187	5.1	2.11	0.035
AT	匹配前	0.715	0.801	− 19.4	− 3.18	0.001
	匹配后	0.717	0.712	1.2	0.51	0.611
Size	匹配前	22.009	22.337	− 27.7	− 4.54	0.000
	匹配后	22.016	21.917	8.4	3.51	0.000
Independent	匹配前	0.572	0.561	9.4	1.44	0.151
	匹配后	0.571	0.562	8.5	3.32	0.001
Top1	匹配前	34.340	35.890	− 10.3	− 1.69	0.091
	匹配后	34.366	33.313	7.0	2.81	0.005
Duality	匹配前	0.241	0.162	19.9	2.91	0.004
	匹配后	0.237	0.236	0.2	0.09	0.928
State	匹配前	0.382	0.581	− 40.5	− 6.33	0.000
	匹配后	0.385	0.393	− 1.7	− 0.68	0.498

表 5 - 7 的结果显示，在投资不足样本中，匹配后投资机会（Growth）和股权制衡变量（Top1）的标准偏差分别为 11.7% 和 11.1%，都超过了 10%，并且投资机会（Growth）和独立董事比例（Independent）的标准偏差相比于匹配前结果有所扩大，这说明投资不足样本匹配变量没有通过平衡性检验，不具有较好的匹配效果，因此后续仅给出了过度投资样本的 PSM 结果。

表 5 - 7   投资不足样本匹配变量的平衡检验结果

变量	样本匹配	均值		标准偏差（%）	t 检验	
		处理组（IFemale = 1）	控制组（IFemale = 0）		t 值	p 值
FCF	匹配前	0.014	0.090	− 9.9	− 1.97	0.049
	匹配后	0.021	− 0.006	3.5	1.84	0.066
ROA	匹配前	0.034	0.027	11.9	2.31	0.021
	匹配后	0.033	0.029	7.0	3.78	0.000

续表

变量	样本匹配	均值		标准偏差（%）	t 检验	
		处理组（IFemale = 1）	控制组（IFemale = 0）		t 值	p 值
Growth	匹配前	0.135	0.122	3.4	0.71	0.479
	匹配后	0.135	0.179	−11.7	−5.76	0.000
AT	匹配前	0.741	0.765	−5.4	−1.04	0.300
	匹配后	0.740	0.752	−2.7	−1.47	0.141
Size	匹配前	21.782	21.921	−12.0	−2.51	0.012
	匹配后	21.780	21.756	2.1	1.18	0.236
Independent	匹配前	0.570	0.570	−0.2	−0.04	0.970
	匹配后	0.570	0.564	5.9	3.10	0.002
Top1	匹配前	34.254	37.214	−20.4	−4.14	0.000
	匹配后	34.446	32.833	11.1	6.23	0.000
Duality	匹配前	0.216	0.103	31.2	5.50	0.000
	匹配后	0.204	0.184	5.7	2.79	0.005
State	匹配前	0.420	0.573	−30.9	−6.10	0.000
	匹配后	0.426	0.424	0.4	0.21	0.835

同时，用直方图来表示倾向得分的共同取值范围。由图 5 - 2 可以直观地看出，大多数观测值都在共同取值范围内（on support），只有极少部分的观测值不处于共同取值范围内（off support），所以在进行倾向得分匹配时损失的样本数较少，不会出现因倾向得分的共同取值范围过小导致的偏差。

本部分采用 PSM 方法对比分析存在女性高管的企业（处理组）与不存在女性高管的企业（控制组）投资效率的不同。表 5 - 8 的结果表明，进行匹配后，存在女性高管的企业过度投资均值为 0.05489，而不存在女性高管的企业过度投资均值为 0.06612，相较于匹配前，两者之间的组间差异进一步扩大，而且其中参与者的平均处理效应（average treatment effect on the treated，ATT）在 5% 的统计水平上显著，说明女性高管对于企业过度投资具有显著的抑制作用，假设 H5 - 1a 得到验证，进一步证实了之前的实证结果。

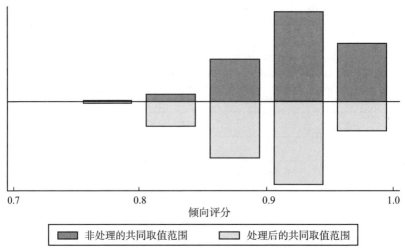

图 5 – 2　过度投资样本倾向得分的共同取值范围

表 5 – 8　　　　　女性高管对过度投资影响的 PSM 分析结果

变量	样本匹配	处理组（IFemale = 1）	控制组（IFemale = 0）	组间差异	标准误	t 值
Over	匹配前	0.05482	0.06165	– 0.00683 *	0.00353	– 1.94
	ATT	0.05489	0.06612	– 0.01124 **	0.00521	– 2.16
	观测值数量	3095	260			

第四节　本章总结与启示

本章以 2007 ~ 2016 年沪、深两市我国 A 股制造业上市公司作为研究对象，将高管性别、债务融资和企业投资效率三者纳入同一个框架进行分析。在已有研究的基础上，深入分析了女性高管对企业投资效率的影响，进一步探索了女性高管对企业非效率投资行为产生影响的作用机制，对三者之间的关系进行实证研究和检验，得出研究结果。（1）女性高管可以显著抑制企业过度投资，但是也会加剧投资不足。（2）企业的产权性质是影响女性高管与非效率投资之间关系的因素之一。（3）女性高管对债务融资有显著的负向作用。女性高管通过避免过度的债务融资，抑制企业过度投资，但可能引起投资不足。

本章研究结果表明，女性高管对于公司融资和投资效率都有重要的影响，根据研究结论可以获得如下启示：一方面，在上市公司中适当提高女性高管比例可以有效发挥其对于过度投资的积极影响，有效提升投资效率，但同时也要关注到其对于投资不足的可能影响，稳妥权衡女性高管对于公司投资效率的不同效应；另一方面，在当前去杠杆的大背景下，女性高管比例的提升能够对公司融资决策起到影响，降低公司负债和杠杆率，从而化解和降低企业的财务风险。

第六章　非控股股东董事、公司 CEO 与 CFO 薪酬业绩敏感性

第一节　研究背景与研究内容

企业是一系列契约的组合，由于信息不对称和契约不完全性，这种契约关系容易形成委托代理链条（Jensen and Meckling，1976），进而产生股东与经理人之间、控股股东与中小股东之间一系列的利益冲突（Claessens et al.，2002）。出于对投资人收益的保护，公司治理结构的安排将剩余索取权和剩余控制权赋予了股东，初步解决了融资合约的不完全问题，为投资人提供了基本的投资激励（郑志刚，2010）。与此同时，以董事会治理为核心的公司治理机制的目标则是要解决信息不对称所导致的委托代理问题（Hermalin and Weisbach，1998）。目前，独立董事制度已经被世界各国公司治理所普遍采用，既有文献关于董事会治理发挥监督作用的研究也多以董事独立性作为衡量标准。但部分经验文献也发现，即使是在公司治理结构相对完善和成熟的英美国家，董事会治理和独立董事比例对企业绩效的影响仍存在着较大的争议，尤其是独立董事的监督作用是否有效、何时失效更是一个悬而未决的议题（Coles et al.，2014；Larcker and Tayan，2015）。不同于欧美国家公司的董事会结构，中国上市公司的外部董事中，除了独立董事之外，还有大比例的非执行董事，代表其他非控股的重要股东利益执行监督职能（陆正飞和胡诗阳，2015）。剔除执行董事和控股股东委派董事这类公司内部董事外，独立董事、代表非控股股东的非执行董事（简称非控股股东董事）都可以算作外部董事，那么，这两类外部董事谁能更好地履行监督控股股东和高管的职责？他们对于高管的薪酬业绩敏感性影响是否存在差异？这种可能的差异化影响的原因何在？现有文

献对以上问题的研究较为缺乏，本章的研究主旨正是集中于对以上问题的回答，并具体分析两类外部董事对 CEO 和 CFO 高管薪酬绩效敏感性的影响与差异原因。

以往的研究多关注董事会治理当中的独立董事监督作用，特别是董事会独立性对企业绩效、高管薪酬影响的研究较多。经典的委托代理理论引入了独立董事的影响后认为，由于声誉机制的作用，独立外部董事在被授权选择、监督和考核公司管理层之后，可以减轻股东与公司高管之间的利益冲突进而提升公司绩效（Fama and Jensen，1983）。一些经验研究也发现了独立董事比例与公司经营业绩之间显著正相关关系的存在（Brickley et al.，1994；王跃堂等，2006），但另外一些文献却发现独立董事的治理效果有限，不仅对绩效没有影响，而且对高管薪酬的监督也起不到作用，独立董事的投票权更像是橡皮图章（Klein，1998；叶康涛等，2011）。一般来说，独立董事应当负有监督职责，促进管理层的薪酬业绩敏感性提升，从而防止管理层给自己滥发薪酬，这是独立董事监督职能的一个重要方面。但实际上，独立董事制度监督高管的职能是否有效往往取决于其治理机制设计和具体的制度背景。由于我国的独立董事聘任多数时候仍受管理层或控股股东的影响，独立董事在对高管进行监督时存在一定的顾忌（叶康涛等，2011），独立董事往往和控股股东或 CEO 存在联系，本质上并不独立，很难发挥对 CEO 或 CFO 薪酬业绩的监督激励作用。

除独立董事和与控股股东有关联的内部董事之外，还有很大比例的代表非控股股东利益的外部非控股股东董事存在于中国的上市公司之中。非控股股东董事大多是由具有一定影响力的其他股东直接委派，因此相比独立董事他们更独立于管理层（祝继高等，2015）。在对管理层和控股股东的监督方面，代表其他股东利益的非控股股东董事监督动机会更强，非控股股东董事比例的提高会促进高管薪酬业绩敏感性的提升，对于高管薪酬业绩关系的影响应该更为积极。

本章旨在从董事会构成视角分析不同外部董事对高管薪酬业绩敏感性的影响，以及这种差异化影响背后的可能原因，并对我国上市公司董事会治理机制的完善提出相应的启示。本章研究可能的贡献体现在以下几个方面。第一，从我国上市公司董事会成员结构的特征出发，分别检验了独立董事、非控股股东董事对于薪酬契约敏感性的影响。既有文献多侧重于董事会独立性的影响，而非控股股东董事的监督效应研究并不多见，陆正飞和胡诗阳（2015）已经发现非执行董事在抑制盈余管理当中的重要作用，那么非控股股东董事对于高管薪酬的监督职能是否也同样有效就需要经验研究的证据。第二，对比分析了独立董事和非控股股东董事对高管薪酬业绩敏感性的影响，发现了不同类型外部董事的影响存在显著的差异，这进一步深化了我们对董事会治理的认识。同时，本章利用工具变量方法对非控股股东董事的影响进行了稳健分析，明确了股权制衡发挥作用的渠道。第三，在中国的民营上市公司中①，控股股东对于独立董事和高管层有重要影响，我们通过对控股股东是否实际担任公司董事会主要职务或 CEO 进行分类，进一步明确了控股股东是否实际参与公司管理情况下，不同类型董事对高管薪酬业绩关系的影响。第四，考虑到民营上市公司可能存在的盈余管理行为，我们还进一步计算了公司应计制盈余管理程度，并利用未管理的真实业绩作为替代变量，检验了高管薪酬业绩关系以及不同类型董事的影响。第五，已有文献对高管薪酬业绩敏感性的研究受到数据的限制。由于 2005 年以前，我国《企业财务报告披露准则》只要求上市公司公开披露薪酬最高的前三名高管薪酬之和以及所有高管的薪酬总和，所以多数的经验研究采用管理层整体薪酬水平来进行分析（李增泉，2000；辛清泉和谭伟强，2009），没能具体检验董事会治理对于 CEO 或 CFO 薪酬业绩敏感性的影响。由于 CEO 和 CFO 是公司最为重要的高管成员，尤其是 CFO 对于企业财务绩效的影响愈加重要（Mian，2001；Jiang et al.，2010），所以本章分别研究了非控股股东董事对 CEO 和 CFO 薪酬业绩敏感性的影响。本章也具有重要的政策含义，扩展了公司治理领域的研究范畴，并能够为上市公司董事会制度的完善和混合所有制改革的推进提供有益的经验支持。

第二节　文献回顾与研究假设

一、相关文献回顾

1. 高管薪酬与公司业绩关系研究

最优契约理论认为，在所有权与经营权相分离的现代公司中，为了促使经理人努力工作进而满足股东最大化企业价值的目标，现代公司一般都会建立基于公司业绩的高管薪酬激励机制，提升高管薪酬业绩的敏感性（pay-perform-

---

① 这里主要以民营上市公司为考察对象。

ance sensitivity）（Core and Larcker，2002；Conyon and He，2012）。而经理人权力理论则认为，当公司股权相对分散或 CEO 权力比较大时，高管很可能通过控制董事会来设计符合自身利益的绩效激励契约，此时的薪酬激励机制反而成为经理人攫取私利的方式（Bertrand and Mullainathan，2001）。然而无论何种理论或经验文献，几乎都认可较高的高管薪酬业绩敏感性是缓解委托代理问题的重要因素（Kaplan，1994）。由于欧美公司高管的货币性薪酬只占其总体薪酬中很小的一部分，因而国外学者的文献多侧重于探讨期股和期权等股基激励与公司业绩的关系，对基于公司业绩的货币薪酬契约研究则相对较少，且实证研究结果也不尽相同（Bebchuk and Fried，2003；Kaplan and Rauh，2010）。围绕货币薪酬激励与企业绩效关系，国内外学者就中国不同产权性质企业的高管薪酬激励效应展开了一些研究。早期的研究发现，我国上市公司高管薪酬与企业绩效之间并没有呈现出显著的关系（李增泉，2000）；而后续的研究表明，我国上市公司高管层薪酬对公司业绩敏感性在逐步增强（方军雄，2009），高管薪酬水平的提高能够促进企业绩效的提升（辛清泉和谭伟强，2009）。

以上的文献大多是对高管薪酬业绩关系的直接检验，随着研究的深入还有部分学者考虑了经理人权力、公司治理机制对于高管薪酬业绩敏感性的可能影响（Hartzell and Starks，2003；Bebchuk and Fried，2003）。张敏和姜付秀（2010）的经验研究也发现，机构投资者持股有助于提升高管的薪酬业绩敏感性。总体来看，现有文献对于董事会治理在高管薪酬业绩敏感性中的影响仍较少，尤其是关于不同类型董事对具体高管薪酬业绩关系的差异性影响及其原因尚缺乏深入的探讨。

2. 董事会治理、不同类型外部董事与高管薪酬业绩敏感性

作为公司治理的核心机制，董事会治理的重要性被广泛认可（Hermalin and Weisbach，2003）。那么董事会治理或董事会独立性对于高管薪酬的监督职能是否也是有效的呢？虽然由于董事会构成和制度背景的不同，国外文献更多研究了独立董事的监督效应，但对这一问题的研究结果在欧美国家和我国上市公司中既有相似结论也有不同之处。科尔等（Core et al.，1999）的研究较早地指出，较弱的董事会治理结构会导致支付给高管的薪酬更多。哈维和施瑞乌斯（Harvey and Shrieves，2001）的实证研究结果则表明，独立董事比例的提高和公司大股东的存在可以增强 CEO 的薪酬业绩敏感性。鉴于萨班斯法案对上市公司董事会独立性的要求，科尔斯等（Coles et al.，2014）的经验研究采用了外部独立董事聘任与 CEO 关系的新的衡量变量，进一步证实了被 CEO

"俘获"的外部独立董事（co-opted directors）比例越高则 CEO 的薪酬业绩敏感性越低。

国内学者就董事会治理和不同类型董事对于高管薪酬业绩敏感性影响的研究尚不多见，且研究结论也存在一定争议。例如，张必武和石金涛（2005）采用引入独立董事制度的 2001 年中国沪深两市上市公司的截面数据，实证检验了独立董事制度实施当年对公司前三名高管薪酬业绩敏感性的影响，结果显示独立董事制度显著提高了高管的薪酬业绩敏感性。但该研究仅采用了一年的横截面数据，且采用的时间期恰好是独立董事制度实施的当年，另外也缺乏必要的稳健性检验。罗进辉（2014）则从独立董事的"明星"效应角度，检验了独立董事声誉治理效应对高管薪酬业绩敏感性的影响，研究结果发现，即使是所谓的明星董事也无法有效提高薪酬业绩敏感性，聘请高社会知名度的明星独立董事的上市公司具有显著更低的高管薪酬业绩敏感性，这种情况在民营上市公司中更为显著。考虑到不同类型外部董事的差异性，陆正飞和胡诗阳（2015）利用中国上市公司董事会构成的制度背景，将外部董事具体划分为独立董事和非执行董事两种类型，实证研究了直接由其他重要影响股东推举委派的非执行董事在抑制公司高管层盈余平滑方面的治理效应，研究结果表明，中国民营上市公司中非执行东董事比例的提高对盈余平滑的抑制作用更为明显。进一步地，祝继高等（2015）针对非控股股东董事的投票行为进行了深入分析，研究结果发现，在业绩差的企业和国有企业中非控股股东董事更有可能投出非赞成票、监督治理效应更为有效。

二、制度背景与假设提出

1. 中国上市公司不同类型外部董事监督效应的差异

自萨班斯法案出台之后，监管机构和证券交易所对欧美上市公司都提高了外部独立董事比例的要求，以充分发挥独立董事对管理层的监督效应。在中国上市公司董事会中，独立董事的比例则相对稳定。我国《公司法》规定，董事由股东大会选举和更换，但对董事的提名方法和程序没有做出明确的规定。根据证监会 2001 年发布的《关于在上市公司建立独立董事制度的指导意见》（简称《指导意见》），上市公司中独立董事的人数应该占到董事会人数的 1/3 以上。从中国独立董事制度的现状来看，上市公司独立董事比例在公司间差异非常小，且基本上是为了满足监管需求而达到的基本标准（陆正飞和胡诗阳，

2015）。独立董事的一个重要职责就是监督控股股东和管理层的机会主义行为，保护中小股东的利益。但是从中国上市公司独立董事的产生程序和民营上市公司实际情况来看，独立董事很难保证独立性。《指导意见》中规定："上市公司董事会、监事会、单独或者合并持有上市公司已发行股份1%以上的股东可以提出独立董事候选人，并经股东大会选举决定。"由于我国民营上市公司中一般都存在控股股东，股权结构较为集中（徐莉萍等，2006），这就导致公司董事会容易被控股股东和作为董事会执行董事的 CEO 所左右，且监事会多为内部监事和职工监事，很难对管理层实现监督职能。此外，《公司法》还规定："股份公司董事会根据经理的提名决定聘任或者解聘公司副经理、财务负责人及其报酬事项。"而在一般中国上市公司中，副总等也均为董事会成员，在这种情况下，独立董事的提名和选举非常容易受到 CEO 等高管董事的影响（支晓强和童盼，2005）。刘诚等（2012）的研究发现，CEO 倾向于聘任跟自己存在社会关系的独立董事，并且 CEO 的权力越大这种现象越明显，可见独立董事并不能完全独立于管理层。

　　然而，证监会对于上市公司的非执行董事比例则并未做出明确规定，实际上，中国民营上市公司董事会成员的主要类型可以划分为：内部董事（包括内部执行董事和控股股东委派的董事）、外部独立董事和外部非控股股东董事。而且在中国民营上市公司中，内部董事多为控股股东委派，包括执行董事在内一般都是实际参与公司经营管理高管层成员，且往往多任职于公司的 CEO、CFO 或副总等职位，独立董事和非控股股东董事则一般作为非执行董事参与到董事会构成中。我国《公司法》明确规定："单独或合计持有公司百分之三以上股份的股东，可以在股东大会召开十日前提出临时提案并书面提交董事会，且提案内容属于股东大会职权范围，并有明确议题和具体决议事项（包括提名董事）"。这一规定就保证了非控股股东合法有效地向股东大会提名董事的权利，排除了控股股东或管理层对非控股股东提名董事会成员的干扰。进一步地，2002 年发布的《上市公司治理准则》更为明确地规定了股东大会在董事选举中应积极推行累积投票制度，这也在一定程度上更有利于非控股股东提名的董事人选进入董事会中，从而降低了管理层对于非控股股东董事任命过程的控制（祝继高等，2015）。科尼特（Cornett et al.，2008）的经验研究就表明，机构投资者向公司派驻董事比例越高越能够发挥监督效应，抑制管理层的盈余管理行为，并提升公司真实业绩。也有研究发现（Schwartz - Ziva and Weisbach，2013），在股权制衡的结构下，持股比例较高的非控股股东可以通过向公司委派董事来对控股股东和管理层进行监督，以发挥股权制衡的功能来维护自身利益。已有文献已经发现股权制衡可以发挥对控股股东和管理层机会主义行为的监督作用并进而提升公司绩效（洪剑峭和薛皓，2009），而非控股股东监督高管的治理作用发挥和保护自身利益的一个重要手段就是向董事会提名董事（祝继高等，2015）。综上所述，我们有理由相信，在对 CEO 和 CFO 薪酬激励契约的监督方面，独立董事和非控股股东董事所发挥的作用会存在显著的差异。由于独立董事很难保证自身的"独立性"，因此相对更加独立于 CEO 等高管的非控股股东董事可能会发挥更好的监督作用。由此，得到如下假设。

假设 H6 – 1：在对公司高管的监督激励方面，相较于独立董事，非控股股东董事对高管的薪酬业绩敏感性有更为显著的积极效应，且对 CEO 薪酬业绩敏感性的影响要强于 CFO。

假设 H6 – 2：其他条件不变，随着股权制衡程度的提高，非控股股东董事能够更有效地参与到公司治理中，从而提高 CEO 或 CFO 的薪酬业绩敏感性。

2. 实际控股股东对外部董事监督效应的影响

我国上市公司的股权结构较为集中（徐莉萍等，2006），且在民营公司中一般存在创始控股股东（Founder-controlling shareholders），创始控股股东（自然人或控股家族成员中最大持股比例者）往往还直接参与公司的经营管理，出任公司董事长或总经理职位，从而形成了中国民营上市公司中的所有者、经理人兼任情况（owner-manager），而控股股东被认为在公司经营和治理等方面具有重要影响（Gopalan and Jayaraman，2012）。既有文献的研究表明，一方面，控股股东可以对公司高管进行有效的监督和激励，从而发挥监督效应以缓解高管薪酬激励契约中的代理问题，实现与管理层的利益协同（Shleifer and Vishny，1986；陈胜蓝和吕丹，2014）；另一方面，控股股东也可能会出于私利动机而出现侵占效应，与高管合谋实施掏空行为，追求自身利益目标而不是公司价值目标（Johnson et al.，2000）。

自法与金融领域开创性的研究之后（LLSV，1999），部分学者也对我国上市公司控股股东利用控制权（control rights）与现金流权（cash-flow rights）的金字塔结构进行掏空行为做了研究。尽管一些文献发现了在中国证券市场实行股权分置改革之前，控股股东会利用金字塔结构来掏空上市公司并损害其他股东和投资者的利益（王鹏和周黎安，2006），但这些研究所使用的样本都是基于股权分置时期的数据，当中国资本市场股权分置改革实现股份全流通之后，控股股东的利益将会和公司价值紧密相连，由此可能会纠正之前的侵占行为。

廖理和张学勇（2008）以 2006 年股份全流通后的样本进行了研究，发现控股股东控制权与现金流权差距降低，股权分置改革有效地降低了控股股东掏空程度。

阿格拉沃尔和纳赛尔（Agrawal and Nasser，2010）的研究结果则表明，当大股东担任公司董事时，CEO 有更低水平的现金薪酬和总薪酬，更低比例的股票和期权方式支付的薪酬，但具有更高的财富—业绩敏感性以及更高的管理层变更—业绩敏感性。还有的经验研究发现，实际控股股东的现金流权与薪酬—业绩敏感度正相关，这些都体现出了控股股东在公司治理中的积极效应（Cao et al.，2011）。在我国资本市场中，民营上市公司实际控制人直接或间接拥有相当大比例的公司股权，从而有着很强的激励来减轻股东和经理人之间的代理问题，其中就包括如何有效改善经理人激励机制的设计。控股股东一般会担任上市公司的董事长、副董事长或总经理，从而通过直接参与公司经营决策和治理实现对管理层的监督激励。而正如前面所述，独立董事的选拔和任命往往受到 CEO 等高管层的影响，如果控股股东没有担任董事长、副董事长或总经理，那么独立董事将更多地受到 CEO 等高管的影响，从而会显著地影响到薪酬契约的设计。同时，如果控股股东没有直接在公司董事会或高管团队任职，就很难完全掌握公司的经营管理情况，也无法深度介入 CEO 等高管激励机制的设计和实施当中，从而难以对独立董事的监督作用发挥影响。控股股东在上市公司中兼任董事长、副董事长或 CEO，则会拥有更大的话语权，对独立董事的选任有更多的选择权，从而会降低独立董事受到高管影响的程度，并减轻其对高管薪酬业绩敏感性的负面影响[1]，因此这种情况下独立董事对 CEO 薪酬业绩敏感性的负面影响可能将不再显著。此外，如果控股股东不参与公司的实际经营管理，作为大股东替代机制，非控股股东董事将会起到对 CEO 或 CFO 薪酬业绩的治理效应。反之，控股股东担任董事长或 CEO 的时候，非控股股东董事对 CEO 薪酬业绩敏感性的影响将会减弱。基于以上的分析，提出以下研究假设。

假设 H6-3：其他条件不变，控股股东不担任董事长、副董事长或总经理时，独立董事仍然受到公司高管的影响，会降低 CEO 和 CFO 的薪酬业绩敏感性；而非控股股东董事的监督激励作用仍然存在，会提高 CEO 和 CFO 的薪酬业绩敏感性。

---

[1] 上市公司万科的董事长王石谈道："作为第一大股东的华润集团在公司治理中起到了重要的作用，不仅其总经理兼任万科的副董事长，而且具有良好声誉和社会知名度的万科独立董事也是由第一大股东推荐产生的。"

第三节　研究设计与描述性统计

一、研 究 样 本

考虑到早些年份关于上市公司 CEO 和 CFO 薪酬等背景信息不足、不同类型董事数据缺失和股权分置改革期间对与年报财务数据变化的影响，本章研究选取 2008 ~ 2013 年中国 A 股民营上市公司作为研究样本。[①] 按照研究惯例，依据以下原则对样本进行了筛选：（1）剔除金融行业上市公司，因为金融行业具有特殊性，与其他制造业企业有很大的不同；（2）剔除了上市时间不满一年的公司，因为这些企业刚上市存在可能的 IPO 效应；（3）剔除 CEO 和 CFO 薪酬为零、性别和年龄存在缺失的样本，进一步剔除了无法区分非控股股东董事和独立董事类型的样本；（4）剔除了 ST 公司、*ST 公司等非正常经营的样本，以及主要的公司财务数据和公司治理变量存在缺失的样本；（5）为了控制极端值对回归结果的影响，我们对计量模型中的连续变量 1% 以下和 99% 以上的分位数进行了缩尾处理。经过以上处理之后，最终获得了 1489 个民营上市企业的公司—年度样本。有关 CEO 和 CFO 货币薪酬、性别和年龄等个体特征变量来自 CSMAR 数据库，其他涉及公司财务指标的变量也来自 CSMAR 数据库。借鉴陆正飞和胡诗阳（2015）的研究方法，我们也通过对 CSMAR 数据库提供的董事会成员代码信息进行整理，利用职务类别的十位编码进行分类，首先分离出执行董事和外部董事，进而确定了非执行董事和独立董事人数，再结合 Wind 数据库中董事背景信息的确认和百度搜索的比对，从而确定非执行董事中的非控股股东董事。[②]

[①] 中国证监会对 CEO 等高管具体薪酬和背景信息的披露要求自 2005 年后才开始，且在 2006 年推行股权分置改革的前后一年对公司财务数据和年报信息存在较大影响，所以选择自 2008 年起的数据作为研究样本。

[②] 非控股股东董事不包括来自非控股股东的执行董事和来自控股股东的非执行董事，因为执行董事属于公司高管层，所以我们从非执行董事中剔除了属于高管团队成员的董事，进而确定了非控股股东董事占董事会人数的比例。

二、关键变量定义

高管薪酬（CEO_pay 和 CFO_pay）。我们具体采用了公司当年 CEO 和 CFO 的货币薪酬自然对数作为高管薪酬的衡量变量，国外关于高管激励方面的研究一般包括了薪酬激励和股权激励（Coles et al.，2014），但中国上市公司的股权激励才刚开始起步，涉及面和规模都较小，持股比例低和零持股现象较为普遍，且根据公开数据很难区分哪些股票是自购哪些是奖励的，目前在中国上市公司中对高管的激励仍主要以货币薪酬为主，因此，借鉴现有文献的做法以 CEO 和 CFO 货币薪酬自然对数作为衡量指标（张敏和姜付秀，2010；王会娟和张然，2012）。在稳健性分析部分，我们也采用了上市公司年报中披露的"薪酬最高的前三位高级经理人员"作为高管，将前三位高级经理人员的薪酬取平均值后的自然对数作为衡量高管薪酬的替代变量（Executive_pay）。

公司绩效（ROA）。以衡量公司财务绩效的总资产净利润率（ROA）作为公司绩效变量。会计盈余为基础的薪酬契约更有利于体现经理对在位资产的受托责任，提高在位资产经营效率（Natarajan，1996），且我国证券市场的波动较为剧烈，作为新兴资本市场，效率不高，特别是我国上市公司薪酬激励计划通常选择净利润作为业绩目标（方军雄，2009；姜付秀等，2014），因此本章也以会计绩效作为衡量变量。

独立董事比例（Ind_dir）。公司当年独立董事人数与董事会总人数的比例为独立董事比例衡量变量。

非控股股东董事比例（Non_dir）。非控股股东董事比例是我们研究的关键变量，参考祝继高等（2015）对非控股股东董事类型的定义，我们利用 CS-MAR 数据库中对董事会成员类型的代码进行分类，从董事会总人数中剔除内部执行董事、独立董事人数，并进一步剔除掉在上市公司第一大股东单位任职的非执行董事之后，得到的非控股股东董事人数除以董事会总人数即为非控股股东董事比例。非控股股东董事比例变量（Non_dir）的取值范围是从 0 到 1，值越大就意味着非控股股东委派的非执行董事越多，非控股股东对高管层的制衡和监督力度也越大。

$$Non\_dir = \frac{Non - controlling \quad directors}{Board \quad size}$$

控股股东影响变量（Controlduality）。为了衡量控股股东对上市公司经营决策和公司治理的直接影响，我们以控股股东是否直接出任上市公司的董事长、副董事长或 CEO 作为衡量变量，如果控股股东兼任公司董事长、副董事长或 CEO 则取值为 1，否则为 0。

其他控制变量。借鉴已有研究成果，考虑到公司个体特征因素的影响，控制变量中还包括了公司规模（Size）、股权制衡程度（S_index）、第一大股东持股比例（Fshare）、公司资产负债率（Lev）等体现公司特征的控制变量（Cornett et al.，2008；王会娟和张然，2012；姜付秀等，2014）。另外，中国民营公司上市方式的不同也会影响到企业的财务决策和薪酬水平，首发上市和买壳上市公司中，实际控制人的掏空动机大小有显著差异（牛建波和李盛楠，2007），因此，考虑中国民营上市公司的"出身"差异，控制变量中还包括了公司民营化方式（Direct）。考虑到 CFO 的个体特征也会对薪酬水平产生影响，我们也进一步控制了 CFO 个人性别（CFO_gender）、年龄（CFO_age）和 CEO 的性别（CEO_gender）与年龄（CEO_age）。再就是引入了年度虚拟变量（Year）和行业虚拟变量（Industry），以控制年度差异和行业差异的影响。

变量定义和说明见表 6 - 1。

表 6 - 1　　　　　　　　　　　　**变量定义和说明**

面板 A：高管薪酬与公司绩效变量	
CEO 薪酬（CEO_pay）	CEO 年度货币薪酬的自然对数
CFO 薪酬（CFO_pay）	CFO 年度货币薪酬的自然对数
总资产净利润率（ROA）	公司当年净利润/当年年末总资产
面板 B：董事层面变量	
独立董事比例（Ind_dir）	独立董事人数/董事会总人数
非控股股东董事比例（Non_dir）	来自非控股股东人数/董事会总人数
非执行董事比例（Non_exe）	非执行董事人数/董事会总人数
面板 C：公司层面变量	
控股股东影响（Controlduality）	控股股东兼任公司董事长、副董事长或 CEO 则 Controlduality = 1，否则 = 0
公司规模（Size）	公司年末总资产的自然对数
股权制衡程度（S_index）	第 2 到第 10 大股东持股比例和与第 1 大股东持股比例之比
公司上市的方式（Direct）	公司 IPO 上市 = 1，否则 = 0
第一大股东持股比例（Fshare）	第一大股东持股数/公司总股本
资产负债率（Lev）	公司当年年末总负债/公司当年年末总资产
年份虚拟变量（Year）	样本年度为 2008 ~ 2013 年，定义 5 个年度哑变量
行业虚拟变量（Industry）	根据证监会行业二级代码分类标准设置的行业哑变量

续表

面板 D：高管个体特征变量	
CEO 性别（CEO_gender）	女性 CEO = 1，否则 = 0
CEO 年龄（CEO_age）	当年公司 CEO 的年龄
CFO 性别（CFO_gender）	女性 CFO = 1，否则 = 0
CFO 性别（CFO_age）	当年公司 CFO 的年龄

三、回归模型

针对主要研究目的，我们一方面综合借鉴国内外研究高管薪酬业绩敏感性问题的计量模型（Cornett et al.，2008；张敏和姜付秀，2010），另一方面也结合中国民营上市公司的具体特征和我们的研究主旨，建立如下的回归模型：

$$CEO\_pay(CFO\_pay) = \alpha_0 + \alpha_1 ROA + \alpha_2 Ind\_dir + \alpha_3 Ind\_dir$$
$$\times ROA + c(Other\ Controls) + \varepsilon_1 \qquad (6-1)$$

为了验证我们的研究假设 H6 - 1，首先利用式（6 - 1）来估计独立董事对于高管薪酬业绩敏感性的影响，接下来利用分组样本来估计股权制衡程度（S_index）对非执行董事比例发挥作用的影响，用以验证研究假设 H6 - 2。

$$CEO\_pay(CFO\_pay) = \beta_0 + \beta_1 ROA + \beta_2 Non\_dir + \beta_3 Non\_dir$$
$$\times ROA + f(Other\ Controls) + \varepsilon_2 \qquad (6-2)$$

我们利用式（6-2）来估计非执行董事对于高管薪酬业绩敏感性的影响，并在后面部分采用以控股股东兼任变量（Controlduality）来分组的样本验证研究假设 H6 - 3。

四、描述性统计

表 6 - 2 对主要变量的统计描述进行了报告。从中可以看出，中国民营上市公司 CEO 薪酬要高于 CFO 薪酬，CEO 年薪均值为 56.5 万元人民币，CFO 年薪均值为 32.6 万元。样本中非控股股东董事比例为 18.3%，接近董事会总人数的 1/5，独立董事比例的均值约为 37%，占董事会总人数的 1/3 强，且各个公司中独立董事比例的差异较小，标准差仅为 0.05；非执行董事比例为 29.46%，占比不到 1/3，标准差为 0.151，说明样本公司在非控股股东董事比例方面存在较大的差异；公司财务绩效 ROA 的均值为 0.438，资产负债率均值

为 0.43；第一大股东持股比例均值达到 0.327，可见中国民营上市公司的第一大股东控股程度较高；公司规模 Size 的均值为 21.603，标准差为 0.959，而股权制衡程度（S_index）的均值为 0.864，标准差为 0.743，这两个指标在样本公司间具有一定的差异；样本中将近 74% 的民营上市公司是 IPO 首发上市的，近 26% 则通过买壳等其他方式成为上市公司的。

表 6 - 2　　　　　　　　　主要变量的描述性统计结果

变量	样本数	均值	中值	标准差
CEO_pay	1489	565212.3	424300	514080.7
CFO_pay	1489	325645.9	250000	289681.8
ROA	1489	0.0428	0.036	0.065
Non_dir	1489	0.183	0.182	0.145
Ind_dir	1489	0.369	0.333	0.05
Non_exe	1489	0.295	0.286	0.151
Controlduality	1489	0.712	1	0.453
Size	1489	21.603	21.518	0.959
S_index	1489	0.864	0.689	0.743
Direct	1489	0.738	1	0.439
Fshare	1489	0.327	0.301	0.144
Lev	1489	0.430	0.431	0.194

另外，各变量之间的 Pearson 检验结果表明，[①] 主要变量之间的相关系数多在 0.2 以下，只有资产负债率（Lev）和公司规模（Size）的相关系数达到了 0.469，股权制衡（S_index）和第一大股东持股比例（Fshare）相关系数为 -0.6，总体来看，单变量之间的相关系数均在 0.7 以下，多重共线性问题并不严重，但考虑到交叉项等都放入模型中可能会提高多重共线性，在具体的回归中我们分别引入独立董事比例、非控股股东董事比例以及二者与财务绩效的交互项进入回归模型。

① 限于篇幅，Pearson 检验结果未在文中列出，留存备索。

第四节　回归结果与分析

一、董事类型与高管薪酬业绩敏感性

在表 6-3 中，我们主要分析财务绩效、独立董事与财务绩效交互项、非控股股东董事比例与财务绩效交互项对于 CEO 和 CFO 薪酬的影响，以揭示不同董事类型对高管薪酬业绩敏感性的调节效应。首先，各列中的财务绩效（ROA）的回归系数基本上都是显著为正的（回归系数都大于 1），仅有第（8）列中财务绩效的回归系数是在 15% 水平显著，这说明在中国民营上市公司中，CEO、CFO 的薪酬水平已经与公司业绩之间形成了较为稳定的正相关关系，公司高管激励与股东利益相一致，形成了有效的薪酬业绩激励。列（1）中非控股股东董事（Non_dir）比例的回归系数是 0.249（10% 水平显著），表明非控股股东董事比例在均值水平上增加一个标准差会使得 CEO 薪酬对数提高约 4.6 个百分点。在列（2）中，独立董事比例与 ROA 交互项的回归系数是 -20.198（在 5% 水平显著），表明独立董事比例的提高会降低公司业绩对 CEO 薪酬的正向影响，这与研究假设 H6-1 相一致，即独立董事比例提高降低了 CEO 薪酬业绩敏感性。列（3）中，非控股股东董事比例与 ROA 交互项的回归系数为 6.646（在 5% 水平显著），表明非控股股东董事比例的提高会增强公司业绩对 CEO 薪酬的正向影响，即非控股股东董事比例具有对 CEO 薪酬业绩敏感性的正面调节作用。为了避免可能的遗漏变量问题，在表 6-4 的列（4）中，我们将 Ind_dir、Ind_dir × ROA、Non_dir 和 Non_dir × ROA 放在同一模型中进行回归[①]，主要研究结论保持不变，非控股股东董事比例和财务绩效的交互项（Non_dir × ROA）对与 CEO 薪酬仍具有较为显著的正向影响（10% 水平显著）。由于引入了交互项变量，非控股股东董事比例对 CEO 薪酬的影响程度要同时考虑到单变量回归结果以及交互项的回归结果，已知财务绩效 ROA 的均值为 0.0428，经过计算后可知，列（3）中非控股股东董事比例的偏效应（marginal effect）为 0.28，总体来看非控股股东董事比例对于 CEO 薪酬

---

①　同时，在列（4）的回归过程中，我们也对多重共线性进行了检验，Ind_dir × ROA 的 VIF 值较大为 79.6，以上变量都引入模型会带来较为严重的共线性，所以在后面的回归中，我们仍然对非控股股东董事变量和非控股股东董事变量分开回归。

水平具有正向的影响，能够显著提高 CEO 薪酬业绩敏感性。

表 6-3   不同类型董事与 CEO、CFO 薪酬业绩敏感性

系数估计 （t检验）	被解释变量							
	CEO_pay				CFO_pay			
	(1)	(2)	(3)	(4)	(5)	(6)	(7)	(8)
ROA	1.776 ** (1.97)	9.758 *** (3.10)	1.72 * (1.64)	6.719 ** (2.06)	2.087 ** (2.21)	7.173 ** (2.0)	1.638 * (1.71)	4.451 (1.31)
Ind_dir	0.040 (0.11)	0.672 (1.34)		0.644 (1.31)	0.002 (0.01)	0.321 (0.63)		0.318 (0.69)
Ind_dir × ROA		-20.198 ** (-2.33)		-13.42 * (-1.64)		-12.88 (-1.25)		-6.803 (-0.75)
Non_dir	0.249 * (1.81)		-0.004 (-0.03)	0.10 (0.59)	0.247 ** (1.96)		0.062 (0.38)	0.114 (0.74)
Non_dir × ROA			6.646 ** (2.25)	4.022 * (1.66)			4.913 (1.53)	3.584 (1.30)
Size	0.3 *** (10.87)	0.287 *** (11.26)	0.289 *** (11.50)	0.285 *** (11.38)	0.265 *** (10.20)	0.255 *** (10.98)	0.256 *** (11.17)	0.254 *** (11.15)
S_index	0.056 * (1.69)	0.056 * (1.69)	0.057 * (1.74)	0.058 * (1.78)	0.053 * (1.76)	0.053 * (1.73)	0.054 * (1.80)	0.055 * (1.82)
Direct	0.058 (1.24)	0.046 (1.0)	0.046 (1.01)	0.045 (0.98)	0.094 ** (2.21)	0.087 ** (2.06)	0.087 ** (2.06)	0.086 ** (2.05)
Fshare	0.208 (1.18)	0.185 (1.08)	0.208 (1.20)	0.205 (1.19)	-0.109 (-0.67)	-0.127 (-0.79)	-0.11 (-0.69)	-0.111 (-0.69)
Lev	-0.162 (-1.06)	-0.063 (-0.49)	-0.086 (-0.68)	-0.053 (-0.41)	-0.044 (-0.30)	0.021 (0.18)	0.012 (0.10)	0.029 (0.25)
CEO_gender	0.023 (0.29)	0.012 (0.15)	0.010 (0.13)	0.008 (0.10)				
CEO_age	0.011 *** (4.11)	0.012 *** (4.36)	0.011 *** (4.27)	0.011 *** (4.27)				
CFO_gender					-0.062 * (-1.83)	-0.07 ** (-2.04)	-0.067 ** (-1.96)	-0.068 ** (-1.99)
CFO_age					0.009 *** (3.19)	0.009 *** (3.44)	0.009 *** (3.24)	0.009 *** (3.28)

续表

系数估计 （t 检验）	被解释变量							
	CEO_pay				CFO_pay			
	（1）	（2）	（3）	（4）	（5）	（6）	（7）	（8）
Year	Yes	Yes	Yes	Yes	Yes	Yes	Yes	Yes
Industry	Yes	Yes	Yes	Yes	Yes	Yes	Yes	Yes
样本量	1489	1489	1489	1489	1489	1489	1489	1489
样本	全样本	全样本	全样本	全样本	全样本	全样本	全样本	全样本
R^2	0.298	0.303	0.304	0.306	0.335	0.336	0.338	0.339

注：小括号内为经过公司层面聚类方法调整系数估计值标准误后计算得到的 t 值，***、**、* 分别表示在 1%、5% 和 10% 水平显著。限于篇幅，本表省略了对行业、年份和常数项回归结果的报告。

表 6-4　　　　　　股权制衡程度分组的回归结果

系数估计 （t 检验）	被解释变量			
	CEO_pay		CFO_pay	
	（1）	（2）	（3）	（4）
ROA	5.189 *** （5.61）	0.435 * （1.68）	5.492 *** （5.78）	0.986 * （1.67）
Non_dir	0.668 *** （3.20）	-0.038 （-0.18）	0.593 *** （3.14）	0.048 （0.23）
Non_dir × ROA	-7.063 （-1.49）	7.764 *** （3.27）	-6.518 * （-1.82）	5.612 ** （2.10）
Size	0.273 *** （7.83）	0.309 *** （9.06）	0.229 *** （6.80）	0.286 *** （9.11）
Direct	0.002 （0.02）	0.188 ** （2.76）	0.105 * （1.75）	0.131 ** （1.97）
Fshare	-0.191 （-0.97）	0.124 （0.39）	-0.433 ** （-2.34）	-0.061 （-0.20）
Lev	0.325 * （1.81）	-0.259 （-1.51）	0.405 ** （2.31）	-0.061 （-0.39）
CEO_gender	-0.072 （-0.72）	0.176 （1.24）		

续表

系数估计 （t 检验）	被解释变量			
	CEO_pay		CFO_pay	
	(1)	(2)	(3)	(4)
CEO_age	0.012 *** (3.65)	0.011 *** (2.70)		
CFO_gender			− 0.113 ** (− 2.14)	0.001 (0.02)
CFO_age			0.012 *** (2.78)	0.004 (1.15)
Year	Yes	Yes	Yes	Yes
Industry	Yes	Yes	Yes	Yes
样本量	743	746	743	746
样本	低制衡	高制衡	低制衡	高制衡
R²	0.405	0.362	0.424	0.362

注：小括号内为经过公司层面聚类方法调整系数估计值标准误后计算得到的 t 值，***、**、* 分别表示在 1%、5% 和 10% 水平显著。限于篇幅，本表省略了对行业、年份和常数项回归结果的报告。

表 6 - 3 的列（5）至列（8）中报告了各变量对 CFO 薪酬的回归系数和显著性水平。从中可以发现，仅在列（5）中，非控股股东董事比例的回归系数在 5% 水平显著，列（7）中，非控股股东董事比例和财务绩效交互项（Non_dir × ROA）仅在 15% 水平边际显著，这说明与对 CEO 的影响相比，非控股股东董事对于 CFO 薪酬业绩敏感性的正向影响要弱一些。而尽管独立董事比例与财务绩效的交互项回归系数为负，但对 CFO 薪酬没有显著的影响。以上的结果表明，非控股股东董事对于 CEO 薪酬业绩敏感性的影响要更为积极和显著，而对于 CFO 薪酬业绩敏感性并没有发挥作用，这可能是在公司治理和高管监督激励中，机制设计更为主要针对的是作为公司最高负责人的 CEO。从表 6 - 3 的其他变量来看，各列中公司规模（Size）的回归系数显著为正（1% 水平显著），公司规模越大，CEO 和 CFO 的薪酬水平也会越高；股权制衡（S_index）的回归系数在 10% 水平显著为正。而从 CEO 和 CFO 个体特征的影响来看，CEO 年龄越大，薪酬水平越高；CFO 年龄越大，其薪酬水平也越高。相对于男性 CFO 来说，女性 CFO（CFO_gender）的薪酬水平显著较低，CFO 为女性（CFO_gender）的回归系数在 5% 水平显著为负。

　　进一步地，为了验证研究假设 H6 - 2，我们以股权制衡变量（S_index）的中值对样本进行分组，当股权制衡程度大于中值水平时 S_dum = 1，否则为 0。表 6 - 4 的列（1）中体现非控股股东董事比例对 CEO 薪酬业绩敏感性影响的交互项（Non_dir × ROA）回归系数为 - 7.063，列（2）中交互项回归系数为 7.764（1% 水平显著），这一结果说明，在列（2）的股权制衡程度较高样本中，股权制衡程度越大，非控股股东董事比例的提高会显著提升 CEO 薪酬与业绩之间的正向关系，这也进一步解释了非控股股东的股权制衡作用是通过其在董事会中代表董事来具体执行的。而在列（1）的股权制衡程度较低样本中，交互项系数并不显著。列（4）的回归结果也表明，非控股股东董事比例和 ROA 交互项（Non_dir × ROA）的回归系数为 5.612（在 5% 水平显著），股权制衡程度越高，非控股股东董事比例的提高也能够提升 CFO 的薪酬业绩敏感性，以上的回归结果与研究假设 H6 - 2 相一致，即非控股股东董事对于 CEO 和 CFO 薪酬业绩敏感性的积极影响只有在高股权制衡组中才得以体现。此外，为了保证结果更为稳健，我们还以公司—年度固定效应代替了行业—年度固定效应，重复了回归过程，回归结果与我们的基本回归结果相一致，随着股权制衡程度的提高，非控股股东董事比例的提升会显著提高 CEO 和 CFO 的薪酬业绩敏感性。

二、股东在董事会和公司任职的影响

　　假设 H6 - 3 指出，其他条件不变，当控股股东不担任董事长、副董事长或总经理时，控股股东可能无法直接发挥对高管层的监督激励效应，在独立董事的选聘过程中难以发挥有效影响，独立董事仍然会受到公司 CEO 或 CFO 等高管层的影响，从而独立董事会降低 CEO 和 CFO 的薪酬业绩敏感性；而非控股股东董事的监督激励作用仍然会存在，能够提高 CEO 和 CFO 的薪酬业绩敏感性。本部分将在控股股东是否成为董事会主要成员情况下进一步检验不同董事类型的影响，我们将控股股东是否担任董事长、副董事长或 CEO 设为虚拟变量，当控股股东担任以上职务时，Controlduality = 1，否则为 0。分组回归的结果在表 6 - 5 中列示。

　　表 6 - 5 的列（1）、列（3）、列（5）和列（7）中，当控股股东不担任董事会主要成员或 CEO 时，独立董事与财务绩效交互项（Ind_dir × ROA）的回归系数仍然显著为负（在 1% 水平显著），而非控股股东董事和财务绩效交互项（Non_dir）的回归系数则显著为正（至少在 5% 水平上显著），这说明当

表 6 – 5　　　　　　　　控股股东是否为董事会主要成员的分组回归结果

系数估计 （Z 检验）	被解释变量							
	CEO_pay				CFO_pay			
	(1)	(2)	(3)	(4)	(5)	(6)	(7)	(8)
ROA	18.761 *** (4.34)	2.630 (0.72)	0.644 (1.25)	2.535 *** (3.17)	18.563 *** (4.16)	– 2.029 （– 0.77）	1.047 * (1.86)	3.516 *** (5.07)
Ind_dir	0.435 (0.50)	0.080 (0.14)			– 0.720 （– 0.93）	– 0.498 （– 1.03）		
Ind_dir × ROA	– 43.050 *** （– 4.19）	0.883 (0.09)			– 41.679 *** （– 3.94）	14.426 ** (2.13)		
Non_dir			– 0.011 （– 0.04）	0.042 (0.20)			0.280 (1.09)	0.168 (1.00)
Non_dir × ROA			7.799 *** (2.77)	2.809 (0.74)			7.275 ** (2.47)	– 1.599 （– 0.55）
Size	0.184 *** (3.85)	0.323 *** (10.50)	0.197 *** (4.08)	0.322 *** (10.51)	0.147 *** (3.37)	0.294 *** (10.75)	0.171 *** (3.96)	0.292 *** (10.71)
S_index	0.066 (1.12)	0.025 (0.61)	0.059 (0.97)	0.030 (0.74)	– 0.011 （– 0.23）	– 0.005 （– 0.14）	– 0.026 （– 0.53）	– 0.000 （– 0.00）
Direct	0.081 (0.97)	0.059 (0.84)	0.095 (1.14)	0.053 (0.76)	0.118 (1.52)	0.102 * (1.75)	0.132 * (1.67)	0.099 * (1.71)
Fshare	0.034 (0.11)	0.045 (0.21)	0.122 (0.38)	0.088 (0.42)	– 0.579 ** （– 2.36）	– 0.395 ** （– 2.04）	– 0.509 ** （– 2.00）	– 0.349 * （– 1.82）
Lev	0.434 * (1.69)	– 0.036 （– 0.23）	0.348 (1.41)	– 0.037 （– 0.23）	0.369 (1.61)	0.115 (0.84)	0.287 (1.31)	0.129 (0.94)
CEO_gender	– 0.189 （– 1.55）	0.021 (0.23)	– 0.155 （– 1.32）	0.011 (0.13)	0.004 (0.03)	– 0.068 （– 0.72）	0.061 (0.45)	– 0.076 （– 0.81）
CEO_age	0.016 *** (3.17)	0.009 *** (3.11)	0.016 *** (3.24)	0.009 *** (3.13)	0.011 ** (2.13)	0.004 (1.27)	0.011 ** (2.14)	0.003 (1.23)
样本量	429	1060	429	1060	429	1060	429	1060
Controllerduality	No	Yes	No	Yes	No	Yes	No	Yes
R^2	0.290	0.313	0.270	0.314	0.358	0.349	0.333	0.347

　　注：小括号内为经过公司层面聚类方法调整系数估计值标准误后计算得到的 t 值，*** 、** 、* 分别表示在 1% 、5% 和 10% 水平上显著。限于篇幅，本表省略了对行业、年份和常数项回归结果的报告。

控股股东不担任公司主要职务时，独立董事和非控股股东董事对高管薪酬业绩敏感性的影响仍明显不同，与我们的研究假设 H6 - 3 相一致。而在列（2）、列（4）、列（6）和列（8）中，当控股股东担任董事长、副董事长或 CEO 时，非控股股东对高管薪酬业绩敏感性的正向影响不再显著，且独立董事对于薪酬业绩敏感性的负向影响也消失了。在列（6）中，独立董事比例和财务绩效交互项（Ind_dir × ROA）对于 CFO 薪酬（CFO_pay）的影响变得显著为正（回归系数为 14. 426，在 1% 水平显著）。以上的结果都表明，当控股股东担任公司董事会主要职务或 CEO 时，可以缓解高管层对独立董事的影响，减轻第一类的委托代理问题，即在中国民营上市公司中所有者—经理人兼任（owner-manger）机制可以起到对管理层的监督激励效应，并替代非控股股东的监督作用。

三、稳健性检验

1. 工具变量方法的估计结果

在公司治理领域的研究中，内生性是一个需要考虑的重要问题。由于我们最为关心的非控股股东董事比例这一变量可能会与误差项存在相关，且 Non_dir 也可能和薪酬变量存在同期性（determined simultaneously），这就可能导致之前的 OLS 回归失效，因此需要找到一个有效的工具变量进行稳健性测试。独立董事比例根据法律规定较为稳定，而非控股股东董事比例则与董事会规模存在显著的相关性，借鉴陆正飞和胡诗阳（2014）的研究方法，我们也采用董事会规模（Board）作为非控股股东董事的工具变量检验结论的稳健性。由于董事会人数越多、规模越大，提供给非控股股东董事的席位也就越多，非控股股东总是要通过其在董事会中的代表来执行监督激励公司高管的职能，而董事会规模并不会对 CEO 或 CFO 薪酬产生直接影响。

表 6 - 6 报告了使用董事会规模工具变量（Board）的两阶段最小二乘估计结果。从工具变量的检验来看，第一阶段 F 统计量、不可识别检验和弱识别检验都显示，所选取的工具变量能够较好地控制内生性问题。从估计结果来看，与之前的 OLS 估计结论基本吻合。从解释变量的回归结果来看，非控股股东董事比例以及其与 ROA 的交互项均在 1% 水平上显著，而且分组样本回归也表明，当控股股东不兼任董事会重要成员或 CEO 时，非控股股东董事能够显著提高 CEO 和 CFO 的薪酬业绩敏感性，这进一步证实了前面控股股东影响的

结论是稳健可靠的。同时需要说明的是，在两阶段最小二乘回归中，财务绩效与 CEO 薪酬之间的关系并不显著，这一结果可能进一步反映了在中国民营上市公司中，CEO 薪酬可能更不依赖于业绩的影响，而是更多取决于其影响力的大小，即更有权力的 CEO 对自身薪酬有更大的直接影响。但财务绩效和 CFO 薪酬之间的正向关系仍然是显著的，民营上市公司的绩效对其他高管薪酬仍具有显著的积极影响。

表 6 - 6　　　　　　　　非控股股东董事比例的两阶段最小二乘回归结果

系数估计 （Z 检验）	被解释变量					
	CEO_pay			CFO_pay		
	(1)	(2)	(3)	(4)	(5)	(6)
ROA	0.406 (1.35)	1.328 (0.93)	0.217 (1.03)	1.177 * (1.83)	4.071 ** (2.43)	0.568 *** (3.07)
Non_dir	1.173 *** (2.93)	0.775 (1.47)	2.132 ** (2.56)	1.693 *** (4.41)	1.513 *** (2.66)	2.469 *** (3.37)
Non_dir × ROA	16.25 *** (3.444)	11.497 (1.39)	16.001 *** (3.52)	11.333 *** (2.74)	- 3.876 (- 0.42)	15.147 *** (3.38)
Size	0.276 *** (10.87)	0.317 *** (10.37)	0.227 *** (4.11)	0.254 *** (10.75)	0.289 *** (10.60)	0.203 *** (4.16)
S_index	0.071 ** (2.23)	0.053 (1.27)	0.056 (0.94)	0.068 ** (2.28)	0.012 (0.33)	- 0.010 (- 0.19)
Direct	0.043 (0.93)	0.028 (0.42)	0.021 (0.23)	0.089 ** (2.10)	0.086 (1.48)	0.027 (0.33)
Fshare	0.374 ** (2.03)	0.296 (1.36)	- 0.032 (- 0.08)	0.068 (0.41)	- 0.169 (- 0.85)	- 0.498 (- 1.52)
Lev	0.002 (0.01)	- 0.043 (- 0.26)	0.444 (1.48)	0.054 (0.44)	0.136 (0.96)	0.243 (0.92)
CEO_gender	- 0.025 (- 0.3)	- 0.025 (- 0.28)	- 0.162 (- 1.33)			
CEO_age	0.009 *** (3.36)	0.008 *** (2.79)	0.009 (1.54)			

续表

系数估计 （Z 检验）	被解释变量					
	CEO_pay			CFO_pay		
	(1)	(2)	(3)	(4)	(5)	(6)
CFO_gender				-0.051 (-1.41)	-0.049 (-1.16)	0.080 (1.11)
CFO_age				0.006* (1.84)	0.001 (0.36)	0.025*** (3.38)
Year	Yes	Yes	Yes	Yes	Yes	Yes
Industry	Yes	Yes	Yes	Yes	Yes	Yes
Fist Stage F	88.22 [0.0001]	82.11 [0.0000]	15.07 [0.0001]	85.32 [0.0001]	77.11 [0.0001]	16.53 [0.0001]
Kleibergen – Paap	134.23	101.79	26.85	127.66	95.57	27.70
rk LM	[0.0000]	[0.0000]	[0.0001]	[0.0000]	[0.0000]	[0.000]
Kleibergen – Paap	83.45	72.62	14.75	80.20	67.87	16.34
Wald rk F	{7.03}	{7.03}	{7.03}	{7.03}	{7.03}	{7.03}
A – R Wald	17.86 [0.0000]	4.46 [0.0118]	17.05 [0.0001]	19.81 [0.0000]	5.89 [0.0029]	19.84 [0.000]
样本	全样本	兼任	非兼任	全样本	兼任	非兼任
R^2	0.2144	0.3167	0.1704	0.2018	0.3304	0.222

注：小括号内为经过公司层面聚类方法调整系数估计值标准误后计算得到的 z 值，***、**、*分别在 1%、5% 和 10% 水平上显著；中括号内为相应检验统计量的 P 值；Kleibergen – Paap rk LM 检验的零假设是工具变量识别不足，若拒绝零假设则说明工具变量是合理的；Kleibergen – Paap Wald rk F 检验的零假设是工具变量为弱识别，若拒绝零假设则说明工具变量是合理的，其下方大括号内的数值为 Stock – Yogo 检验的临界值；A – R Wald 表示 Anderson – Rubin Wald 检验的零假设是内生回归元的系数之和为零，若拒绝零假设则说明工具变量是合理的。

2. 考虑盈余管理之后的未管理的真实业绩

近年来，国内外学者的研究也发现上市公司高管出于自利动机多存在盈余管理操纵（Dechow and Schrand，2010），盈余管理不利于反映公司真实的经营业绩和风险，特别是盈余管理会对公司的真实财务绩效起到粉饰（cosmetic）的作用，而这可能会掩盖高管薪酬与真实业绩之间的关系（陈胜蓝和卢锐，2012），并影响到回归结果的可靠性。因此，进一步计算样本公司的应计制盈余管理（Da），借鉴科尼特等（Cornett et al.，2008）的方法，我们首先利用德肖等（Dechow et al., 1995）的修正 JONES 模型，得到可操纵性应计（DA）来衡量的应计制盈余管理，然后利用财务业绩 ROA 与应计盈余管理 Da 的差值表示的未管理的真实业绩作为 ROA 的替代变量，用以检验高管薪酬和未管理的真实业绩之间的关系以及非控股股东董事的影响，具体的回归结果在表 6 - 7 中列示。

表 6 - 7　　　　　　　　　　　　　未管理的真实业绩回归结果

系数估计 （t 检验）	被解释变量					
	CEO_pay			CFO_pay		
	（1）	（2）	（3）	（4）	（5）	（6）
ROA	0.645 *** （3.17）	1.472 * （1.69）	0.350 * （1.66）	0.695 *** （4.06）	1.899 （1.38）	0.555 ** （2.82）
Ind_dir	0.199 （0.52）	- 0.0004 （- 0.00）		0.175 （0.47）	0.0004 （0.00）	
Ind_dir × ROA		- 2.181 （- 0.63）			- 3.158 （- 0.91）	
Non_dir	0.255 * （1.82）		0.186 （1.40）	0.252 *** （1.96）		0.204 * （1.71）
Non_dir × ROA			1.968 * （1.83）			0.930 （1.06）
Size	0.327 *** （13.50）	0.325 *** （13.28）	0.326 *** （13.36）	0.296 *** （13.64）	0.294 *** （13.42）	0.296 *** （13.51）
S_index	0.075 ** （2.29）	0.072 ** （2.18）	0.071 ** （2.17）	0.075 ** （2.47）	0.072 ** （2.35）	0.073 ** （2.44）
Direct	0.051 （1.08）	0.048 （1.02）	0.049 （1.03）	0.086 ** （1.99）	0.084 * （1.92）	0.085 * （1.95）
Fshare	0.299 * （1.72）	0.28 * （1.67）	0.287 * （1.65）	- 0.007 （- 0.05）	- 0.022 （- 0.14）	- 0.020 （- 0.12）
Lev	- 0.305 *** （- 2.7）	- 0.298 *** （- 2.63）	- 0.293 *** （- 2.59）	0.0219 ** （- 2.16）	- 0.210 ** （- 2.05）	- 0.209 ** （- 2.04）
CEO_gender	0.038 （0.46）	0.038 （0.47）	0.039 （0.47）			
CEO_age	0.011 *** （3.91）	0.011 *** （4.08）	0.011 （4.04）			

续表

系数估计 （t 检验）	被解释变量					
	CEO_pay			CFO_pay		
	（1）	（2）	（3）	（4）	（5）	（6）
CFO_gender				− 0.052 * （− 1.78）	− 0.067 * （− 1.92）	− 0.067 * （− 1.91）
CFO_age				0.008 *** （2.79）	0.008 *** （2.96）	0.008 *** （2.94）
Year	Yes	Yes	Yes	Yes	Yes	Yes
Industry	Yes	Yes	Yes	Yes	Yes	Yes
样本	全样本	全样本	全样本	全样本	全样本	全样本
R^2	0.2856	0.2839	0.2863	0.3137	0.3121	0.314

注：小括号内为经过公司层面聚类方法调整系数估计值标准误后计算得到的 t 值，***、**、* 分别表示在 1%、5% 和 10% 水平显著。限于篇幅，本表省略了对行业、年份和常数项回归结果的报告。

从回归结果可以发现，未管理的真实业绩与 CEO、CFO 薪酬之间的关系仍然是较为显著的，这说明剔除了应计制盈余管理之后，中国民营上市公司的高管薪酬业绩敏感性依然存在，只不过与之前的回归结果相比，未管理的真实业绩回归系数有所减小，这意味着未管理的真实业绩与薪酬之间的敏感性要显著低于报告的业绩敏感性水平，且从回归系数来看，CFO 的薪酬业绩敏感性水平要高于 CEO 的。非控股股东董事比例与财务绩效的交互项（Non_dir × ROA）在 10% 水平上显著，说明非控股股东董事比例的提高能够提升 CEO 薪酬业绩的敏感性。而 Non_dir × ROA 对于 CFO 薪酬的影响则仅在 15% 水平显著，这一结果也说明公司治理更多关注或作用于最主要的高管 CEO 身上。此外，公司规模（Size）仍然与高管薪酬水平显著正相关，规模越大的公司其 CEO 和 CFO 薪酬水平更高；资产负债率（Lev）显著降低了薪酬水平，更多的负债会减少高管的货币薪酬；而 CEO 年龄（CEO_age）和 CFO 年龄（CFO_age）的回归系数在 1% 水平显著为正，以上的结果与目前的研究结论相一致，均说明高管年龄会提升其所得到的货币薪酬水平（王会娟和张然，2012）。

3. 其他稳健性测试

为了进一步增加研究结论的可靠性，我们还利用净资产收益率（ROE）替代总资产净利润率（ROA）来衡量公司业绩，以"薪酬最高的前三位高级管理人员的薪酬"均值作为高管薪酬的替代变量，同时也通过文本检索方式，挑选出董事会成员中不担任具体职务的非执行董事，以非执行董事比例替代非控股股东董事比例，重新对上述模型进行回归分析，基本结论与前文的结果并无明显差异。

第五节　本章总结与启示

本章研究立足于中国特定的制度环境，利用中国上市公司董事会成员的不同类型，对比分析了独立董事和非控股股东董事对管理层的监督激励情况，通过对不同类型董事对 CEO 和 CFO 薪酬契约敏感性影响的考察，研究发现，目前中国民营上市公司中，CEO 薪酬、CFO 薪酬已经和公司绩效之间建立起了较强的正向联系，而且在考虑了盈余管理活动的影响之后，未管理的真实业绩与高管薪酬之间仍然存在显著的正向关系。

研究还发现：（1）由于独立董事选聘会受到 CEO 等高管层的影响，独立董事比例的提高会显著降低 CEO 薪酬业绩敏感性，但对于 CFO 薪酬业绩敏感性的影响并不显著；（2）非控股股东董事比例的提高会显著提升 CEO 薪酬业绩敏感性，特别是当非控股股东股权制衡程度增强的时候，非控股股东董事比例的提高对于 CEO 和 CFO 薪酬业绩敏感性的提升影响都是显著为正的，而且对于未管理的真实薪酬业绩敏感性提升同样有效；（3）当控股股东不担任公司董事长或 CEO 职位时，非控股股东董事仍然能够起到强化 CEO 薪酬业绩敏感性的作用，而控股股东兼任公司董事长或 CEO 等重要职位时，可以起到替代非控股股东监督机制的作用，并且能够约束独立董事对高管薪酬业绩敏感性的影响。总之，研究结论表明，非控股股东董事更好地发挥了对管理层的监督激励作用，能够显著提高 CEO 的薪酬业绩敏感性，而独立董事在对管理层的监督激励方面要取决于控股股东的实际影响，本章的发现丰富了我们对董事类型和股权制衡作用机制的认识。

本章的不足在于，由于受到数据信息披露和搜集方面的客观限制，没能对股权激励数据进行分析，有待后续研究的完善。此外，独立董事一般具有监督和咨询两种作用，其是否发挥了更多的咨询作用也是今后需要进一步验证的内容。最后，虽然我们在稳健性检验部分控制了内生性，并进行了变量替换等多个测试，但无法从根本上完全消除这一问题，在后续的研究中，如何更好地控制内生性问题仍是我们需要重点考虑并予以解决的问题。

第七章 两类盈余管理对民营上市公司 CFO 和 CEO 薪酬影响研究

第一节 研究背景与理论分析

一、研究背景与意义

高管薪酬和盈余管理问题的研究一直是公司金融领域经典的研究课题。为了解决董事会决策效率低下、公司规模扩大的非效率性和保证两权分离后的企业执行效率，20 世纪 60 年代后期美国公司对公司治理结构进行改革创新设置了 CEO 这一职位，执行董事会部分权力。与此同时，为了降低代理成本、实行有效监督，委托人出于完善公司治理机制的目的，又设置了 CFO[①] 职位，其拥有财务决策、执行和监督权，并对董事会和投资人负责。随着我国现代企业制度改革的不断推进，CFO 制度随着公司治理机制的完善而得到建立和发展，CFO 在公司高管团队中的地位逐渐提高，其职能作用也越来越受到重视。然而，国外相关文献一直以来较多关注 CEO 薪酬激励契约、高管团队薪酬和盈余管理关系及其经济影响（Burns and Kedia，2006；Bergstresser and Philippon，2006），且基本结论普遍认为，存在报酬契约的公司 CEO 出于个人收益最大化的目的更有可能采取盈余管理来选择会计政策或操纵会计信息，从而提高自己的薪酬水平（Watts and Zimmemran，1986；Healy，1985；Gul et al.，2003；

---

① 2002 年中国总会计师协会第三次全国会员代表大会决定采用首席财务官（CFO）称呼替代总会计师。

Bergstresser and Philippon，2006）。然而，自 21 世纪初，安然、世通等知名企业财务造假丑闻的爆发，吸引了学术界对于 CFO 盈余操纵问题的关心（Jiang et al.，2010；Feng et al.，2011），但国内外文献针对 CFO 薪酬激励、CFO 个体特征与盈余管理关系的研究仍相对薄弱。

实际上，作为公司会计职能和内部财务监督职能的负责人，CFO 可能对公司会计信息处理和财务绩效的影响更大，从而其财务行为会直接影响个人收益（Geiger and North，2006；Chava and Purnanandam，2010）。姜等（2010）的研究发现，在解释应计制盈余管理活动方面，CFO 股权激励比 CEO 的股权激励更重要，出于个人私利目的，CFO 更有可能从事盈余管理行为，而且在控制了 CEO 影响的条件下，CFO 股权激励仍然可以对盈余管理产生显著的影响，这就体现了 CFO 在财务会计活动中的独立作用。冯等（2011）的研究则进一步以是否存在欺诈性财务报告来划分两类公司样本，回归结果表明，两类公司 CFO 的股权激励程度基本相同，然而，存在欺诈性盈余操纵的公司，其 CEO 股权激励更高，结论说明，CFO 卷入财务造假主要是屈服于 CEO 的压力使然。

由于西方国家上市公司股权结构较为分散，相较于中国的民营上市公司而言，其薪酬契约设计和外部投资者法律保护制度较为完善，公司治理中主要的问题是投资者和管理层之间的内部委托代理矛盾。反观中国民营上市公司，由于股权结构较为集中，大股东往往直接出任公司 CEO 或通过其家族持股而参与公司的运营管理，实际控制人的影响最为重要。那么，在中国民营上市公司中，CFO 能否起到"看门人"的作用，公司的盈余管理行为究竟能否带来 CFO 或 CEO 薪酬水平的增加，CFO 的作用是否会受到实际控股股东的影响就是值得研究的问题。此外，从实施盈余管理的方式来说，应计制盈余管理较为普遍，短期内对业绩的影响主要源于会计政策选择以及会计估计变更，通过操控应计项目来实现。但随着法律法规的日趋完善及监管力度的增强，实施应计制盈余管理的审计风险与诉讼风险也在提升，考虑到自身股权集中的收益和民营企业的长期发展，实际控制人对自身成本收益的衡量也会限制其应计盈余操纵行为的实施。相比较之下，真实活动盈余管理较为隐蔽，其实施的灵活性、弹性较强，不易被审计师、分析师发觉，风险较低，但实施真实盈余管理的成本较高，对企业长期影响较大（Roychowdhury，2006；Graham et al.，2005；chapman et al.，2011；李增福等，2011；Zang，2012），而且随着监管的不断加强，应计制盈余管理活动有向真实活动盈余管理转移的趋势（Cohen et al.，2008）。虽然不少经验研究都考察了公司高管薪酬安排对盈余管理行为的影响，然而关注两种类型盈余管理程度是否影响 CFO 和 CEO 薪酬水平的研究却相对缺乏。进一步地，出于对企业长期发展和自身投资收益的考虑，持有绝对控股数量的大股东是否会对公司的真实活动盈余管理进行干预，从而影响 CFO 或 CEO 的薪酬呢？换句话说，什么样的控股股东才会更趋向于放任真实活动盈余管理进而提高代理人的私利呢？

自机会主义盈余管理观点（Watts and Zimmemran, 1986）提出以来，包括理论界和实务界在内的社会公众对旨在谋求个人收益最大化的公司高管盈余管理行为已经深恶痛绝，制衡高管财务操纵的公司治理机制不断得以完善。国内外研究多从 CFO 或 CEO 薪酬诱发盈余管理角度出发开展经验研究，那么，中国民营上市公司的盈余管理选择是否真的能够提高 CFO 和 CEO 货币薪酬水平就亟待经验研究的验证。在中国民营上市公司中，应计制盈余管理和真实活动盈余管理绝对值是否能够带来 CFO 薪酬水平的提高呢？不同类型盈余管理规模对 CFO 或 CEO 薪酬的影响是否存在差异？中国民营上市公司的实际控股股东对两种盈余管理活动的规模和 CFO、CEO 薪酬之间的关系具有何种影响？

针对以上问题的回答无疑会让我们更加深入理解中国民营上市公司盈余管理与 CFO、CEO 薪酬水平之间的关系，帮助我们进一步明确控股股东在其中的影响，对新兴市场经济国家公司治理的完善具有重要的理论和实践意义。本章研究将从高管薪酬与盈余管理的委托代理理论出发，聚焦于中国民营上市公司应计制盈余管理和真实活动盈余管理规模对于 CFO 薪酬的影响，结合中国民营上市公司存在实际控股股东影响的现实背景，分析两类盈余管理活动与 CFO 和 CEO 薪酬水平的关系。

根据所要研究的主要问题，我们利用 CSMAR 中国民营上市公司数据库的财务信息数据，首先借鉴已有的思想（Roychowdhury, 2006）测算了应计制盈余管理和真实活动盈余管理的绝对值，分别考察了两类盈余管理活动的规模对 CFO 和 CEO 货币薪酬的影响。与以往文献结论不同，我们发现，与应计制盈余管理相比，真实活动盈余管理绝对值对 CFO 薪酬和 CEO 薪酬都有显著的正向影响，这说明真实活动盈余管理规模越大，意味着越有可能会满足 CEO 和 CFO 的自身私利，大幅度的真实盈余管理的确会给 CEO 和 CFO 同时带来货币薪酬的提升。其次，借鉴目前主流的方法（Albuquerque and Miao, 2007；Fan et al., 2009），通过 CSMAR 高管信息数据库中提供的 CFO 和 CEO 个体背景特征信息，对 CFO 和 CEO 的影响力分别进行赋值加总和比较，从而得到 CEO 对 CFO 的相对影响力指数。将 CEO 对 CFO 的相对影响力变量引入回归模型的结果表明，CEO 相对 CFO 影响力越大，则 CEO 对自身货币薪酬就有更高的提升效应，而相对影响力对 CFO 薪酬没有显著影响。进一步地，已有文献已经指出，当实际控股股东的现金流权和控制权分离程度更高时，控股股东具有掏空倾向（Claessens et al., 2002；王鹏和周黎安，2006；俞红海等，2010）。通过引入实际控制人的控制权和现金流权相对分离程度变量，首次从中国民营上市公司实际控股股东的角度检验了两类盈余管理程度对 CFO 和 CEO 货币薪酬的影响。回归结果表明，当以实际控股股东的控制权和现金流权相对分离程度进行分组样本回归时，真实活动盈余管理的确会提升两权分离程度较大公司的 CFO 和 CEO 货币薪酬水平。这一结果说明，具有掏空倾向的大股东会通过对采取真实活动盈余管理绝对值较大公司的 CFO 和 CEO 给予更多货币薪酬奖励的方式来增加公司的代理成本，从而损害公司其他股东的利益。

另外需要说明的是，本章样本之所以选择民营上市公司主要有两个方面的原因。第一，目前我国的国有控股上市公司很难建立起清晰明确的产权安排和有效的公司治理结构（张维迎，2014）。第二，国有上市公司的 CEO 和 CFO 往往采取委任方式，并且其高管薪酬受到管制，这使得国有上市公司更多面临高管在职消费等隐性薪酬的代理问题，而这方面的研究不是我们关注的主要问题。

同时，由于证监会在 2006 年才发布了《上市公司股权激励管理办法（试行）》，目前中国民营上市公司中实行股票期权激励的企业仍然较少，且针对 CFO 股票期权激励的数据存在严重的缺失。再者，从盈余管理动因角度来看，高管的股权激励可能是其采取盈余操纵的主要影响因素，但除了股基薪酬之外，中国民营上市公司 CFO 和 CEO 的货币薪酬也是重要的激励报酬之一，那么 CFO 或 CEO 对于会计政策的选择是否会对其货币薪酬产生影响以及如何影响也是值得经验研究的议题；因此本章主要集中于对货币薪酬问题的考察，至于股权激励和两类盈余管理之间的关系，将是我们今后要考虑的方向。

本章的贡献和创新主要体现在以下三个方面。第一，将两类盈余管理活动分别进行考虑，实证检验了两种类型盈余管理活动对民营上市公司 CFO 和 CEO 薪酬水平的影响。国内外文献中对于盈余管理活动是否真的能够影响 CFO 货币薪酬的研究不多见，具体分析不同盈余管理活动的影响，有助于我们更加深刻理解中国民营上市公司盈余管理活动对薪酬水平的影响。第二，丰富了公司治理和高管薪酬领域的研究内容，考察了实际控股股东对 CFO 和 CEO 薪酬的影响，并分析了实际控制人在两类盈余管理和薪酬关系之间的调节作用。第三，进一步对董事会治理机制中的独立董事、非执行董事治理作用进行了分析，实证研究发现对我国监管机构和上市公司进一步完善公司治理具有一定的参考作用。

二、理论分析与研究假设

1. 两类盈余管理对 CFO 和 CEO 薪酬的影响

从 2002 年开始，证监会要求上市公司建立经理人绩效评价标准和激励约束机制，经理人的绩效评价应成为确定经理人薪酬及其他激励方式的依据[①]。绩效型报酬契约可以促使高管与股东利益保持一致，但也可能诱发高管更多的短期机会主义行为。传统公司治理对于高管的监督激励问题研究往往从 CEO 角度展开，或是采用高管团队的平均薪酬水平作为替代变量，将高管层作为一个整体来衡量，忽略了 CEO 和 CFO 等高管个体的差异，且由于变量选择和样本时间等关系，针对中国上市公司的研究结果并不完全一致。

部分研究结果表明，公司 CEO 的奖金、货币薪酬和股权激励计划和公司的应计制盈余管理程度正相关，从而认为 CEO 薪酬是诱发盈余管理行为的一个重要原因（Healy，1985；Holthausen et al.，1995；吕长江和赵宇恒，2008；李延喜等，2007）。与之相反，罗玫和陈运森（2010）的研究发现，建立以会计盈余为绩效评价指标的薪酬激励没有使得 CEO 更为显著地操纵盈余，而且王克敏和王志超（2007）的实证研究也指出，在考虑了 CEO 控制权之后，CEO 报酬和盈余管理之间的正相关关系并不显著了。最新研究也表明，自 2007 年以来，随着中国最新会计标准要求与国际化的趋同，中国上市公司整体的应计制盈余管理程度大幅度下降。同时，与国有控股上市公司相比，高质量的财务报告标准更为显著地降低了民营上市公司的应计制盈余管理程度（Ho et al.，2015）。针对 CEO 和 CFO 薪酬与公司财务报告质量之间的关系，也有研究的回归结果表明，董事会能够发挥与投资者有效沟通的作用、公司治理结构和治理机制更为完善，就可以使得薪酬激励契约发挥积极影响，解决 CEO 和 CFO 的委托代理问题，更好的财务信息质量可以带来 CEO 和 CFO 更高的薪酬水平（Hui and Matsunaga，2014）。

自安然、世通等大公司财务丑闻爆发以来，学术界和监管层都注意到公司 CFO 在财务和会计信息报告方面的重要作用。CFO 直接负责对会计信息的处理和财务报告的监督，其对于企业财务绩效和盈余质量的影响可能更大（Mian，2001；Geiger and North，2006；Graham et al.，2005；Chava and Purnanan-

---

① 参见证监会《上市公司治理准则》第五章第三节，2002 年 1 月 7 日。

dam，2010）。部分学者基于委托代理的私利假设或 CEO 压力假设，在控制 CEO 特征变量基础上实证考察了 CFO 对财务造假和盈余管理行为的影响。姜等（2010）发现 CFO 股权激励对于应计制盈余管理规模具有更大的敏感性，但冯等（2011）验证了 CFO 盈余管理和财务欺诈行为更多的是迫于 CEO 压力。国内方面，林大庞和苏冬蔚（2012）发现，正式实施股权激励会诱发盈余管理行为，CEO 股权激励效应要强于 CFO 股权激励效应；姜付秀等（2013）进一步发现，CEO 与 CFO 任期交错能够降低公司的应计项目盈余管理水平，管理层持股也会显著降低公司盈余管理水平，但 CEO 权力影响了任期交错对降低公司盈余管理的积极作用，直接提高了 CEO 的薪酬水平。从已有研究结果可以发现，针对 CEO 薪酬和盈余管理关系的研究较多，但考察盈余管理和 CFO 薪酬的研究尚不多见，而且多数文献关注的是应计制盈余管理。

　　近年来中国的会计绩效报酬考核和公司内外监管机制的不断完善，2007 年中国颁布了最新的《企业会计准则（CAS）》，财政部又于 2010 年发布《中国企业会计准则与国际财务报告准则持续全面趋同路线图》，CAS（Chinese Accounting Standard）和 IFRS（International Financial Reporting Standard）不仅在形式上实现了趋同，而且在实质上也呈现出趋同（Peng et al.，2008）。高质量的财务会计报告标准和资本市场监管制度的完善都降低了中国上市公司的应计制盈余管理活动，实质上限制了 CEO 或 CFO 通过应计制盈余管理实现私利动机的方式（Ho et al.，2015）。目前中国民营上市公司 CFO 或 CEO 等经理人的货币报酬已经处于较高的水平，在获得丰厚的绩效薪酬后，CFO 和 CEO 可能会在通过盈余管理获取短期利益和保持良好盈余质量以尽可能保证自身地位的选择之间进行权衡（黄文伴和李延喜，2011）。随着会计准则标准要求的提高和证监会监管的趋严[①]，都必然会减轻 CFO 或 CEO 通过容易被发现的应计制盈余管理来实现报酬私利的动机。此外，考虑到盈余管理动机可能并不来自基于会计盈余的薪酬激励，而是信息驱动等其他因素影响（Dechow et al.，1995；王跃堂，2000；张娟和黄志忠，2014），应计制盈余管理规模也可能和高管薪酬水平没有显著关系。

　　另外，真实活动盈余操纵对企业长期发展的危害性更大（李增福等，2011），从逻辑上来说，真实活动盈余管理的绝对值越大，其造成的负面影响将更长远。公司高管在明知长期损害存在的情况下，对真实活动盈余管理操纵

---

① 2011 年 4 月，证监会发布了《信息披露违法行为行政责任认定规则》，加大力度打击各类信息披露违法行为，提高上市公司信息披露质量。

的绝对值越大，也就更可能体现了有意为之的私利目的。既有研究也表明，无论是以货币薪酬衡量的短期报酬还是以股权期权衡量的长期报酬，都是和当期公司盈余管理活动的绝对值呈现显著的正相关关系，而且短期货币薪酬的影响更为显著（Hossain and Monroe，2015）。因此，出于私人报酬满足的原因，其故意操纵真实盈余的绝对值将越大，那么，真实活动盈余管理绝对值越高将会带来更高的高管货币薪酬水平。综上所述，形成如下研究假设。

假设 H7 - 1：其他条件不变的情况下，由于应计制盈余管理受到的限制和监管更趋严格，应计制盈余管理规模与 CFO、CEO 薪酬没有显著的关系。

假设 H7 - 2：其他条件不变的情况下，真实活动盈余管理绝对值越大，CFO 和 CEO 薪酬水平将越高。

公司治理的主要目标是实现公司控制权的有效制衡，通过盈余管理行为追加自身报酬往往是 CFO 或 CEO 在控制权制衡及外部监督机制条件下做出的次优选择，而且真实活动盈余管理乃至财务操纵造假行为的法律成本也是高管们需要考虑的一个因素。然而，高管直接的自利行为在自身权力有限及外部监督机制较强条件下并不容易满足。但是，一旦高管控制权增加，将打破公司内部股东、董事会与高管的权力制衡（王克敏和王志超，2007），CEO 可以凭借自身的影响力和手中权力来直接提高自己的货币薪酬水平（Bebchuk et al.，2003；权小锋等，2010）。基于此，提出如下研究假设：

假设 H7 - 3：其他条件不变的情况下，CEO 相对影响力越大，除了直接提高自身货币薪酬水平之外，也会通过真实活动盈余管理程度来间接地提升自身的货币薪酬，而且这种影响要大于真实活动盈余管理程度对 CFO 薪酬的影响。

2. 实际控股股东对盈余管理——CFO 和 CEO 薪酬关系的影响

不同于欧美国家上市公司的股权结构，中国民营上市公司的第一大股东持股比例较高，徐莉萍等（2006）发现，我国上市公司大股东合计持股比例的均值和中位数分别高达 54% 和 56%。在控制权与现金流权相分离的情况下，控股股东作为实际控制人可能会产生利用两权分离来掏空上市公司的私利动机，进而会侵害其他中小股东的利益（Claessens et al.，2002；蔡卫星和高明华，2010；周方召和潘鹏杰，2011），造成上市公司经营环境恶化、经营绩效下降，甚至亏损破产等（Johnson et al.，2000；Jiang et al.，2010）。与此同时，大股东攫取控制权私利的掏空动机又迫使其降低经理薪酬的业绩敏感性，以缓解利益侵占过程中面临的经理层阻力（刘善敏和林斌，2011；苏冬蔚和熊家财，2013）。李文洲等（2014）以中国 A 股上市公司数据为样本的实证研究也发现，大股东掏空会导致经理层薪酬与盈余管理之间的敏感性上升。尽管国内外已有文献较少从大股东掏空动机的角度来研究盈余管理和 CFO、CEO 薪酬关系，但上述的部分文献已经发现实际控股股东在盈余管理和 CEO 薪酬之间具有重要的调节作用。

实际上，无论是家族成员还是职业经理人，作为民营上市公司高管，当面临实际控制人大股东存在掏空动机的情况下，通过高管层的盈余管理行为可以配合大股东掩盖掏空的痕迹，这也会使得自身的薪酬收益不受到业绩大幅下降的牵连，而实际控股股东也会对配合其实施盈余管理的高管给予一定的薪酬奖励，存在掏空动机的大股东将会与高管之间存在"盈余合谋"的可能（李文洲等，2014）。由于中国民营上市公司股权结构较为集中，当大股东持股比例越高，其掏空动机的程度就会越低（吴育辉和吴世农，2011）。但是，当大股东两权分离程度较高时，由于现金流权远低于控制权，在法律保护和外部治理水平仍然较低的背景下，控股股东的掏空动机可能就会增强。此外，在上市公司中，多数民营企业都规定了 CFO 一般由 CEO 提名、董事会提名委员会审核和董事会聘任，这实际上是将财务负责人的选聘权力转移到了 CEO 的手中。从对公司的影响来看，CEO 作为公司最高管理负责人，既可以影响 CFO 的变更晋升，又可以对财务报告编制工作等施加影响力，盈余合谋的奖励效应可能更适用于 CEO 薪酬。基于以上分析，提出研究假设如下：

假设 H7-4：当实际控股股东的两权分离程度更高时，其更具掏空动机，将会通过给予实施盈余管理活动的 CFO 或 CEO 货币薪酬的奖励补偿，即民营上市公司最终控股股东两权分离程度越高，盈余管理程度与 CFO 和 CEO 薪酬之间关系显著为正，且对于 CEO 薪酬的影响要大于对 CFO 薪酬的影响。

第二节　研究设计

一、样本与数据

考虑到早期中国上市公司关于 CFO 和 CEO 薪酬及个体背景信息与董事会成员个体信息数据的缺失，以及计算盈余管理过程中所需变量的数据缺失问题，选取 2007~2013 年中国沪、深两市股票市场所有 A 股民营上市公司作为研究对象[①]。按照研究惯例，剔除了金融行业的公司、IPO 当年的公司样本、全部的 ST 和 *ST 上市公司和相关数据缺失的公司样本，并且对主要连续变量按照上下 1% 进行缩尾处理，最终获得了 1489 个公司—年度样本。

有关 CFO 和 CEO 薪酬、高管性别等个体背景特征变量、股权制衡变量、公司特征变量和计算盈余管理的财务数据均取自 CSMAR 数据库。其中，CFO 内外来源变量（Source）通过对 Wind 数据库中高管的背景经历进行识别，并利用百度搜索进行相互验证，我们将近三年自公司外部调任定义为外部来源的 CFO，自本公司内部提升则为内部来源 CFO。借鉴陆正飞和胡诗阳（2015）的研究方法，通过对 CSMAR 数据库提供的董事会人员代码信息进行整理，利用 CSMAR 的职务类别十位编码进行分类，分离出执行董事和外部董事，进而确定了非执行董事和独立董事人数。CEO 相对于 CFO 影响力变量（C_C_Power）则是借鉴了权小锋等（2010）的研究思路，通过对 CEO 和 CFO 的经历、职位、地位、教育背景和年龄等分别赋分求和，从而得到二者各自的影响力分数，然后求得 CEO 影响力得分与 CFO 影响力得分之比作为衡量变量。具体的赋分指标包括了二者年龄、学历、专业背景、是否董事会成员、是否高管团队成员、具体职务、是否具有学术背景、是否在股东单位兼任，每项指标赋为 0 ~ 1，政治联系层级的得分为 1 ~ 3，学历教育背景的得分在 0 ~ 3 之间，例如学历为博士的取值为 3，中专及以下学历的取值为 0。

二、盈余管理的度量

1. 应计盈余管理

我们采用学者较为常用的德肖等（Dechow et al. , 1995）修正 JONES 模型，用可操纵性应计（DA）进行计量，并对行业与年份进行控制，模型如下：

$$Earning = CFO + TA$$
$$TA = \alpha_1(1/A_{t-1}) + \alpha_2(\Delta REV_t - \Delta REC_t)/A_{t-1} + \alpha_3(PPE_t/A_{t-1}) + \varepsilon$$
$$NDA = \alpha_1(1/A_{t-1}) + \alpha_2(\Delta REV_t - \Delta REC_t)/A_{t-1} + \alpha_3(PPE_t/A_{t-1}) + \varepsilon$$

$$(7-1)$$

其中，Earning 表示会计盈余息税前利润，TA 表示总应计利润，DA 为可操控性应计利润，NDA 为不可操控性利润，ΔRET_t 为 t 期与 t − 1 期间的销售

---

① 2006 年推行股权分置改革对公司财务数据存在较大影响，所以没有考虑 2006 年的数据。

收入变动额，ΔREC_t 表示 t 期与 t-1 期的应收账款变动额，PPE_t 为 t 期末的固定资产，A_{t-1} 是 t 期期初总资产。

2. 真实活动盈余管理

依据已有的研究思想方法，由真实经营现金流（CFO）、可操作费用（DIS）、生产成本（PROD）三个单独模型，分别回归推导出异常现金流（REM_CFO）、异常可操作费用（REM_DIS）和异常生产成本（REM_PROD），并对行业与年份进行控制，模型如下：

$$CFO_t/A_{t-1} = \alpha_0 + \alpha_1(1/A_{t-1}) + \alpha_2(S_t/A_{t-1}) + \alpha_3(\Delta S_t/A_{t-1}) + \varepsilon_t$$

$$DIS_t/A_{t-1} = \alpha_0 + \alpha_1(1/A_{t-1}) + \alpha_2(S_{t-1}/A_{t-1}) + \varepsilon_t$$

$$COGS_t/A_{t-1} = \alpha_0 + \alpha_1(1/A_{t-1}) + \alpha_2(S_t/A_{t-1}) + \varepsilon_t$$

$$\Delta INV_t/A_{t-1} = \alpha_0 + \alpha_1(1/A_{t-1}) + \alpha_2(\Delta S_t/A_{t-1}) + \alpha_3(\Delta S_t - 1/A_{t-1}) + \varepsilon_t$$

$$PROD_t/A_{t-1} = \alpha_0 + \alpha_1(1/A_{t-1}) + \alpha_2(S_t/A_{t-1}) + \alpha_3(\Delta S_t/A_{t-1})$$
$$+ \alpha_4(\Delta S_{t-1}/A_{t-1}) + \varepsilon_t$$

$$REM = REM\_PROD - REM\_CFO - REM\_DIS \qquad (7-2)$$

其中，CFO 是 t 时期经营活动产生的自由现金流量净额，A_{t-1} 是 t 期期初总资产，S_t 是 t 期营业收入，ΔS_t 是 t 期与 t-1 期营业收入的变化，DIS_t 是 t 期可操作费用，为销售费用和管理费用之和，其余指标释义同上。在已有的异常可操纵费用的计量中还包括了研发费用，考虑到我国研发费用披露时期较晚，并且数据量少、缺失值较多，故未将研发费用纳入其中。$PROD_t$ 是 t 期的产品总成本，包括产品销售成本（COGS）和存货变动（ΔINV）两部分，模型中分别列示了影响销售成本和存货变动的因素，并将其汇总为生产成本（PROD）这一综合指标。为削弱噪音，分别用期初总资产对被解释变量、解释变量进行平减处理。既有研究显示异常现金流与异常可操纵费用正相关，且皆与异常生产成本负相关，即异常现金流、异常可操作费用越低，异常生产成本越高，真实活动盈余管理程度越强（Gunny，2005；Roychowdhury，2006），故构建 REM 总指标，如模型（7-2）所示。

三、回归模型和变量说明

针对主要研究目的，一方面综合借鉴国内外研究高管薪酬问题的主要回归模型（Leone et al.，2006；方军雄，2009；陈胜蓝和卢锐，2012），另一方面也结合中国民营上市公司的具体特征，建立基准回归模型如下：

$$Compensation_{i,t} = \beta_0 + \beta_1 Earnings_{i,t-1} + \beta_2 Power_{i,t-1} + \beta_3 Duality_{i,t-1} + \gamma Z_{i,t-1} + \omega$$

$$(7-3)$$

在模型（7-3）中，因变量是薪酬变量（Compensation），包括了 CFO 薪酬的自然对数（LnCFO）和 CEO 薪酬的自然对数（LnCEO）。自变量中，盈余管理变量（Earnings）具体包括了应计制盈余管理和真实活动盈余管理的绝对量，Power 是经过计算得到的 CEO 相对于 CFO 的影响力指标，Duality 代表实际控制人是否兼任公司 CEO。借鉴已有研究成果，考虑到公司个体特征因素的影响，控制变量集合 Z 中，包括了公司规模（Size）、公司负债率（Lev）、公司资产收益率（ROA）等体现公司特征的控制变量（Bergstresser and Philippon，2006；胡奕明和唐松莲，2008；姜付秀等，2013）。中国民营公司上市方式的不同也会影响到企业的财务决策和薪酬水平，首发上市和买壳上市公司中，实际控制人的掏空动机大小有显著差异（牛建波和李盛楠，2007；王克敏等，2009）。因此，考虑中国民营上市公司的"出身"差异，控制变量中还包括了公司民营化方式（Direct）。崔西等（Tsui et al.，2002）和姜付秀等（2013）都指出，应在研究中控制多个人口变量的特征，考虑到 CFO 的个体特征也会对薪酬水平产生影响，我们也进一步控制了 CFO 个人性别（Gender）、年龄（Age）和 CFO 是否来自本公司内部（Source）等变量。变量定义和说明见表 7-1。

表 7-1 　　　　　　　　　　　　　　　　变量定义和说明

变量类型	变量名称	变量含义	计算方法
高管薪酬变量	LnCFO	CFO 薪酬水平	CFO 货币薪酬的自然对数
	LnCEO	CEO 薪酬水平	CEO 货币薪酬的自然对数
公司盈余管理变量	Rem	真实活动盈余管理	异常生产成本—异常可操作费用—异常现金流（Roychowdhury，2006）
	Da	应计盈余管理	Dechow 等修正 Jones 模型（1995）求得的可操纵性应计
	Absrem	真实活动盈余管理绝对量	Rem 的绝对值
	Absda	应计盈余管理绝对量	Da 的绝对值
公司治理变量	C_C_Power	CEO 对 CFO 相对影响力	CEO 影响力/CFO 影响力（权小锋等，2010；Feng et al.，2011）
	Controlduality	实际控制人兼任	公司实际控制人兼任董事长或总经理为 1，否则为 0
	Independent	独立董事比例	董事会中独立董事人数占比
	Nonexecutive	非执行董事比例	董事会中非执行董事人数占比

续表

变量类型	变量名称	变量含义	计算方法
公司特征和股权结构变量	ROA	资产收益率	净利润/资产总额
	Direct	公司民营化方式	发起上市时是自然人或民营企业为 0，否则为 1
	Size	公司规模	公司总资产的自然对数
	TQ	公司市场价值	公司的托宾 Q 值
	Lev	资本结构	总负债/总资产
	S	S 指数	第二到第十股东持股比例之和/第一大股东持股比例
	Z	Z 指数	第二大股东持股比例/第一大股东持股比例
CFO 特征	Source	CFO 来源变量	CFO 来自公司内部取值为 0，否则为 1
	CFO_Age	CFO 年龄	CFO 的实际年龄
	CFO_Gender	CFO 的性别	女性 CFO 取值为 1，男性 CFO 取值为 0
年份和行业哑变量	Year	年度虚拟变量	样本期间为 2008～2013 年，定义 5 个年度哑变量
	IND	行业虚拟变量	根据证监会《上市公司行业分类指引》（2001）二级代码分类设置哑变量，剔除金融行业

第三节　实证结果与分析

一、描述性统计结果

表 7-2 列示了主要变量的描述性统计结果。其中，高管薪酬变量中，CEO 薪酬的均值为 56.52 万元，中位数为 42.43 万元，最大值为 470.71 万元，最小值为 2.4 万元，表明 CEO 实际薪酬分布不均匀，差距较为悬殊，CFO 的薪酬分布也呈现出这一特点，并且 CFO 薪酬水平总体显著低于 CEO。在盈余管理变量中，从 Rem 和 Da 的绝对量来看，真实活动盈余管理的程度（Absrem）反而相对更高，这表明真实活动盈余管理正逐渐受到公司高管的青睐，实施幅度有提升的迹象。公司治理变量中，CEO 对 CFO 的相对影响力（C_C_Power）平均值和中位数较为接近，分别为 1.2427 和 1.1429，但与最大值 8 的差距较大，表明 CEO 对 CFO 存在一定的影响力，但影响力程度相对较弱。非执

表 7 - 2   主要变量描述性统计

变量	均值	中位数	标准差	最小值	最大值	样本量
CEO_pay	565212.3	424300	514080.7	24000	4707100	1489
CFO_pay	325645.9	250000	289681.8	16670	3099900	1489
Absrem	0.1707	0.1171	0.1840	0.0001	1.4878	1489
Absda	0.0676	0.0483	0.0673	0.00001	0.5655	1489
C_C_power	1.2427	1.1429	0.6465	0.0000	8.0000	1489
Controllerduality	0.7119	1.0000	0.4530	0.0000	1.0000	1489
Nonexecutive	0.2946	0.2857	0.1515	0.0000	0.8889	1489
Independent	0.3692	0.3333	0.0506	0.2500	0.6667	1489
Lev	0.4298	0.4341	0.1940	0.0409	0.9212	1489
Size	21.6031	21.5282	0.9587	18.9508	24.2847	1489
S	0.8645	0.6894	0.7429	0.0084	6.6832	1489
Z	0.3351	0.2501	0.2730	0.0016	1.0000	1489
ROA	0.0428	0.0361	0.0649	-0.1975	1.7058	1489
Direct	0.2619	0.0000	0.4398	0.0000	1.0000	1489
CFO_gender	0.3324	0.0000	0.4712	0.0000	1.0000	1489
Source	0.3533	0.0000	0.4781	0.0000	1.0000	1489

注：为直观起见，在描述性统计中，CFO 和 CEO 薪酬采用了原始数据，但在相关性分析和回归分析中采用了对数值。

行董事比例（Nonexecutive）的均值为 29.46%，独立董事比例（Independent）的均值为 36.92%，基本符合公司治理的相关标准和规定。实际控制人兼任董事长或总经理的比例（Controllerduality）较高，超过 70%，说明民营上市公司实际控股股东更倾向于直接参与公司的管理。在 CFO 特征变量中，女性比例为 33.24%，表明 CFO 中有 1/3 是女性，反映了女性高管的能力和地位越发受到重视，CFO 来源变量（Source）数据显示，35.33% 来自公司外部，更多的是来自公司内部，表明"近亲繁殖"仍然较为普及。

二、两类盈余管理与 CFO、CEO 薪酬

基于本部分研究的主要目的，我们首先考察两类盈余管理规模对 CFO 和 CEO 薪酬的影响，考虑到模型的内生性问题，所使用的两类盈余管理变量绝对值和控制变量均为当期数据，CFO 薪酬和 CEO 薪酬作为被解释变量均采用

滞后一期的数据。同时，样本是由不同公司在不同年份组成的混合数据（pool data），所以在回归过程中使用了聚类（clustering）方法来调整系数估计值的标准误。表 7 - 3 列示了应计制盈余管理绝对值的回归结果，可以发现，以应计制盈余管理绝对值衡量的盈余管理规模（Absda）对 CFO 和 CEO 货币薪酬的影响为负，但在统计意义上均不显著（Absda 的回归系数在各列均不显著），这支持了假设 H7 - 1 的内容，即目前应计制盈余管理并没有体现出 CFO 或 CEO 的私利动机。实际上，2007 年之后，随着中国企业会计准则（CAS）与国际标准趋同、对应计盈余管理活动的监督趋严，很多 CFO 或 CEO 必然会避免采取应计制盈余管理来提升自身薪酬。从国际上来看，应计制盈余管理较容易被发现的特点也使得公司更多转向于较为隐蔽的真实活动盈余管理（Cohen et al, 2008）。表 7 - 3 的列（6）和列（8）中，CEO 相对影响力变量的回归系数显著为正，且对 CEO 自身货币薪酬水平具有直接的、显著的促进作用（C_C_Power 均在 5% 水平上显著为正）。

表 7 - 3　　　　　　　　　应计制盈余管理绝对值与 CFO、CEO 薪酬

变量	(1) lncfopay	(2) lncfopay	(3) lncfopay	(4) lncfopay	(5) lnceopay	(6) lnceopay	(7) lnceopay	(8) lnceopay
Absda	-0.1814 (-0.74)			-0.2402 (-0.98)	-0.2891 (-1.09)			-0.3026 (-1.14)
C_C_Power		0.0029 (0.12)		-0.0033 (-0.13)		0.0772 ** (2.85)		0.0744 ** (2.74)
Controlduality			0.1378 *** (3.62)	0.1405 *** (3.67)			0.0656 (1.58)	0.0621 (1.49)
Independent	-0.4188 (-1.22)	-0.4317 (-1.26)	-0.4395 (-1.30)	-0.4188 (-1.23)	-0.4336 (-1.18)	-0.5785 (-1.57)	-0.4589 (-1.25)	-0.5626 (-1.52)
Nonexecutive	0.1473 (1.29)	0.1468 (1.29)	0.2094 * (1.84)	0.2124 * (1.85)	0.1142 (0.93)	0.0811 (0.66)	0.1430 (1.15)	0.1090 (0.88)
S	0.0176 (0.50)	0.0171 (0.49)	0.0090 (0.26)	0.0096 (0.27)	0.0091 (0.24)	0.0061 (0.16)	-0.0045 (-0.12)	0.0030 (0.08)
Z	0.1346 (1.40)	0.1351 (1.41)	0.1277 (1.34)	0.1267 (1.33)	0.0359 (0.34)	0.0393 (0.38)	0.0332 (0.32)	0.0354 (0.34)
CFO_source	0.0639 * (1.87)	0.0626 * (1.83)	0.0646 * (1.90)	0.0663 * (1.94)				
CFO_age	0.0076 *** (2.87)	0.0078 ** (2.95)	0.0077 ** (2.99)	0.0074 ** (2.81)				

续表

变量	(1) lncfopay	(2) lncfopay	(3) lncfopay	(4) lncfopay	(5) lnceopay	(6) lnceopay	(7) lnceopay	(8) lnceopay
CFO_gender	-0.0772 ** (-2.24)	-0.0070 ** (-2.24)	-0.0698 ** (-2.03)	-0.0699 ** (-2.04)				
Direct	-0.0665 * (-1.68)	-0.0664 * (-1.68)	-0.0316 (-0.78)	-0.0304 (-0.75)	-0.0426 (-0.99)	-0.0423 (-0.99)	-0.0269 (-0.61)	-0.0263 (-0.60)
Size	0.2939 *** (13.63)	0.2939 *** (13.62)	0.2921 *** (13.60)	0.2918 *** (13.58)	0.3311 *** (14.19)	0.3336 *** (14.33)	0.3306 *** (14.17)	0.3321 *** (14.26)
TQ	0.0622 *** (3.90)	0.0622 *** (3.90)	0.0635 *** (3.99)	0.0643 *** (4.04)	0.0763 *** (4.40)	0.0749 *** (4.34)	0.0758 *** (4.38)	0.0765 *** (4.43)
ROA	1.8801 *** (7.32)	1.8794 *** (7.31)	1.8653 *** (7.29)	1.8722 *** (7.31)	1.5415 *** (5.51)	1.5081 *** (5.40)	1.5253 *** (5.45)	1.5105 *** (5.41)
Lev	0.0203 (0.19)	0.0204 (0.19)	0.0363 (0.35)	0.0447 (0.42)	-0.1016 (-0.88)	-0.1098 (-0.96)	-0.1040 (-0.90)	-0.0921 (-0.80)
Year	Yes	Yes	Yes	Yes	Yes	Yes	Yes	Yes
IND	Yes	Yes	Yes	Yes	Yes	Yes	Yes	Yes
Number	1489	1489	1489	1489	1489	1489	1489	1489
A – R^2	0.3231	0.3233	0.3295	0.3290	0.2979	0.3013	0.2986	0.3020

注：括号中为 t 值，***、**、* 分别表示在 1%、5% 和 10% 水平上显著，回归模型的被解释变量均为取自然对数后的货币薪酬水平，表格省略了年度、行业哑变量和常数项的回归结果（下同）。

表 7-4 中的回归结果表明，真实活动盈余管理绝对值（Absrem）对 CFO 货币薪酬的回归系数为 0.1976，对 CEO 货币薪酬的回归系数为 0.2203，且都在 5% 水平上显著为正，这说明从事真实盈余管理的程度越高的确能够提升 CFO 和 CEO 的货币薪酬，由于真实活动盈余管理带来的后期影响更大，高管有意为之的真实活动盈余管理规模越大越有可能是出于自身私利动机。这一结果与假设 H7-2 相一致，说明真实活动盈余操控程度越高，越是能够满足高管的私利动机，而且从回归系数的大小来看，真实活动盈余管理规模对与 CEO 薪酬的影响要大于对 CFO 薪酬的影响。同样，CEO 相对影响力回归系数（C_C_Power）仍然在 5% 水平上显著为正，这说明 CEO 不仅可以通过真实活动盈余管理程度来获得高的薪酬，而且也会通过利用自身的相对影响力直接获得更高的私利薪酬，这一结果与多数国内外文献的研究结论相一致。此外，我们也发现，当实际控股股东兼任 CEO 时，会提高 CFO 的薪酬水平（Controlduality 的回归系数是 0.1346，在 1% 水平上显著）。

表 7 - 4　　　　　　　　　真实活动盈余管理绝对值与 CFO、CEO 薪酬

变量	(1) lncfopay	(2) lncfopay	(3) lnceopay	(4) lnceopay
Absrem	0.2118 ** (2.22)	0.1976 ** (2.08)	0.2218 ** (2.15)	0.2203 ** (2.14)
C_C_Power		-0.0011 (-0.04)		0.0761 ** (2.80)
Controlduality		0.1346 *** (3.53)		0.0551 (1.33)
Independent	-0.4769 (-1.41)	-0.4839 (-1.42)	-0.971 (-1.35)	-0.6284 * (-1.70)
Nonexecutive	0.1415 (1.25)	0.2022 * (1.76)	0.1073 (0.87)	0.0985 (0.79)
S	0.0116 (0.33)	0.0040 (0.11)	0.0028 (0.07)	-0.0028 (-0.07)
Z	0.1500 (1.56)	0.1419 (1.48)	0.0520 (0.50)	0.0519 (0.50)
CFO_source	0.0557 * (1.67)	0.0582 * (1.71)		
CFO_age	0.0079 ** (3.08)	0.0079 ** (3.01)		
CFO_gender	-0.0728 ** (-2.12)	-0.0660 * (-1.92)		
Direct	-0.0660 * (-1.67)	-0.0319 (-0.79)	-0.0429 (-1.00)	-0.0283 (-0.64)
Size	0.2921 *** (13.56)	0.2905 *** (13.53)	0.3297 *** (14.15)	0.3309 *** (14.22)
TQ	0.0572 *** (3.55)	0.0588 *** (3.66)	0.0697 *** (3.99)	0.0699 *** (4.01)
ROA	1.7846 *** (6.86)	1.7768 *** (6.85)	1.4324 *** (5.05)	1.4020 *** (4.96)
Lev	0.0011 (0.01)	0.0180 (0.17)	-0.1318 (-1.14)	-0.1234 (-1.07)

续表

变量	(1)	(2)	(3)	(4)
	lncfopay	lncfopay	lnceopay	lnceopay
Year	Yes	Yes	Yes	Yes
IND	Yes	Yes	Yes	Yes
Number	1489	1489	1489	1489
$A-R^2$	0.3256	0.3306	0.2996	0.3036

注：括号中为 t 值，***、**、* 分别表示在 1%、5% 和 10% 水平上显著，回归模型的被解释变量均为取自然对数后的货币薪酬水平，表格省略了年度、行业哑变量和常数项的回归结果（下同）。

为了验证研究假设 H7-3 和提供更为稳健的结果，我们对样本进行分组，以 CEO 相对影响力（C_C_Power）中值划分样本为高影响力（h_power）和低影响力（l_power）两组分别进行回归，结果在表 7-5 中列示。从表 7-5 的列（1）、列（2）和列（5）的回归结果可以发现，无论是在高影响力组（h_power）还是在低影响力组（l_power），应计制盈余管理绝对值（Absda）对于 CFO 货币薪酬均没有显著影响，这也和我们之前的分析结果相一致。而在列（3）中，Absrem 的回归系数是 0.2773 且在 10% 水平上显著为正，这表明在 CEO 相对影响力较高的样本中，真实活动盈余管理程度越高，则 CFO 的货币薪酬水平越高，此时控股股东兼任 CEO 的回归系数（Controlduality）的显著性水平虽然发生了变化，但仍然是边际显著的（10%），以上结果体现了具有相对较高影响力的 CEO 可以通过提高真实活动盈余管理程度进而支付 CFO 更高的货币报酬来实现收买行为。

表 7-5 两类盈余管理绝对值的分组回归结果（C_C_Power）

变量	(1) lncfopay (h_power)	(2) lncfopay (l_power)	(3) lncfopay (h_power)	(4) lncfopay (l_power)	(5) lnceopay (h_power)	(6) lnceopay (l_power)	(7) lnceopay (h_power)	(8) lnceopay (l_power)
Absda	0.1741 (0.46)	-0.3365 (-1.03)			0.1213 (0.32)	-0.6286 * (-1.67)		
Absrem			0.2773 * (1.92)	0.1374 (1.06)			0.2821 ** (2.01)	0.0447 (0.30)
Controlduality	0.1108 * (1.89)	0.1483 ** (2.88)	0.1044 * (1.79)	0.1478 ** (2.87)	-0.0399 (-0.68)	0.1493 ** (2.49)	-0.0489 (-0.83)	0.1489 ** (2.48)

续表

变量	（1）lncfopay（h_power）	（2）lncfopay（l_power）	（3）lncfopay（h_power）	（4）lncfopay（l_power）	（5）lnceopay（h_power）	（6）lnceopay（l_power）	（7）lnceopay（h_power）	（8）lnceopay（l_power）
Independent	-0.5587（-1.13）	-0.2754（-0.58）	-0.5693（-1.16）	-0.3574（-0.75）	-0.5337（-1.08）	-0.3308（-0.60）	-0.5521（-1.12）	-0.4046（-0.73）
Nonexecutive	0.2892（1.51）	0.1574（1.01）	0.2848（1.63）	0.1528（0.98）	0.1832（1.05）	-0.0340（-0.19）	0.1793（1.03）	-0.0389（-0.21）
S	0.0019（0.04）	0.0268（0.54）	-0.0044（-0.09）	0.0246（0.49）	-0.0054（-0.10）	-0.0155（-0.27）	-0.0117（-0.22）	-0.0147（-0.25）
Z	0.3193 **（2.26）	-0.0271（-0.19）	0.3438 **（2.53）	-0.0222（-0.16）	0.1299（0.95）	0.0798（0.49）	0.1541（1.12）	0.0797（0.49）
CFO_source	0.0667（1.32）	0.0737（1.57）	0.0699（1.39）	0.0663（1.39）				
CFO_age	0.0034（0.87）	0.0124 **（3.34）	0.0036（0.95）	0.0130 **（3.11）				
CFO_gender	-0.1862 ***（-3.77）	0.0185（0.38）	-0.1784 ***（-3.61）	0.0195（0.40）				
Direct	-0.0401 *（-0.64）	0.0317（0.55）	-0.0333（-0.54）	0.0287（0.50）	-0.0129（-0.21）	0.0379（0.57）	-0.0079（-0.13）	0.0375（0.56）
Size	0.2218 ***（6.87）	0.3359 ***（11.05）	0.2184 ***（6.78）	0.3395 ***（11.20）	0.2900 ***（8.92）	0.3327 ***（9.48）	0.2861 ***（8.83）	0.3389 ***（9.69）
TQ	0.0445 *（1.66）	0.0817 ***（3.79）	0.0371（1.37）	0.0783 ***（3.60）	0.0609 **（2.24）	0.0774 **（3.10）	0.0529 *（1.94）	0.0751 **（2.97）
ROA	1.4541 ***（4.91）	2.6972 ***（5.32）	1.4188 ***（4.80）	2.4781 ***（4.65）	0.7470 **（2.49）	3.2678 ***（5.54）	0.7094 **（2.37）	3.1249 ***（5.03）
Lev	0.1051（0.71）	-0.0652（-0.42）	0.0923（0.64）	-0.1099（-0.70）	-0.3016 **（-2.05）	0.2227（-1.22）	-0.3175 **（-2.17）	0.1765（0.96）
Year	Yes	Yes	Yes	Yes	Yes	Yes	Yes	Yes
IND	Yes	Yes	Yes	Yes	Yes	Yes	Yes	Yes
Number	726	763	726	763	726	763	726	763
A - R²	0.3329	0.3788	0.3363	0.3788	0.3281	0.3265	0.3317	0.3239

注：括号中为 t 值，***、**、*分别表示在 1%、5% 和 10% 水平上显著。

　　在表 7-5 列（7）的结果中，Absrem 的回归系数是 0.2821 且在 5% 水平上显著，证实了在 CEO 相对影响力较高样本中，真实活动盈余管理绝对值的确能够引起 CEO 货币薪酬水平的提升。而且从显著性水平和系数大小来看，列（7）和列（5）中，Absrem 对 CEO 薪酬的影响更大（回归系数为0.2821，且在 5% 水平上显著），对于 CFO 薪酬的回归系数为 0.2773（1%水平上显著）。以上的结果反映了这样一个解释，即 CEO 相对 CFO 的影响力越大，CEO 越有可能利用真实活动盈余管理来实现自身的私利，并且本研究的中国民营上市公司数据经验结果支持了冯等（2011）的结论，即在真实活动盈余管理中，CEO 更具影响力。表 7-5 的列（4）和列（8）中，真实活动盈余管理程度对于 CEO 相对影响力较低样本中的 CFO 和 CEO 货币薪酬均没有显著的影响，这也解释了只有 CEO 具有较高相对影响力时，才能够通过真实活动盈余管理程度来支付 CFO 或 CEO 自身的高薪酬水平。同时，在 CEO 相对影响力较低样本中，如表 7-5 的列（6）所示，应计制盈余管理绝对值的回归系数（Absda）是 -0.6286，且在 10% 水平上边际显著，这一结果的可能原因恰恰是由于 CEO 的相对影响力较低，所以采取应计制盈余管理程度越高，反而会给 CEO 自身带来货币薪酬上的惩罚，从而降低其报酬水平。这一结果与最新研究结论（Hui and Matsunaga，2015）相一致。

三、实际控股股东两权分离程度的影响

为了考察实际控股股东的两权分离程度对于盈余管理和高管薪酬关系的影响，并检验假设 H7-4，我们首先借鉴已有文献关于两权分离程度体现掏空动机的研究思路（Claessens et al.，2002；王鹏和周黎安，2006），以实际控股股东控制权和现金流权相对分离程度的中值为划分标准对样本进行分组回归，针对 CFO 和 CEO 薪酬的具体回归结果分别在表 7-6 和表 7-7 中列示。

表 7-6 的列（1）~ 列（4）报告了两类盈余管理的绝对值对于 CFO 薪酬的影响，从中可以发现，无论控股股东两权分离程度大小，应计制盈余管理绝对值对 CFO 薪酬均没有显著的影响，这与之前的回归结果相一致。而表 7-6的列（3）中，真实活动盈余管理绝对值（Absrem）对于 CFO 薪酬有显著的正向影响（回归系数为 0.3409，且在 5% 水平上显著），这与我们的研究假设H7-4 相一致，即具有掏空动机的两权分离程度较高的公司中，控股股东会对从事了更大程度真实活动盈余管理的 CFO 支付更高的薪酬，体现了控股股东对 CFO 的收买动机和合谋关系。

表 7 - 6 实际控股股东两权分离程度的分组回归结果（CFO 薪酬）

变量	(1)	(2)	(3)	(4)
	lncfopay	lncfopay	lncfopay	lncfopay
dp（media = 1. 177）	dp ≥ 中值	dp < 中值	dp ≥ 中值	dp < 中值
Absda	- 0. 3420 (- 0. 99)	- 0. 3593 (- 1. 05)		
Absrem			0. 3409 ** (2. 35)	0. 0066 (0. 05)
C_C_power	0. 0165 (0. 44)	- 0. 0147 (- 0. 42)	0. 0192 (0. 52)	- 0. 0149 (- 0. 43)
controldualty	0. 0915 * (1. 79)	0. 2222 *** (3. 44)	0. 0835 * (1. 69)	0. 2192 *** (3. 38)
Independent	- 1. 9671 *** (- 3. 45)	0. 3171 (0. 75)	- 1. 9825 *** (- 3. 48)	0. 2961 (0. 69)
Nonexcutive	0. 0598 (0. 35)	0. 2177 (1. 42)	0. 0435 (0. 26)	0. 2170 (1. 41)
S	- 0. 0633 (- 1. 05)	0. 0208 (0. 46)	- 0. 0844 (- 1. 40)	0. 0218 (0. 48)
Z	0. 1607 (1. 09)	0. 1895 (1. 48)	0. 2009 (1. 36)	0. 1893 (1. 48)
CFO_Source	0. 0499 (0. 94)	0. 0741 (1. 59)	0. 0465 (0. 88)	0. 0693 (1. 49)
CFO_age	- 0. 0006 (- 0. 14)	0. 0156 *** (4. 26)	0. 0001 (0. 02)	0. 0157 *** (4. 29)
CFO_gender	- 0. 0554 (- 1. 05)	- 0. 0120 (- 0. 25)	- 0. 0493 (- 0. 93)	- 0. 0112 (- 0. 23)
Direct	- 0. 0831 (- 1. 53)	0. 0708 (1. 02)	- 0. 0854 (- 1. 58)	0. 0698 (1. 00)
Size	0. 2789 *** (9. 10)	0. 2972 *** (9. 29)	0. 2800 *** (9. 16)	0. 2994 *** (9. 36)
TQ	0. 0845 *** (3. 53)	0. 0239 (1. 01)	0. 0792 *** (3. 33)	0. 0238 (0. 98)

续表

变量	（1）	（2）	（3）	（4）
	lncfopay	lncfopay	lncfopay	lncfopay
ROA	1.4131 *** (4.71)	2.6784 *** (5.09)	1.3454 *** (4.47)	2.6269 *** (4.85)
Lev	0.1055 (0.66)	0.2497 (1.64)	0.0689 (0.43)	0.2322 (1.51)
Year	Yes	Yes	Yes	Yes
IND	Yes	Yes	Yes	Yes
Number	745	744	745	744
A – R^2	0.3894	0.3476	0.3934	0.3466

注：括号中为 t 值，***、**、*分别表示在 1%、5% 和 10% 水平上显著。

　　表 7 - 7 报告了两类盈余管理绝对值对 CEO 薪酬影响的分组回归结果，同样根据实际控股股东两权相对分离程度的中值进行分组回归和列示。从表 7 - 7 的列（1）和列（3）中我们也可以发现，当控股股东控制权和现金流权分离程度更高时，应计制盈余管理绝对值（Absda）对于 CEO 薪酬没有显著影响，但真实活动盈余管理绝对值（Absrem）的影响依旧是显著为正的（回归系数为 0.3515，且在 5% 水平上显著），并且表 7 - 7 中的回归系数也要大于表 7 - 6 中 Absrem 对于 CFO 薪酬的回归系数（0.3515 > 0.3409）。此外，在两权相对分离程度更高的样本中，CEO 相对影响力越大就越可以直接提升自身的货币薪酬水平，特别是在列（3）中，引入了真实活动盈余管理程度（Absrem）之后，CEO 相对影响力的回归系数（C_C_power）仍然保持在 1% 水平上显著；同时，在列（3）和列（4）中，ROA 的回归系数明显不同，较高的控股股东两权分离程度明显地降低了 CEO 的薪酬绩效敏感性（ROA 的回归系数为 1.0633，在 5% 水平上显著；而列（4）中 ROA 回归系数为 2.4510，在 1% 水平上显著）。以上的结果也从一个侧面反映了控股股东的掏空动机会影响到真实活动盈余管理程度与高管薪酬的关系，具有较高两权分离程度的控股股东更倾向于和 CEO 合谋，并通过盈余管理来支付更高的货币薪酬。

表7-7   实际控股股东两权分离程度的分组回归结果（CEO 薪酬）

变量	（1）	（2）	（3）	（4）
	lnceopay	lnceopay	lnceopay	lnceopay
dp（media = 1.177）	dp > = 中值	dp < 中值	dp > = 中值	dp < 中值
Absda	- 0.2946 （ - 0.76）	- 0.4039 （ - 1.13）		
Absrem			0.3515 ** （2.17）	- 0.0204 （ - 0.15）
C_C_power	0.1291 *** （3.11）	0.0108 （0.29）	0.1316 *** （3.19）	0.0102 （0.28）
Independent	- 0.4099 （ - 0.49）	- 0.3459 （0.82）	- 0.3932 （ - 0.47）	- 0.4078 （ - 0.97）
Nonexcutive	0.2745 （1.44）	- 0.0964 （ - 0.60）	0.2578 （1.35）	- 0.0965 （ - 0.60）
S	- 0.0419 （ - 0.62）	0.0025 （0.05）	- 0.0629 （ - 0.93）	0.0042 （0.08）
Z	0.1120 （0.68）	0.0510 （0.38）	0.1526 （0.93）	0.0487 （0.36）
Direct	- 0.1006 （ - 1.34）	- 0.1344 （ - 1.05）	- 0.1026 （ - 1.47）	0.0393 （0.68）
Size	0.2995 *** （8.75）	0.3706 *** （11.05）	0.3006 *** （8.81）	0.3735 *** （11.14）
TQ	0.0826 *** （3.09）	0.0581 ** （2.35）	0.0776 *** （2.92）	0.0590 ** （2.33）
ROA	1.1344 *** （3.39）	2.4798 *** （4.49）	1.0633 ** （3.17）	2.4510 *** （4.32）
Lev	0.0157 （0.09）	0.0181 （0.11）	- 0.0201 （ - 0.11）	0.0031 （0.02）
Year	Yes	Yes	Yes	Yes
IND	Yes	Yes	Yes	Yes
Number	745	744	745	744
A - R^2	0.3115	0.3991	0.3156	0.3980

注：括号中为 t 值，*** 、 ** 、 * 分别表示在 1% 、 5% 和 10% 水平上显著。

四、内生性问题与稳健性检验

首先，在本章前面的回归过程中，已经考虑了盈余管理活动对薪酬影响的滞后性，我们以应计盈余管理和真实活动盈余管理绝对值的滞后一期变量纳入回归模型，计量过程中对可能存在的内生性问题已进行了处理。同时，为了进一步检验盈余管理程度和 CFO、CEO 薪酬之间可能存在的互为因果的内生性问题，我们也参考夏纪军和张晏（2008）的做法，在前文的回归过程之前，首先就 CFO 薪酬、CEO 薪酬对两类盈余管理绝对值的影响进行了检验。回归结果在表 7 - 8 中列示，CFO 薪酬和 CEO 薪酬对于应计制盈余管理绝对值（Absda）均没有显著影响，对于真实活动盈余管理的绝对值（Absrem）的影响也都不显著。因此，从整体来看，本研究的回归模型并不存在严重的内生性问题。

表 7 - 8 　　　　　　　　　　CFO 薪酬、CEO 薪酬与两类盈余管理

变量	（1）Absda	（2）Absda	（3）Absrem	（4）Absrem
lncfopay	-0.0007 （-0.18）	-0.0019 （-0.47）	0.0124 （1.22）	0.0103 （1.00）
lnceopay	-0.0024 （-0.66）	-0.0018 （-0.49）	0.0067 （0.71）	0.0080 （0.84）
C_C_power		-0.0018 （-0.67）		-0.0051 （-0.72）
Controlduality		0.0103 ** （2.47）		0.0159 （1.48）
Independent	0.0596 （1.62）	0.0611 * （1.66）	0.2156 ** （2.29）	0.2216 ** （2.34）
Nonexcutive	-0.0007 （-0.06）	0.0047 （0.38）	0.0294 （0.93）	0.0387 （1.21）
S	0.0020 （0.53）	0.0015 （0.39）	0.0254 ** （2.59）	0.0246 ** （2.50）
Z	-0.0020 （-0.19）	-0.0025 （-0.24）	-0.0719 *** （-2.68）	-0.0727 *** （-2.71）

续表

变量	(1) Absda	(2) Absda	(3) Absrem	(4) Absrem
Direct	0.0020 (0.47)	0.0045 (1.03)	−0.0003 (−0.03)	0.0035 (0.31)
Size	−0.0006 (−0.24)	0.0015 (0.39)	0.0023 (0.36)	0.0022 (0.34)
TQ	0.0038 ** (2.18)	0.0039 ** (2.26)	0.0236 *** (5.28)	0.0238 *** (5.33)
ROA	0.0342 (1.20)	0.0349 (1.23)	0.4201 *** (5.76)	0.4218 *** (5.78)
Lev	0.0346 *** (3.01)	0.0358 ** (3.12)	0.0914 *** (3.10)	0.0933 *** (3.16)
Observations	1489	1489	1489	1489
A − R^2	0.1286	0.1325	0.2325	0.2339

注: 括号中为 t 值, *** 、** 、* 分别表示在 1%、5% 和 10% 水平上显著。

其次, 我们采用了公司前三位高管平均薪酬的自然对数 (Compensation) 来近似替代 CFO 或 CEO 薪酬, 另外以公司员工总人数的自然对数 (Staff) 作为衡量公司规模的替代变量, 重新回归了两类盈余管理程度对于薪酬水平的影响 (回归结果在表 7 - 9 中列示)。我们发现, 应计制盈余管理绝对值对于高管平均薪酬没有显著影响, 但真实活动盈余管理绝对值仍然在 10% 水平上显著 (统计显著性的降低可能是因为在中国上市公司中前三位高管一般不包括 CFO, 而是相应的其他业务范围的副总经理, 而他们受到盈余管理程度的影响必然会比较小), 这也体现了研究的稳健性。同时, 其他变量的显著性水平和回归系数也没有发生明显的变化, 总体来看, 研究结论是稳健的。

表 7 - 9　　　　前三位高管平均薪酬与两类盈余管理的回归结果

变量	(1) Compensation	(2) Compensation	(3) Compensation	(4) Compensation
Absda	−0.3437 (−1.41)	−0.3636 (−1.51)		

续表

变量	(1) Compensation	(2) Compensation	(3) Compensation	(4) Compensation
Absrem			0.1777 * (1.88)	0.1738 * (1.85)
C_C_power		0.1011 *** (4.03)		0.1036 *** (4.13)
Controldualty		0.1259 ** (3.34)		0.1192 ** (3.16)
Independent	-0.4163 (-1.24)	-0.5825 * (-1.73)	-0.4807 (-1.43)	-0.6506 * (-1.93)
Nonexcutive	0.0325 (0.29)	0.0399 (0.35)	0.0265 (0.24)	0.0298 (0.26)
S	-0.0002 (-0.01)	-0.0113 (-0.33)	-0.0058 (-0.17)	-0.0165 (-0.48)
Z	0.1645 * (1.73)	0.1623 * (1.72)	0.1781 * (1.87)	0.1762 * (1.86)
CFO_Source	0.0392 (1.16)	0.0455 (1.35)	0.0311 (0.92)	0.0374 (1.11)
CFO_age	0.0032 (1.25)	0.0052 ** (2.01)	0.0037 (1.46)	0.0058 ** (2.24)
CFO_gender	0.0160 (0.47)	0.0239 (0.71)	0.0199 (0.58)	0.0274 (0.81)
Direct	-0.0520 (-1.33)	-0.0188 (-0.47)	-0.0524 (-1.34)	-0.0209 (-0.52)
Staff	0.3454 *** (16.13)	0.3447 *** (16.25)	0.3443 *** (16.08)	0.3437 *** (16.20)
TQ	0.0745 *** (4.70)	0.0747 *** (4.76)	0.0691 *** (4.32)	0.0693 (4.37)
ROA	1.8818 *** (7.37)	1.8444 *** (7.29)	1.7925 *** (6.93)	1.7565 *** (6.85)
Lev	-0.0357 (-0.34)	-0.0162 (-0.16)	-0.0636 (-0.61)	-0.0450 (-0.43)
Year	Yes	Yes	Yes	Yes

续表

变量	(1)	(2)	(3)	(4)
	Compensation	Compensation	Compensation	Compensation
IND	Yes	Yes	Yes	Yes
Number	1489	1489	1489	1489
$A-R^2$	0.3661	0.3780	0.3668	0.3785

注：括号中为 t 值，***、**、* 分别表示在1%、5%和10%水平上显著。

第四节　本章总结与启示

以往的研究多关注了高管薪酬诱发盈余管理行为，而且往往是将高管整体薪酬水平作为衡量指标，缺乏对直接负责和管理公司会计信息和财务报告的 CFO 薪酬的关注。实际上，自从 2002 年《上市公司治理准则》要求上市公司建立经理人员绩效评价标准和激励约束机制以来，民营上市公司已经建立起 CEO 和 CFO 的业绩型薪酬。通过对 A 股民营上市公司两类盈余管理程度与 CFO、CEO 货币薪酬关系的实证分析，本章研究发现：（1）应计制盈余管理程度并不会对 CFO 或 CEO 的货币薪酬产生显著影响，CEO 相对影响力会带来其薪酬水平的直接提升，而真实活动盈余管理程度的提高体现了 CFO 和 CEO 的薪酬私利动机；（2）真实活动盈余管理的绝对量越大，CEO 或 CFO 的货币薪酬水平也会显著增加，这种较为隐蔽且成本较高的盈余操纵的确会产生机会主义行为满足高管私人回报，特别是对于 CEO 薪酬水平的影响要大于对 CFO 薪酬的影响，在 CEO 相对影响力更大的公司中，这种效应愈发明显；（3）实际控股股东的两权分离程度越大，真实活动盈余管理的机会主义行为带来的货币薪酬水平提升也越高，初步体现了民营上市公司中的掏空动机所引起的合谋与收买。

本书不仅丰富了我们关于两类盈余管理程度对不同高管薪酬影响的认识，而且进一步深入扩展了公司治理领域的研究内容。从两类盈余管理活动的影响出发，分别考察了 CEO 和 CFO 的货币薪酬问题，明确了当前民营上市公司 CFO 和 CEO 的薪酬影响因素和实际控股股东的效应，研究结论具有较为明显的实践意义，即在真实活动盈余管理中更要注重对于 CEO 的监督，同时，对如何根据实际控制人掏空动机进行分类监管也有一定的借鉴意义。

第八章 上市公司财务重述对 CFO 和 CEO 薪酬的影响

第一节 研究背景和内容概述

高质量的财务会计信息是资本市场健康有效的基础，准确而充分的财务会计信息披露能够为投资者、监管机构和其他信息使用者提供所需的可靠信息并提升其对资本市场和公司的信任程度。而提供扭曲或失真的财务会计信息不仅会损害投资者的利益，更会严重影响资本市场的健康发展和上市企业的生存成长。尽管对财务会计信息披露的可靠性和真实性要求一直都是内外部治理机制所追求的目标，但会计误报和信息披露违规的情况也一直是困扰资本市场的难题（Ding et al.，2010；Yu，2013）。特别是自 20 世纪 90 年代以来，国内外上市公司财务重述现象日渐频繁，对于财务重述原因和影响的研究也逐渐成为资本市场投资者利益保护和公司治理领域的重要问题。所谓财务重述，即是指公司在发现并纠正前期财务报告的差错以后，重新表述以前公布的财务报告的行为，财务重述一般来说都意味着先前财务报告的真实性和可靠性存在问题（Scholz，2008；何威风，2010；陈晓敏等，2010）。

财务重述的泛滥已经引起了监管层和学术界的广泛关注，现有研究针对财务重述发生的原因和影响进行了较为细致的研究。总体上，研究结果表明，财务重述是公司高管出于私利或迫于市场压力而有意为之的一种会计信息操纵手段（Li and Zhang，2007；何威风和刘启亮，2010；陈丽英和李婉丽，2011；Zhou et al.，2016）。而且财务重述的后果往往是造成负面的市场反应（Palmrose et al.，2004；魏志华等，2009），或者扭曲公司资源配置和资本市场的健康发展（Kedia and Philippon，2006；Scholz，2008）。

由于投资者法律保护程度较低和相对不完善的金融市场监管，自股票市场建立以来，中国上市公司的财务重述现象也屡见不鲜。魏志华等（2009）的研究表明，上市公司年报重述甚至已占到全部上市公司数量的 21.14%。多数学者考察了财务重述所导致的市场反应、高管变更和债务融资成本变化等问题（Desai et al.，2006；Graham，2008；魏志华等，2009；何威风等，2013），从现有结论来看，财务重述不仅会带来公司股票价格的负向反应、公司高管的变更，而且财务重述也会引起会计师事务所的变更（Hennes et al.，2011；马晨等，2014），以上结果均体现了公司发生财务重述后会采取恢复声誉的行为。那么除了变更高管等较高成本的措施之外，是否还有其他的经济手段可以采用？作为重要的治理约束机制的薪酬契约是否能够对高管财务重述行为做出反应呢？

与现有文献相比，本章集中考察出现财务重述公司的 CEO 或 CFO 是否将接受更低水平的薪酬，这种经济方面的薪酬制约机制对 CEO 还是 CFO 的影响更为显著？这一问题的潜在逻辑是，公司出现财务重述将影响公司声誉，使得公司受到监管机构和投资者的质疑。因此，为挽回公司声誉或有效履行薪酬契约的约束激励机制，公司和相应的高管可能会对薪酬做出一定的调整，而相较于变更高管来说，针对财务重述行为可能更容易采取相对柔和的降低 CEO 或 CFO 下一年度薪酬的低成本措施。

针对以上问题的回答无疑具有重要的理论和现实意义。首先，本章进一步丰富了财务重述和公司治理领域的相关文献，与已有文献主要考察财务重述导致的高管变更或市场反应等不同，本章聚焦于财务重述是否会带来 CEO 或 CFO 的薪酬变化。由于 CEO 或 CFO 的变更成本较大，特别是对于中国民营上市公司来说，CEO 往往是创始大股东兼任，因此，对于变更高管来说，相对温和的降薪就成为一个重要的替代方式。其次，我们的研究结论也将揭示中国上市公司对于高管财务重述的自律性制约机制是否有效，特别是薪酬契约的执行是否能够得到有效实施，即作为高管低努力程度标志的财务重述等不当行为并没有在薪酬契约的执行中得到反映，那么公司的薪酬制约激励机制将是无效的，公司治理改革就无法提振投资者信心，更无益于资本市场的长期发展了。再次，与本思路最为相近的是一篇以中国上市公司为样本的经验研究（Conyon and He，2016），他们的结论表明，CEO 薪酬和公司违规之间呈现显著的负相关关系，即董事会通过降低薪酬方式来约束 CEO 的违法违规行为。在既有研究的基础上，我们主要研究财务重述对高管薪酬的影响，同时对具体高管进行了区分，考察了 CEO 和 CFO 在面临财务重述行为后的降薪差异，进一步剖析了 CEO 影响力在其中的作用。

第二节　文献回顾与假设提出

一、文献梳理和制度背景

国内外有关公司违法违规的研究已经取得了大量的成果，较为一致的结论均认为高质量的董事会、与 CEO 非关联的董事比例越高、较为独立的审计委员会都有助于减轻公司违法违规倾向（Agrawal and Chadha，2005；Khanna et al.，2015；祝继高等，2015）。越来越多的学者也开始关注中国上市公司违法违规的前因后果，部分研究从董事会构成（board composition）、所有权结构（ownership structure）、执法效率（efficiency of law enforcement actions）等方面分析了中国上市公司违法违规和盈余操纵的原因（Chen et al.，2005，2006；Chen et al.，2011；Firth et al.，2011；林川和曹国华，2012）。

除了信息披露方面的直接违法违规外，逐渐增多的上市公司财务重述现象也引起了学术界和监管层的高度关注。财务重述现象表明，公司之前的财务报告是低质量和难以取信的（Anderson and Yohn，2002），这就导致投资者对公司报告产生质疑，使得社会公众与监管机构都对公司管理者的诚信和公司经营状况产生疑虑。德塞等（Desai et al.，2006）的经验研究结果表明，发生财务重述的公司高管在违规行为曝光后两年内的变更率约是一般公司的 2 倍，特别是因财务重述而离职的高管再就业相对更难，能够重新获得高管职位的比例仅为正常离职高管的 1/2。美国会计总署（GAO）对 1997～2002 年间的 689 家发布财务重述的公司进行分析，研究结果表明，这些公司在 3 个交易日内股价下跌 10%，市值损失累计达 1000 亿美元，财务重述导致股票价格的严重负面反应。近年来，中国上市公司财务重述现象日趋频繁，这反映了上市公司财务信息披露的不规范和随意性，以及部分公司利用补充更正公告粉饰财务信息的恶意行为（雷敏等，2006）。财务重述的经济后果方面，与国外学者的研究视角相似，已有文献主要关注了财务重述的市场反应（魏志华等，2009；周洋和李若山，2007）、财务重述对高管变更的影响（Chen et al.，2006；Chen et al.，2011；Firth et al.，2011）、财务重述对分析师预测（马晨等，2013）和债务融资的影响（李红梅和韩庆兰，2013）。

　　从现有文献来看，中国上市公司财务重述行为的经济后果与国外研究基本一致，财务重述不仅会带来负面的市场反应，而且也会干扰分析师对企业盈余业绩的预测，同时也会影响企业后续的投融资等资源配置活动。而康永和何（Conyon and He，2016）的研究针对中国上市公司违法违规和 CEO 薪酬关系的研究发现，违法违规被发现后，公司 CEO 薪酬水平显著下降。财务重述行为是否也会带来公司高管薪酬水平的下降，这种"降薪"是否"因人而异"，这将是本章后面要讨论的主要问题。另外需要说明的是，本书样本选择了中国民营上市公司。之所以这样做的主要原因在于：第一，目前国有控股上市公司很难建立起清晰明确的产权安排和有效的公司治理结构（张维迎，2014）。第二，国有上市公司的 CEO 和 CFO 往往采取政府部门或上级主管单位委任的方式，并且其薪酬受到管制，这使得国有上市公司更多面临高管在职消费等问题，而这方面的问题不是本书所关注的中心议题。第三，本部分将探讨公司CEO 影响力等特征对财务重述和高管薪酬关系的影响，这其中一个重要的变量就是 CEO 是否为创始股东，国有上市公司一般无法追溯到创始股东个人信息。

　　本书主要集中于对 CEO 和 CFO 货币薪酬的考察，至于财务重述是否影响股权激励，将是我们今后要考虑的方向。

二、研究假设的提出

　　高管薪酬问题属于公司治理和委托代理理论研究的重要内容（Fama and Jensen，1983；Jensen and Meckling，1976），由于现代公司的两权分离，作为代理人的 CEO 或 CFO 等公司高管在信息不对称情况下有可能出现道德风险问题。为了监督激励代理人实现与委托人目标的激励相容，内外部公司治理机制可以约束高管的道德风险，经理人市场就是一个有效的外部治理机制，能够方便公司对违法违规高管进行变更从而威慑和惩罚高管的不当行为（Desai，et al.，2006）。已有的研究发现，财务重述可能是公司高管粉饰报表、利润操纵的手段，在有效的资本市场中，公司外部市场可能会识别管理层财务重述行为并进行惩罚。因此，当发生财务重述时，上市公司将很有可能变更公司高管，以改进公司业绩和弥补遭受损害的声誉资本；也有可能改组董事会，以加强对经理人的监督（Desai et al.，2006）。

　　但正如已有研究所指出的，与辞退变更高管相比，对高管的降薪措施可能是一种成本更低的有效方式（Burks，2010；Conyon and He，2016）。实际上，财务重述等不当行为恰恰体现了高管的低努力程度（Holmstrom，1979），这也必然会反映到高管与股东和董事会的薪酬契约中，进而使得公司股东或董事会对支付的高管薪酬进行重新考量。现有研究发现，美国上市公司也更倾向于对发生财务重述和欺诈行为的公司高管采取降薪的处理方式，这有助于恢复公司的声誉，并且避免替换高管带来的巨大成本（Cheng and Farber，2008；Burks，2010）。此外，顾小龙（2016）发现，无论是从主动披露的角度还是被动信息挖掘的角度，受到监管处罚的违规公司会提升信息披露质量，并且降低不透明度，从而体现出监管处罚的治理效应。考虑到中国经理人市场仍较为滞后，公司高管变更的成本将更高。民营上市公司中 CEO 或 CFO 等高层管理者往往与实际控制人或董事长存在亲属或同乡等千丝万缕的关系，采取降薪的方式要比变更高管更为有效，且对公司来说付出的成本相对较低。既然在欧美资本市场中，降低高管薪酬能够成为制约高管造假欺诈的一种有效机制（Conyon and He，2016），那么我们预期，发生财务重述后高管薪酬降低则可能是中国民营上市公司薪酬契约这种自律性约束机制得以有效施行的反映，由此第一个研究假设为：

假设 H8 - 1：其他条件不变，出现财务重述的公司，其 CEO 和 CFO 的薪酬水平会降低。

作为公司会计职能和内部财务监督职能的负责人，CFO 可能对公司会计信息处理和财务绩效的影响更大，其财务行为会直接影响个人收益（Chava and Purnanandam，2010）。姜等（2010）的研究发现，CFO 更有可能从事盈余管理行为，而且在控制了 CEO 影响的条件下，CFO 股权激励仍然对盈余管理具有显著的影响，这就体现了 CFO 在财务会计活动中的独立作用。然而，冯等（2011）的研究则进一步就财务报告是否存在欺诈划分两组公司样本，回归结果表明，两类公司 CFO 的股权激励程度基本相同。但存在欺诈性盈余操纵的公司，其 CEO 股权激励更高。这一结果表明，CFO 卷入财务造假主要是屈服于 CEO 的压力使然。在中国的上市公司中，CEO 作为企业最高领导，对包括财务信息披露和生产经营在内的所有重要决策负第一位的责任，如果公司出现不当行为或绩效表现不佳之时，董事会和投资者一般会直接质疑 CEO 的领导。此外，中国公司中往往存在"CEO 是老大，CFO 只是被领导"的传统（Zhou et al.，2016），这就导致出现财务重述等不当行为时，CFO 受到的影响要相对较轻。特别是如果不对高管进行变更的话，就更加不会对 CEO 的职位产生实质性的威胁。由此，相比责任较小的 CFO 来说，通过降低 CEO 薪酬的方式来表达自己对于董事会和投资者负责的积极态度，从而挽回公司声誉，则是 CEO 更为可能采取的方式。因此，提出第二个假设：

假设 H8 - 2：相对于 CFO 来说，出现财务重述公司的 CEO 薪酬降低的程度更为显著。

公司治理的主要目标是实现公司控制权的有效制衡，但管理层权力理论认为，董事会不能完全控制管理层薪酬契约的设计，管理层有能力影响自己的薪酬并运用权力寻租，高管权力越大操纵自身薪酬的能力就越强（Bebchuk and Fried，2002；权小锋等，2010）。中国民营上市公司中，由于股权结构较为集中，大股东往往直接出任公司 CEO 或通过其家族持股而参与公司的运营管理，如果是创始大股东兼任 CEO 则其权力更大，对自身薪酬和惩罚程度的影响力也越大。CEO 对董事会的影响力越大，则公司违规的可能性也会提高（陆瑶和李茶，2016）。翟旭等（2012）的经验研究也表明，中国民营公司中存在"创始人保护现象"，当严重会计违规导致高管变更时，创始人 CEO 的更换率要显著低于非创始人 CEO，且 CEO 权力越大则 CFO 的离职率更高，CFO 更容易成为"替罪羊"。姜付秀等（2013）的研究也指出，当 CEO 权力较大时，CEO 和 CFO 任期交错对公司正向盈余管理的影响程度会有所降低，即 CEO 权力能够降低任期交错带来的积极治理作用。考虑到 CEO 和 CFO 对公司财务报告和信息披露均负有重要的责任，CEO 相对于 CFO 的影响力越大也就越倾向于采取保护自己的措施，从而弱化薪酬契约机制的制约作用。而当 CEO 相对影响力较小时，薪酬契约的自律性制约机制对于 CEO 的降薪作用更为显著。鉴于此，第三个研究假设为：

假设 H8 - 3：其他条件不变的情况下，出现财务重述公司的 CEO 相对影响力越大，其薪酬降低越不明显；反之，当 CEO 相对影响力较低时，财务重述对其降薪影响将更为显著。

第三节　样本选取和研究设计

一、数据来源和样本

由于 2005 年股权分置改革使得上市公司前后财务数据变化较大，且 2007 年 1 月起上市公司执行全新的会计准则，相对旧准则而言，新准则的变化较大，许多会计科目、指标均发生相当大的调整。因此，我们选取了 2007 ~ 2013 年发布年报补充公告、更正公告、补充和更正公告的 A 股民营上市公司

作为年报重述公司。同时，我们也选取在相同期间未发生财务重述行为的 A
股民营上市公司作为对照组样本，并在后续的处理中，采用了倾向评分匹配方
法（PSM），以检验财务重述导致高管薪酬变化的平均处理效应（ATT）。在对
研究期间内的民营上市公司样本筛选过程中，我们剔除了金融行业的公司、
IPO 当年的公司样本、全部的 ST 和 *ST 上市公司和相关数据与主要变量存在
缺失的样本；为了控制极端值对回归结果的影响，对模型中使用到的连续变量
进行了 1% 以下和 99% 以上的分位数缩尾处理。最后，共计获得了 1929 个有
效的民营上市公司样本。

借鉴戴亦一等（2011）的研究，我们的财务重述样本主要来自 Wind 数据
库，Wind 数据库中包括了来自上海证券交易所和深圳证券交易所网站以及巨
潮资讯网（证监会指定的信息公告披露网站）所披露的相关公告，通过对公
开发布重述报告公司的信息进行手工收集整理，检索涉及 2007～2013 年度的
所有 A 股民营上市公司临时公告（这些临时公告包括：对年度报告进行补充
的公告、更正的公告，公告主要内容涉及对已经发布的上市公司年报附注中的
"会计差错更正"部分）。在选择财务重述样本时，剔除了因校对、排版、串
行、数据遗漏、填列错误等引起的重述，仅对财务数据重述的样本进行整理。
同时，我们从 CSMAR 数据库中选取样本期间内未发生财务重述的民营上市公
司作为对照组。其中，财务重述变量和控制变量的时间段为 2007～2013 年，
公司高管薪酬变量的时间段为 2008～2014 年。高管性别等个体背景特征变量
来自 Wind 数据库的公司深度资料并手工整理得到，有关股权制衡变量、公司
特征变量和其他财务数据均取自 CSMAR 数据库，CEO 影响力变量借鉴了周等
（Zhou et al.，2016）的计算方法得到。

二、回归模型与变量说明

针对本书目的，我们一方面综合借鉴国内外关于财务重述和高管薪酬问题
的主要回归模型，另一方面也结合中国民营上市公司的具体特征，建立基准回
归模型如下：

$$\text{Compensation}_{i,t} = \beta_0 + \beta_1 \text{Restate}_{i,t-1} + \gamma \text{Controls}_{i,t-1} + \lambda_t + \varepsilon_{i,t}$$

在该模型中，因变量是货币薪酬变量（Compensation），根据已有研究的
惯例（姜付秀等，2013；Conyon and He，2016），薪酬变量采用了公司 i 在年
度 t 的 CEO 货币薪酬的自然对数（LnCEO）和 CFO 货币薪酬的自然对数
（LnCFO）。自变量中，虚拟变量财务重述（Restate）是最主要的解释变量，若

公司 i 在 t−1 年度发布了财务重述公告则 Restate 取值为 1，否则为 0。考虑到公司个体特征因素的影响并结合已有研究结果，控制变量集合（Controls）中所含变量均以滞后一期形式纳入回归模型，具体包括独立董事比例（Independent）、第一大股东持股比例（Her_1）、公司规模（Size）、公司负债率（Lev）、公司资产收益率（ROA）和股权制衡（Z）等体现公司特征的控制变量（权小锋等，2010；姜付秀等，2013；Zhou et al.，2016）。王霞等（2011）和姜付秀等（2013）都指出，应在研究中控制多个人口变量的特征，考虑到高管的个体特征也会对薪酬水平产生影响，我们也进一步控制了当期的 CEO 和 CFO 个人性别（Gender）和年龄（Age）变量。同时在回归模型中，我们也根据证监会行业分类标准控制了行业哑变量，模型中还包括了时间哑变量以控制不同年份的影响。具体变量定义详见表 8−1。

表 8−1　　　　　　　　　　　　　　变量定义和说明

变量类型	变量名称	变量含义	计算方法
高管薪酬变量	LnCEO	CEO 薪酬水平	公司当年 CEO 货币薪酬的自然对数
	LnCFO	CFO 薪酬水平	公司当年 CFO 货币薪酬的自然对数
财务重述	Restate	财务重述虚拟变量	滞后一期的财务重述变量，若上一年度公司发生财务重述则 Restate =1，否则为 0
公司治理变量	C_C_Power	CEO 对 CFO 相对影响力	CEO 影响力/CFO 影响力（Feng et al.，2011；Zhou et al.，2016）
	Controlduality	实际控制人兼任	公司实际控制人兼任董事长为 1，否则为 0
	Independent	独立董事比例	董事会中独立董事人数占比
公司特征和股权结构变量	ROA	资产收益率	净利润/资产总额
	Size	公司规模	公司总资产的自然对数
	Lev	资本结构	总负债/总资产
	Her_1	第一大股东持股比例	第一大股东持股数/公司总股本
	Z	Z 指数	第二大股东持股比例/第一大股东持股比例
高管个人特征变量	CEO_Age	CEO 年龄	CEO 实际年龄
	CEO_Gender	CEO 性别	女性 CEO 取值为 1，男性 CEO 取值为 0
	CFO_Age	CFO 年龄	CFO 的实际年龄
	CFO_Gender	CFO 的性别	女性 CFO 取值为 1，男性 CFO 取值为 0
年份和行业哑变量	Year	年度虚拟变量	以当年高管薪酬的年度设置的年份虚拟变量
	IND	行业虚拟变量	根据中国证监会《上市公司行业分类指引》（2012）二级代码分类设置哑变量，剔除金融行业

第四节　实证结果与分析

一、描述性统计结果

表 8-2 的面板 A 列示了主要变量的描述性统计结果，面板 B 则比较了财务重述与非重述公司的高管薪酬，并利用 Two-tailed t tests 检验了两类公司高管薪酬均值的差异。从表 8-2 中可以发现，公司 CEO 平均薪酬要略高于 CFO 平均薪酬。公司 CFO 薪酬的标准差要小于 CEO 薪酬的标准差，公司独立董事比例的分布差异不大，标准差仅为 0.051；样本公司中控股股东兼任 CEO 的比

表 8-2		主要变量统计描述及差异分析				

面板 A：主要变量的描述性统计结果

变量	样本量	均值	标准差	中值	最小值	最大值
LnCEO	1929	12.927	0.754	12.919	9.798	15.379
LnCFO	1929	12.398	0.703	12.403	9.137	14.947
Restate	1929	0.097	0.297	0	0	1
C_C_Power	1929	1.286	0.733	1.286	0	13
Controlduality	1929	0.768	0.422	1	0	1
Independent	1929	0.370	0.051	0.333	0.182	0.667
ROA	1929	0.049	0.049	0.045	-0.223	0.391
Size	1929	21.45	0.944	21.323	18.951	25.029
Lev	1929	0.379	0.203	0.370	0.007	0.93
Her_1	1929	0.335	0.143	0.314	0.051	0.864
Z	1929	0.357	0.277	0.289	0.009	1

面板 B：财务重述公司与非财务重述公司高管薪酬差异分析

变量	非财务重述公司	财务重述公司	差异	t 统计量
LnCEO	12.941	12.793	0.148	2.516**
LnCFO	12.402	12.366	0.036	0.704

注：** 表示 t 统计量在 5% 水平显著。

例较高，平均达到77%，且第一大股东持股比例的均值达到33.5%。从面板B中可知，样本内财务重述公司的 CEO 薪酬要显著小于非财务重述公司 CEO 薪酬的均值，二者的差异在5%水平上显著。而从 CFO 薪酬的平均水平上来看，两类公司的差异并不显著。从以上初步的描述统计分析结果可知，财务重述公司与非重述公司的 CEO 薪酬水平存在明显差异，非重述公司样本 CEO 薪酬的均值在5%水平上显著高于出现重述公司 CEO 薪酬的均值，这与我们的预期初步一致。

二、基本回归结果与分析

表8-3列示了财务重述对 CEO 和 CFO 薪酬影响的回归结果，列（1）和（2）分别以 CEO 薪酬和 CFO 薪酬作为被解释变量，列（1）中解释变量财务重述（Restate）的回归系数是 -0.105 且在5%水平上显著为负，从经济意义上来说，发生财务重述公司 CEO 薪酬要比未发生财务重述公司 CEO 薪酬水平低约10.5%个单位，这一结果与假设 H8-1 相一致，即发生财务重述公司的 CEO 薪酬将会显著降低。列（2）中，财务重述的回归系数虽然为负，但并不显著，这说明公司发生财务重述对于 CFO 薪酬水平的影响并不明显；比较来看，公司发生财务重述将会显著地降低 CEO 下一年度的薪酬水平，这与假设 H8-2 相一致。总体来看，表8-3的结果体现了财务重述行为发生后，公司的薪酬契约自律性制约机制将发生作用，CEO 薪酬的降低程度会更为明显。此外，CEO 和 CFO 年龄越大，自身薪酬水平也会越高，这与已有的研究结果相一致（Kato and Long，2006a；Conyon and He，2016）。

表8-3   财务重述和高管薪酬的回归结果

变量	(1)	(2)
	LnCEO	LnCFO
Restate	-0.105** (-2.19)	-0.007 (-0.11)
C_C_Power	0.051** (2.29)	-0.022 (-0.94)
Controlduality	-0.027 (-0.74)	0.081** (2.17)

续表

变量	(1)	(2)
	LnCEO	LnCFO
Independent	-0.302 (-1.05)	-0.371 (-1.30)
ROA	3.830 *** (9.17)	3.473 *** (9.36)
Size	0.288 *** 12.97	0.249 *** (12.26)
Lev	0.156 (1.45)	0.199 *** (2.03)
Her_1	-0.136 (-1.04)	-0.278 ** (-2.34)
Z	0.102 (1.52)	0.112 * (1.76)
CEO_age	0.007 *** (3.41)	
CEO_gender	-0.083 (-1.37)	
CFO_age		0.006 ** (2.65)
CFO_gender		-0.088 *** (-3.05)
Year FE	Yes	Yes
Industry FE	Yes	Yes
N.	1929	1929
R^2	0.326	0.334

注：为了剔除异常值的影响，对所有连续型变量进行了上下 1% 的缩尾处理；***、** 和 * 分别表示在 1%、5% 和 10% 水平上显著，括号中为经过公司层面聚类调整后稳健标准误计算得到的 t 值。下同。

　　为了进一步验证本书假设 H8-3，我们对样本进行分组，以 CEO 相对于 CFO 影响力的中值进行分组，即 C_C_Power 大于等于中值的样本为高影响力组（High Power），小于 C_C_Power 中值的样本则为低影响力组（Low Power），分组回归结果在表 8-4 中列示。表 8-4 的列（1）为高影响力样本，财务重述（Restate）的回归系数为 -0.098，仅仅在15%水平上才显著，因此 CEO 相对于 CFO 影响力越大，则财务重述对 CEO 降薪影响的惩罚效应就越不显著。而列（2）中，CEO 相对于 CFO 影响力较小的时候，财务重述（Restate）回归系数为 -0.133，且在5%水平上显著，这说明此时财务重述发生后公司对 CEO 降薪惩罚的效应更为明显。综合以上结果可以发现，这与研究假设 H8-3 相符合，即 CEO 相对影响力能够弱化公司对发生财务重述行为的 CEO 薪酬惩罚效应，更具相对影响力的 CEO 可以减轻自身的降薪程度。

表8-4　　　　　　　　CEO 相对影响力分组的回归结果

变量	(1) LnCEO (High Power)	(2) LnCEO (Low Power)
Restate	-0.098 (-1.45)	-0.133 ** (-1.98)
Controlduality	-0.169 *** (-3.03)	0.073 (1.31)
Independent	-0.546 (-1.36)	0.954 ** (2.35)
ROA	2.984 *** (5.20)	4.560 *** (7.39)
Size	0.312 *** (9.69)	0.273 *** (8.40)
Lev	-0.134 (-0.87)	0.449 ** (2.96)
Her_1	-0.135 (-0.70)	-0.227 (-1.37)
Z	0.200 ** (2.07)	-0.009 (-0.10)
CEO_age	0.015 *** (4.02)	0.003 (1.07)
CEO_gender	-0.014 (-0.14)	-0.134 * (-1.77)
Year FE	Yes	Yes
Industry FE	Yes	Yes
N.	914	1015
R^2	0.381	0.393

注：括号中为 t 值，***、**、*分别表示在1%、5%和10%水平上显著。

三、稳健性检验

1. PSM 方法的稳健性检验

之前的回归分析均是在假定财务重述（Restate）是外生变量基础上进行的，然而公司财务重述行为实际上不可避免地具有内生性问题，存在可能的公司治理因素、公司特征或高管个体因素等会同时影响财务重述和高管薪酬。如果忽略这一内生性问题，其所带来的选择性偏误（selection bias）将会对前面的基本回归结果产生影响。在关于财务重述行为的已有文献中，传统方法仅仅根据公司规模、行业和年度等来寻找相似样本进行配对，这种局部配对方法（partial-matching approach）依然可能导致有偏的参数估计（Armstrong, Jagolinzer and Larcker, 2010）。借鉴已有关于公司违规的研究思路，采用倾向评分匹配方法（PSM）为财务重述公司样本寻找最为匹配的非财务重述公司样本，进而可以比较处理组和控制组高管薪酬的差异并得到处理组的平均处理效应（ATT）①，以尽可能减轻样本选择性偏误带来的内生性问题，提供更为稳健的研究结论。

我们以同行业同年度公司是否发生财务重述作为标准，在具体的配对过程中，借鉴阿姆斯壮（Armstrong et al., 2010）的做法，在为处理组公司（treatment firm，即 Restate = 1）寻找一个匹配的控制组公司（control firm，即 Restate = 0）时，匹配算法不仅使用了传统的局部匹配变量还包括了所有其他的控制变量。基于 PSM 方法所得到的 ATT 在表 8 - 5 中报告。表 8 - 5 的面板 1 中，未匹配的处理组公司和控制组公司均值之差为 - 0.145，在统计意义上是显著的（t 检验 = - 3.55），这主要是由于处理组样本与控制组样本存在不同特征导致；在匹配之后，处理组均值为 12.795，控制组均值为 12.933，两组样本差值为 - 0.138，统计上也是显著的（t 检验 = - 3.06）。PSM 模型的结果表明，公司财务重述行为对于 CEO 薪酬存在明显的不同影响。在面板 2 中，PSM 模型也表明，尽管统计显著性水平较面板 A 中有所下降，但财务重述公司 CFO 薪酬的平均处理效应仍然在边际上显著为负。利用 PSM 方法的结论表明，在控制了样本选择偏误的内生性之后，财务重述公司和非重述公司的 CEO 薪酬存在显著为负的差距，这一结果与我们的研究假设相符合。

---

① Rosenbaum and Rubin, 1983; Rosenbaum, 2002.

表 8 – 5　　　　　　　　　　　财务重述与高管薪酬——平均处理效应

面板 1：Restate（1/0）	样本	处理组	控制组	差异	标准误	T 值
LnCEO	Unmatched	12.794	12.939	− 0.145	0.058	− 3.55
［treated = 188］	ATT	12.795	12.933	− 0.138	0.057	− 3.06
面板 2：Restate（1/0）	样本	处理组	控制组	差异	标准误	T 值
LnCFO	Unmatched	12.794	12.940	− 0.146	0.057	− 2.55
［treated = 188］	ATT	12.795	12.906	− 0.111	0.057	− 1.98

注：面板 1 和面板 2 中的指示变量均是财务重述 Restate，ATT 是平均处理效应；第一阶段采用的 logit 回归方程中包括了除 CEO 相对影响力和实际控制人兼任之外的表 8 – 1 中的所有控制变量和年度行业虚拟变量，用以估计得到倾向评分值。

2. 其他敏感性测试与进一步分析

为进一步检验结果的可靠性，首先，考虑到 2007 年 1 月起上市公司执行全新的会计准则，由于新准则相对于旧准则而言变化较大，新准则中的许多会计科目和指标都发生了调整，上市公司在当年进行的财务重述很可能是基于这一会计制度环境的变化所做出的（戴亦一等，2011）。因此，剔除了 2007 年的样本观测值，以 2008 ~ 2013 年的样本重新进行表 8 – 3 和表 8 – 4 的回归，结果与之前的回归结果基本保持一致，解释变量的相关系数和显著性水平没有发生明显变化，研究结论并没有受到影响。其次，以 CEO 相对影响力的中值进行分组回归，其研究结果也没有发生改变，结论仍然支持研究假设。再次，利用未进行缩尾处理前的数据按照表 8 – 3 和表 8 – 4 的要求重新进行回归，基本结论也未发生变化，与之前回归结果保持一致。最后，根据已有研究的发现，在国内外市场上，财务重述行为在短期内会引起公司股价负的市场反应或者加剧股价波动性，这种负面的市场反应实际上也会对公司形成一定的压力，从而促使高管采取相应的降薪行为（Scholz et al.，2008；Callen et al.，2006；魏志华等，2009；马晨等 2015）。由于中国上市公司关于高管期权等薪酬的披露信息缺失较为严重，因此我们考虑通过衡量不同的公司市场表现来分析财务重述是否会体现在公司股票的回报方面。为了客观刻画股票的长期表现，借鉴已有研究，我们首先采用了累计月平均超额收益率 AR_i 指标来度量市场表现，即股票 i 在相应期间内每个月的超额收益率的算术平均值：

$$AR_i = \frac{1}{T} \sum_{t=1}^{T} (R_{it} - MR_t)$$

这里，R_{it} 是公司 i 在样本时间内第 t 月的原始收益率，MR_t 是市场基准收益率。然后，我们再通过资本资产定价模型（CAPM）回归得到其截距项的 Alpha，以此作为衡量市场表现的第二个指标，回归模型如下：

$$R_{i,t} - R_{f,t} = \alpha_i + \beta_i (R_{m,t} - R_{f,t}) + e_{i,t}$$

其中，$R_{i,t} - R_{f,t}$ 是股票 i 的 t 月的收益率减去无风险利率；$R_{m,t} - R_{f,t}$ 为 A 股流通市值加权的市场组合月收益率减去无风险利率。

表 8 - 6 中分别报告了无财务重述公司组合与财务重述公司组合的 12 个月超额收益率的平均值，从中可以发现，无论是月平均超额收益率还是 CAPM 模型的 Alpha，无财务重述公司的市场表现均好于财务重述公司。具体而言，无财务重述公司和有财务重述公司在 12 个月时间段内 CAPM 模型的 Alpha 平均相差 0.22%，可见无财务重述公司的超额收益率要明显高于财务重述公司的收益。

表 8 - 6　　　　　　　　　　　公司超额收益率差异分析

变量（12 个月超额收益率）	无财务重述组公司	财务重述组公司
AR	1.30	1.19
CAPM alpha	0.98	0.76

注：表中的收益率数值单位均为百分数。

第五节　本章总结与启示

本章主要考察了公司财务重述和高管薪酬之间的关系，主要分析了公司财务重述行为发生之后是否会对 CEO 或 CFO 薪酬产生影响，以及对高管的降薪效应主要施加于 CEO 还是 CFO。首先，我们的回归结果发现，公司财务重述和 CEO 次年的薪酬之间存在显著的负向关系。这说明由于出现财务重述造成的对公司的不良影响，CEO 薪酬将会受到影响并在一定幅度上降低，这也体现出目前中国上市公司高管薪酬自律性的制约机制能够起到一定的效果。稳健性检验的 PSM 方法也进一步证实了财务重述公司和非财务重述公司的 CEO 薪酬之间存在着显著的差异，支持了本章的研究假设。研究结果还发现，当 CEO 影响力更高的时候，CEO 所受到的降薪效应将会减弱，这说明 CEO 影响力能够弱化公司对财务重述行为的降薪影响，体现了 CEO 权力论的观点，即 CEO 影响力越大越有可能在薪酬契约中施加影响。

　　本章的研究启示在于：首先，我们的结论表明中国民营上市公司的财务重述会引起高管薪酬的下降，在财务重述行为发生后，公司的薪酬制约机制会对高管产生一定的自律性降薪影响，这在一定程度上体现了公司治理机制的完善和公司薪酬契约机制的有效；其次，我们的研究也发现，这种财务重述对于薪酬的影响主要施加于 CEO，但 CFO 的降薪效应却并不明显；再次，CEO 的影响力越大，越可能弱化薪酬的降低幅度与显著性水平，因此公司董事会或监管部门也要对公司高管施加于薪酬的影响力有所监督，在公司治理机制的完善和高管职责的分配等方面进一步规范和完善，从而优化公司治理结构与机制，有效减少财务重述等不当信息披露行为的发生。

第九章　退市业绩压力、高管薪酬与上市公司违规

第一节　研究背景与意义

2014 年 5 月 17 日，轰动中国证券市场的南纺股份（Nanjing Textiles Import & Export Corp Ltd，600250）财务造假违法违规事件处理结果公布①。2006 年至 2010 年间，南纺股份高管层一直虚构利润，累计虚增金额达到 3.44 亿元人民币。证监会对南纺股份发出了处罚决定，对公司处以 50 万元罚款，对原董事长兼总经理处以 30 万元罚款、对原财务总监处以 20 万元罚款以及警告的处分。但如此程度造假违规的公司却逃脱了强制退市的处罚，且与之违规行为相比，受到的直接经济处罚几乎可以忽略不计。

上市公司的违法违规和证券欺诈行为一直以来都是各国证券市场的顽疾之一，特别是在中国，公司违规行为从股票市场建立伊始就屡禁不绝，甚至呈现愈演愈烈的情况。张（Zhang，2007）的研究表明，从 1993 年到 2004 年，中国 1/6 的公开上市交易公司被发现存在财务违规问题。丁等（Ding et al.，2010）也指出由于发展时间较短，中国资本市场相对不成熟、法律法规的执行约束较弱，这些都使得中国上市公司的违法违规情况较为严重。即使是在相对成熟的欧美资本市场中，上市公司的违法违规也屡有发生且造成了巨大的福利损失（Yu，2013）。自 2000 年之初的公司财务丑闻已经引发了大量的学术研究来探析公司违法违规的原因，尽管多数文献集中于高管（主要是 CEO）薪酬和公司治理结构在上市公司违法违规问题中的作用和影响；然而，从高管薪酬角度的已有文献来看，研究结论却不尽相同，对于 CEO、CFO 薪酬和公司违法违

---

① 新浪财经，http://finance.sina.com.cn/focus/zjwnfgf/。

规行为之间的关系仍存在争议（Bhattacharya and Marshall，2012）。与此同时，对新兴市场经济国家高管薪酬和公司违法违规关系的研究仍不多见。新兴市场经济国家证券市场的制度仍不完备、法律保护水平较弱、资本市场发展仍不成熟，尤其是关于上市公司相应的退市制度和上市制度往往不同于成熟市场经济国家，且对于高管的股权激励（包括高管持股和股票期权激励）较为缺乏，因此，其高管薪酬对于公司违法违规的影响也就可能不同于已有的研究结论。

本章研究以中国为研究对象，在中国证券市场退市制度背景下，聚焦于高管薪酬对于公司违法违规概率的影响，主要考察退市业绩压力不同的条件下，高管薪酬激励和公司违法违规之间的关系。对本书具有启发意义的一篇文献是利用美国上市公司数据的经验研究文献（Bhattacharya and Marshall，2012），他们发现，不论是货币薪酬还是包括了股基激励的总体薪酬，均与公司违法违规概率存在显著正相关关系，即在更"富有"的高管阶层中违法违规的发生率反而比更"贫穷"的高管阶层要多。这和贝克尔（Becker，1968）提出的违法违规应该是一个经济理性行为存在矛盾，由此他们认为薪酬可能并不是公司违法违规的主要因素，而心理和公司文化因素可能才是主要的原因。然而，在另一篇文献中，以中国上市公司为研究样本，经验研究结论表明，CEO 薪酬（货币薪酬）和公司违规之间呈现显著的负相关关系，中国上市公司的股东和董事会将通过降低薪酬方式来惩罚 CEO 的违法违规行为（Conyon and He，2016）。这实际上意味着，理性的 CEO 为了保持自己较高的薪酬水平就会对公司的违法违规行为采取更为谨慎的态度，从而应该符合违法行为的经济理性假设。

近年来，中国经济的高速增长和相对不发达的金融市场等问题已经吸引了研究者们的兴趣（Allen，Qian and Qian，2012），而较高比例的公司违法违规不仅会降低投资者信心、影响企业绩效，还会引起资源配置扭曲和损害证券市场功能，越来越多的学者也开始关注中国上市公司违法违规的前因后果等问题。部分研究从董事会构成、所有权结构、执法效率等方面分析了中国上市公司违法违规的原因（Chen et al.，2005，2006；Chen et al.，2011；Firth et al.，2011）。或许是由于法规滞后导致的中国上市公司披露高管个体薪酬的时间较晚和股权激励形式采用仍然较少的原因，直接研究高管薪酬和公司违法违规关系的文献并不多见。

由于中国证券市场采用的核准上市制度使得已经上市的企业成为难得的有价值的"壳资源"，当业绩压力作为最重要的退市标准的时候，相比违法违规受到的处罚成本而言，保留壳资源而造假违规是理性的选择。当退市业绩压力存在时，薪酬水平更低的高管可能会提高违法违规倾向，因为对于较低薪酬的高管来说，保留住公司"壳资源"而采取的违法违规收益会超过其可能损失的薪酬成本。同时，在业绩正常的企业中，薪酬水平更低的高管也会提高公司违法违规的可能性，因为与面临退市业绩压力的企业相比，正常经营企业受到的监管稽查关注会更低，公司违规被发现和受到严厉惩罚的可能性更小，因此薪酬水平越低的理性高管其违法违规的成本也越低，从而会提高公司违法违规可能性。

本章研究内容进一步对中国上市公司违法违规问题的研究文献做了有益的补充与丰富，在中国的退市和上市制度背景下实证研究高管薪酬对公司违法违规的影响。我们主要研究的是中国上市公司在退市业绩压力存在的条件下，CEO 和 CFO 薪酬究竟会抑制还是提高公司的违法违规行为。更具体地说，首先要解答的第一个问题是退市业绩压力是否直接引致了公司的违法违规；第二个要回答的问题是高管薪酬如何影响公司的违法违规倾向；第三个要回答的问题是根据退市业绩压力不同，CFO 和 CEO 薪酬对于公司违法违规的影响是否会有差异。

中国资本市场仍然年轻不成熟，公司治理结构仍在不断完善之中，法律对投资者保护较弱（Allen et al.，2005），在外部治理机制有效性较低的情况下，如果内部的薪酬激励机制促使公司高管进行成本收益权衡，从而降低或避免公司违法违规行为的发生，这无疑会提高公司治理的水平进而增强普通投资者对中国证券市场的信心。在中国目前的退市制度背景下，我们首先分析了退市业绩压力对于公司违法违规的影响，进而在业绩压力存在与否的条件下，分析了不同公司中高管薪酬在抑制公司违法违规中的作用。同时，还对公司违法违规类型进行了区分，并考察了高管薪酬对于不同类型违规的影响。

经理人权力理论认为，公司高管很可能通过控制董事会来设计符合自身利益的绩效激励契约，此时的薪酬激励机制反而成为 CEO 攫取私利的方式（Bertrand and Mullainathan，2001）。康永和何（2016）的研究表明，一旦违法违规行为被发现，中国上市公司高管将遭受到大幅度的降薪处罚。我们的研究就 CEO 和 CFO 等高管薪酬对于公司违法违规的影响进行了实证的检验，验证了公司违法违规问题中高管理性假设，证实了高管薪酬激励积极的一面。同时，我们也在已有文献基础上，引入了所有权结构、董事会监督、外部审计监督和 CEO 权力等变量，对公司治理结构对违法违规倾向的影响进行了实证检验。

　　此外，在已有文献中，就高管薪酬和公司违法违规问题的经验研究难以避免地存在或多或少的样本选择偏差等内生性问题，本书采用倾向评分匹配方法（PSM）对违规公司样本与未违规公司样本进行了配对，相比已有的局部配对方法来说，这会有助于缓解样本选择偏差导致的内生性问题，从而提供更为稳健的结论。

　　通过对中国上市公司高管薪酬和公司违法违规关系的探讨，丰富和扩展了公司违法违规领域的研究内容。由于已有文献更多集中于西方国家或成熟市场经济体上市公司高管薪酬与公司违法违规问题，而目前中国上市公司退市制度仍不完善，审核上市制度对企业入市形成限制反而保证了壳资源的价值巨大，西方成熟市场经济国家的研究结论可能并不适用于中国的情况，因此，在中国情景下的经验研究具有重要的实践意义。

　　采用 2007~2014 年中国大陆沪深两市 A 股上市公司作为研究样本，以企业违规年度为基准重新整理了企业违规变量。借鉴已有研究方法，基本模型采用多元 Probit 回归，同时采用 PSM 配对样本之后的 Probit 模型进行稳健性检验，在中国证券市场的制度背景下，实证检验了高管薪酬对公司违法违规的影响。本章研究结果表明：中国证券市场退市标准中的业绩压力越大，企业违法违规的可能性也越大；其次，高管薪酬的激励机制有助于降低企业违法违规的可能性，但这种影响在面临退市业绩压力的企业中却并不显著了。整体上，这与贝克尔（1968）的犯罪理性假设相符合。

第二节　制度背景与研究假设

一、制度背景

　　与发达国家不同，中国的证券市场监管制度和法规尚不健全。上市公司退市是中国证券市场面临的一个难题。证监会于 2001 年 2 月发布了《亏损公司暂停上市和终止上市实施办法》，中国上市公司退市制度正式开始推行，最主要的规定就是连续三年亏损的上市公司将暂停上市，即所谓的 ST 企业（special treatment）。同时，国务院和证监会也收回了原来实行的分权省级政府给予上市公司配额的做法，转而实行保荐人制度和证监会对拟上市公司的发审核准制度。但这一退市制度在实际运行中还存在问题，如退市程序相对冗长、退市效率较低、退市难现象突出。上市的行政核准制度也对证券市场吸纳新公司入市形成了一定的壁垒与限制。2012 年 5 月正式颁布执行的《创业板股票上市规则》中新增规定：因财务会计报告存在重要的前期差错或者虚假记载，对以前年度财务会计报告进行追溯调整，导致最近一年年末净资产为负的公司将暂停上市；因财务会计报告存在重要的前期差错或者虚假记载，对以前年度财务会计报告进行追溯调整，导致最近两年年末净资产为负的公司将终止其上市资格。但创业板的最新退市制度也存在不足，那就是对于上市公司的财务造假等违法犯罪行为并没有实行直接退市处理，而只是对以前年度财务会计报告进行追溯调整。

　　实际上，自 2001 年 4 月 PT 水仙被终止上市起，截至 2015 年 3 月，中国 A 股市场共有 83 只股票退市，仅占整个 A 股市场上市公司的约 3%；83 只 A 股中有 54 只股票因为连续亏损而被退市，其余退市公司主要因为吸收合并或自主选择退市。与退市难同时存在的，对于上市入口的行政审批核准制度又导致公司上市资格本身具有较高的垄断价值。当股份制公司的股票具有在中国证券二级市场上流通的资格时，这些公司通常被称为"壳"。由于中国证券市场的上市和退市制度的约束，已经上市公司的本身资格具有了一定的稀缺性，希望上市又无法获批的公司也可通过"买壳"或"借壳"的方式实现间接上市，所以"壳公司"被看作一种重要的资本资源。中国的上市和退市制度需要考虑的约束更多，目标也更加多元化，融资管制的存在使得"壳资源"的存在会阻碍公司的退市（李自然和成思危，2006）。由此，"壳资源"的稀缺性使得上市公司为了保住上市流通的资格来实现转让收益而想方设法满足监管条件，甚至不惜财务造假和违法违规披露。迫于退市业绩指标的压力，上市公司会通过各种手段实施盈余管理来调节利润、实现所谓"扭亏为盈"以规避退市（谢柳芳等，2013）。

二、文献回顾与研究假设

　　自中国证券市场建立以来，证监会一直履行对上市公司进行监管和行政处罚的职能，证监会可以对财务造假或其他违法违规行为实施包括对公司的官方警告、对公司及其高管人员罚金、没收非法收益和终止公司的证券交易资格等处罚执行措施（Jia et al.，2009）。但是从 20 世纪 90 年代证券市场建立至今，被强制退市的公司基本上都是出现连续三年以上财务亏损的企业，所遵循的退市标准主要是业绩指标，而存在欺诈上市和虚假信息披露等严重违法违规的公司却没有被强制退市的例子。这一方面和证监会《亏损公司暂停上市和终止上市实施办法》的规定有关，因为在规定中，只对公司财务绩效方面有更为详细和明确的执行标准，即"凡属连续三年亏损的暂停上市，自暂停上市起 12 个月内无法扭亏为盈的则依法终止上市"；而对于公司违法违规的退市标准则过于宽泛和难以认定，例如规定中要求，如未改正财务会计报告中的重大差错或者虚假记载、未在规定期限内披露年报或中报等，则暂停交易。《证券法》中规定公司有重大违法行为的予以暂停和终止上市。以上的条件对于重大与否显然难以具体衡量和执行。因此对于上市公司来说，只要能够保证满足不连续三年亏损的标准，就可以保住上市交易资格，维持"壳资源"的价值。

通过对证监会执行退市标准的分析和经验研究证据可知，公司被暂停交易资格乃至退市的最主要压力是公司的业绩能否满足证监会对连续亏损认定的条件，而公司在面临一定的退市业绩压力情况下采取虚假信息披露等违法违规行为则可能保留交易资格、维持"壳资源"的巨大价值。相比违法违规被处罚的成本来说，维持交易资格保留"壳资源"显然收益更大。此外，在最新的关于业绩压力和公司违法违规关系的已有研究中，王等（Wang et al.，2010）的实证研究结果表明，业绩越差的公司越有可能进行违法违规行为。郑等（Cheng et al.，2011）的数理模型则揭示了当 CEO 所在公司的业绩落后于竞争对手公司业绩到达一定程度的时候，这种 CEO 的相对业绩（relative performance evaluation，RPE）评价会激励经理人进行虚假信息报告。已有的经验研究进一步证实了这一结果，即相对业绩的评价会带给经理人一定的业绩压力，由此将提高其操纵公司业绩等违法违规行为的概率。综合以上分析，引出以下假设。

假设 H9 – 1：其他条件不变的情况下，上市公司面临的退市业绩压力越大，越有可能实施违法违规。

相比美国等普通法系国家，中国对中小投资者的外部法律保护程度和监管部门对公司违法违规的执行效率较低（La Porta et al.，2000；Conyon and He，2016），在外部监管难以奏效的情况下，部分学者对中国上市公司内部治理结构和违法违规关系的问题展开了实证研究。已有文献集中于董事会治理、董事独立性和机构投资者股权的监督作用，与国外关于董事独立性影响的研究结论基本一致（Agrawal and Chadha，2005；Khanna et al.，2015）。当中国上市公司董事会中与 CEO 关联的董事比例更低、董事独立性更强的时候，更能够约束高管的违法犯罪动机从而降低公司违法违规的概率（Chen et al.，2011；陆瑶和李茶，2016），而且机构投资者持股也能够起到一定的监督作用（Chen et al.，2006；陆瑶等，2012）。

作为另外一个重要的内部治理机制，高管的薪酬激励对于公司违法违规影响则存在着争议。尽管早期研究将高管薪酬契约作为公司治理的激励相容机制（Jensen and Meckling，1976；Core and Guay，1999），但21世纪初美国公司丑闻之后的大量国外理论与经验研究结果都表明，随着股权激励幅度的增加，尤其是高管股票期权的大量实施显著刺激了公司违法违规的发生（Goldman and Slezak，2006；Burns and Kedia，2006；Peng and Röell，2008；Johnson et al.，2009；Feng et al.，2011）。这些研究将公司违法违规的动因主要归结于公司高管的薪酬契约安排，即股票期权等股基激励的大幅度采用导致经理人在努力工作和实施违规造假获取私利之间进行权衡，进而为了获取更大的私利链而走险。或许正如贝克尔（1968）早就指出的，违法犯罪行为实际是不确定条件下一种理性的经济行为，只有当犯罪收益大于成本的时候才会发生。

然而，有研究却发现，很多高管的违法违规所得反而远远低于其正常的薪酬所得（Bhattacharya and Marshall，2014）。他们以美国1989~2002年公司高管违法内部交易数据为样本，对高管薪酬和违法内部交易之间的关系进行了经验研究，根据理性经济行为假设，更为"贫穷"的高管才应该对违法犯罪有更大的倾向，因为对他们来说犯罪收益会远高于其成本。然而研究结论表明，涉及内部交易违法的诉讼反而更多集中在相对"富有"的高管群体中，这意味着公司高管在违法违规问题上可能并不是理性的。此外，阿姆斯壮等（2010）采用2001~2005年CEO股权激励数据，同时考虑了样本期间内的萨班斯法案出台影响，利用倾向评分匹配方法（PSM）实证研究了CEO股权激励对财务违规的影响，其研究结果并未发现更高的CEO股权激励与公司违法违规之间存在显著正向联系的证据。

由于已有研究多以高管股权激励作为薪酬衡量变量，较少关注货币薪酬的影响，因此在高管货币薪酬对于公司违法违规影响的证据上存在着不足。在经验研究结果中，对CEO薪酬进行了分解，研究结论表明虽然股票期权激励会提升违法违规倾向，但货币薪酬却在10%水平上显著地降低了公司财务报表舞弊（Efendi et al.，2007）。以中国上市公司为样本的经验研究结果说明，作为对违法违规的惩罚，被查处的公司CEO将会遭受显著而大幅度的降薪（Conyon and He，2016）。此外的研究结果中也发现高管的货币薪酬与公司违法违规之间呈现了负相关关系（Chan et al.，2015）。由于中国证券市场和现代公司治理结构起步时间较晚，大量中国上市公司仍然没有实行高管股票期权等股基激励制度，而高管薪酬主要采取了货币薪酬的方式（包括基本年薪、职位津贴和业绩奖金等）。作为理性的经理人，公司的 CEO 和 CFO 等高管货币薪酬水平是十分可观的，而从被查处的违规公司案例来看，基本上高管都会被处以大额的罚款、降职，甚至辞退离职、禁止进入证券市场和上市公司的处罚。这些惩罚措施实际上对于薪酬水平更高的 CEO 或 CFO 来说，无疑具有非常大的违法违规成本，具有经济理性的高管理应对违法违规行为更趋谨慎。由此，提出以下假设。

假设 H9 - 2：其他条件不变的情况下，上市公司 CEO 和 CFO 货币薪酬水平越高，则面临的违法违规成本越大，因此会降低公司违法违规的可能性。

正如前文所分析的，中国证券市场上市条件仍较为严格、上市资格受到行政核准的控制，而公司退市标准主要依据业绩情况、退市制度依然不完善。因此，当面临退市业绩压力的时候，高管会有更强的违法违规动机，即在公司面临退市业绩压力的时候，薪酬水平更低的高管会提高公司违法违规的可能性，因为他们付出的成本更低。这也就意味着，当公司面临退市压力之时，争取保住"壳资源"是高管的主要目标，而此时薪酬水平也将无法起到对公司违法违规倾向的抑制作用。理性的高管在面临退市业绩压力情况下，违法违规的收益会大于成本，因此，退市压力将弱化高管薪酬对于违法违规倾向的抑制效应。基于以上分析，我们提出如下假设。

假设 H9 - 3：与没有面临业绩压力的公司相比，面临退市业绩压力的公司中，高管薪酬和公司违法违规之间的负向关系将更弱。

第三节　构建实证研究设计

一、数据来源和样本选择

本书的 CEO 和 CFO 薪酬、股权结构、内部董事会治理和公司财务指标等数据均来自国泰安（GuoTaiAn Information Service, GTA）中国股票市场和财务分析数据库（CSMAR），这一数据库已经被研究中国上市公司违法违规问题等方面的已有文献所广泛采用（Chen et al., 2005；Firth et al., 2010, 2011）。与已有的研究相同，公司违法违规数据信息也来自 CSMAR 数据库，CSMAR 数据所提供的公司违法违规信息是相关违规公司或监管机构在证监会所指定媒体上正式发布的公告，除了包括公司是否违法违规并且被处罚外，信息还提供了公司违法违规的具体类型，包括公司信息披露违规、公司经营违规和公司高管个人违规三种。

　　样本包括了 2007～2014 年在中国 A 股沪深两市公开交易的上市公司，在剔除关键变量存在缺失值的样本、金融行业上市公司样本后，对连续型变量按照上下 1% 进行缩尾处理，共计获得 11865 个公司年度样本，其中违法违规公司有 1315 个公司年度样本（同一公司同一年份不重复记违规行为）。本研究的样本期间自 2007 年开始，因为 2005 年中国上市公司的年报中才开始正式披露 CEO 和 CFO 等公司高管个人薪酬信息，且在 2006 年前后中国证券市场的股权分置改革使得公司财务指标等信息与之前年份相比变化较大、难以保持一致，因此解释变量如 CEO 和 CFO 薪酬、公司财务绩效 ROA 均采用 2007 年的数据，而被解释变量公司违法违规数据则自 2008 年开始，相应地，其他控制变量也采用了滞后一期的数据①。

二、回归模型与变量

　　针对主要研究目的，一方面综合借鉴国内外公司违法违规问题研究的主要回归模型（Chen et al. ，2006；Conyon and He，2016），另一方面也结合中国上市公司治理结构的具体特征，建立基本的回归模型如下：

$$Fraud = \beta_0 + \beta_1 Pressure(ROA_{i,t-1}) + \beta_2 CEO\_pay_{i,t-1}(CFO\_pay_{i,t-1}) + \gamma X_{i,t-1} + \varepsilon_{i,t}$$

　　在该模型中，Fraud 衡量公司 i 在年度 t 是否存在违法违规行为，Pressure 是公司退市业绩压力变量，CEO_pay 和 CFO_pay 分别是公司 CEO 和 CFO 薪酬的自然对数，$X_{i,t-1}$ 包括了一系列公司层面的控制变量，ε_{it} 是随机扰动项。

　　根据 CSMAR 数据库中对证监会稽查的公司违法违规行为所做的说明，公司违规行为定义为：公司在信息披露、公司经营及高管行为等方面存在违法违规，受到证监会、司法部门、公安机关以及交易所等机构公开谴责、批评和处罚的行为。具体而言，公司的信息披露违规行为主要包括虚假信息披露、财务信息报告造假、重要信息披露遗漏等；公司经营违规行为主要包括挪用资金、违规担保、违规投资证券；高管违规主要是高管个人涉及内幕交易行为。借鉴

---

　　① 中国上市公司自 2000 年起披露公司高管的总体薪酬水平，而自 2005 年开始，上市公司年报中才正式披露公司 CEO 等高管的个人薪酬信息，因此之前的已有研究多采用高管团队的平均薪酬水平。自 2005 年开始的股权分置改革，对 2006 年前后的公司财务数据和年报信息存在较大影响，很多财务指标发生了变化。

既有的研究，这里使用虚拟变量（Fraud）来表征公司违法违规行为，作为被解释变量。如果公司当年存在违规行为，则赋值为 1，反之赋值为 0。需要说明的是，由于以前文献在研究企业违法违规行为决定因素时往往采用的是当年被监管机构稽查而确定处罚的违规样本，但在实际中，可能有些公司存在违规事实但当年未被稽查出来。而 Probit 模型则是假设我们观察到的违规就是实际发生的违规，如果依照已有做法采用违规被查处公司为样本进行 Probit 估计会存在偏差。为此，我们以企业违规年度为基准重新整理了企业违规变量（例如，证监会在 2014 年公告南纺股份在 2006～2010 年期间连续造假，则违规与否变量 Fraud 在 2006～2010 年间取值为 1，而在 2014 年取值为 0），即如果企业出现违规行为则 Fraud = 1，否则 Fraud = 0，而不管这些违规行为在当时有没有被稽查。这样处理的结果就可以在一定程度上从样本选择角度减少传统 Probit 模型所面临的问题。针对信息披露违规、经营违规以及高管违规这三类公司违规，我们进而分别定义哑变量 Fraud1、Fraud2、Fraud3，以研究退市业绩压力和高管薪酬对不同类型违规的影响。

主要的解释变量是高管薪酬水平，与已有研究相一致（Conyon and He，2016；陆瑶和李茶，2016），我们以中国上市公司年报披露的公司 CEO 薪酬自然对数 CEO_pay 来衡量（总体薪酬中包括了 CEO 的年薪、奖金和高管津贴）。同时，结合已有文献的研究结果，考虑到公司 CFO 在财务报表和财务信息披露等方面的影响日益重要（Feng et al.，2011），我们也使用了 CFO 的薪酬水平，检验 CFO 薪酬对于公司违法违规的可能影响。在高管薪酬的组成中，出于数据信息的限制，我们没有包括中国上市公司高管的股权激励（例如股票期权），这主要是由于中国上市公司中采用股权激励的比例仍然非常低，且大多数公司并未披露此方面数据（Firth et al.，2006；Conyon and He，2016）。

至于公司的退市业绩压力变量，我们主要采用了两个衡量指标。由于连续三个财务年度公司处于亏损状态就会被特别处理（ST），公司股票交易将被限制或暂停，绩效若继续恶化则会存在退市风险进而失去"壳资源"的价值。因此第一个退市业绩压力变量是公司在上两个财务年度中均出现过亏损的哑变量 Pressure，即如果 i 公司在 t－1 和 t－2 年度的 ROA 为负则取值为 1，否则为 0。第二个变量采用了公司上一年度的财务绩效 ROA_{t-1}。

控制变量包括了公司治理变量、公司经营状况变量和诉讼风险变量。首先，在公司治理方面，股权结构和董事会治理均会对公司违法违规产生影响（Chen et al.，2006），因此，这里控制了董事会规模（Board）、独立董事比例

（Independent）、第一大股东持股比例（First）、股权制衡程度（HZ）、公司的董事会会议次数（Meeting）以及公司 CEO 是否兼任董事长的虚拟变量 Duality。其次，在公司经营状况方面，更大的公司更容易吸引大众的眼球，增加了其违规被稽查的可能性（Wang et al. , 2010），因此我们控制了公司规模（Size）；此外，我们还控制了公司国有股权性质（State）、表征公司经营状况的资产负债率（Lev）、公司股票持有期年收益率 Return 和托宾 Q 值。在诉讼风险方面，更高的股票换手率意味着市场对于公司有更大的关注度，会提高公司的诉讼风险（陆瑶和李茶，2016），因此这里也控制了股票年换手率（Over-atio）。此外，公司外部审计对于其违规倾向也有重要的影响（Chen et al. , 2011），如果公司的外部审计来自国际四大会计师事务所，则 Bigfour 取值为 1，否则为 0；如果注册会计师对公司年报意见为标准无保留，则 Opinion 取值为 1，反之非标准意见则为 0。同时，考虑到高管的个人特征影响，我们还控制了 CEO 和 CFO 的年龄、性别。此外，还引入了公司所处行业和年度的哑变量。

变量定义和说明见表 9 - 1。

表 9 - 1　　　　　　　　　　　　　变量定义和说明

变量类型	变量名称	变量含义	计算方法
公司违法违规变量	Fraud	公司违法违规行为	哑变量，当年存在违法违规行为则取值 1，否则为 0
	$Fraud_1$	信息披露方面违规	哑变量，当年存在信息披露违规时取值 1，否则为 0
	$Fraud_2$	经营方面违规	哑变量，当年存在经营违规时取值 1，否则为 0
	$Fraud_3$	公司高管违规	哑变量，当年存在公司高管违规时取值 1，否则为 0
高管薪酬变量	CEO_pay	CEO 薪酬水平	上一年度 CEO 货币薪酬的对数
	CFO_pay	CFO 薪酬水平	上一年度 CFO 货币薪酬的对数
退市业绩压力变量	Pressure	公司连续两年亏损	哑变量，公司前两年财务绩效出现负值则取值为 1
	ROA_{t-1}	公司上一年度财务绩效	公司上一年度的总资产利润率 ROA
公司治理变量	Board	董事会规模	上一年度公司董事会的总人数
	Independent	独立董事比例	上一年度董事会中独立董事人数/董事会总人数
	First	第一大股东持股	上一年度公司第一大股东持股比例
	HZ	股权制衡变量	上一年度第二大股东持股数/第一大股东持股数
	Duality	两职兼任情况	上一年度公司 CEO 是否兼任董事长和总经理
	Meeting	董事会会议	上一年度当年董事会的会议次数

续表

变量类型	变量名称	变量含义	计算方法
公司经营变量	Size	公司规模	上一年度公司期末总资产对数
	State	公司国有股权性质	国有控股取值为1，否则为0
	Lev	公司资产负债率	上一年度公司年末总负债/上一年度公司年末总资产
	Return	股票收益	上一年度公司股票持有期年收益率
	TQ	公司市场价值	上一年度公司的托宾 Q 值
诉讼风险	Overatio	股票换手率	上一年度公司流通股年换手率
	Bigfour	外部审计	上一年度是国际四大事务所审计取值为1，否则为0
	Opinion	注册会计师意见	上一年度标准无保留意见取值为1，非标准意见为0
高管特征	CEO_age	CEO 年龄特征	上一年度 CEO 年龄
	CFO_age	CFO 年龄特征	上一年度 CFO 年龄
	CEO_gender	CEO 性别	上一年度 CEO 男性取值为1，否则为0
	CFO_gender	CFO 性别	上一年度 CFO 男性取值为1，否则为0
年份和行业哑变量	Year	年度虚拟变量	公司所处年度哑变量
	IND	行业虚拟变量	根据中国证监会《上市公司行业分类指引》（2001）二级代码分类设置哑变量，剔除金融行业

三、描述性统计结果

表9-2列示主要变量的描述统计结果，其中面板 A 报告了全样本的信息。在全样本中，公司违法违规（Fraud）的均值为 0.111，表明存在违法违规行为的公司占全体观测值的 11.1%。在样本中，大多数公司的违法违规行为主要是在公司的信息披露方面（8.9%），经营活动违规和高管违规的占比分别为 8.3% 和 4%。由于公司的一个违法违规行为可能会分属于不同种类，因此三种违规总和会超过 11.1%。

面板 B 报告了分组样本的相关统计信息。其中，列（4）和列（5）报告了未稽查出违法违规行为的公司和稽查出违法违规行为公司的各个变量的均值，列（6）和列（7）则列示了二者均值差异和 t-test 值的显著性水平。从中可以发现，未违规公司和违规公司样本的各个变量之间存在较大的差异，违规公司的 CEO 和 CFO 薪酬水平更低、退市业绩压力更大、董事会人数更少、负债程度更高、持有期股票收益更低、换手率更高、更倾向于聘请非国际四大知名事务所来进行外部审计和更加容易被出具非标准意见。

表 9 - 2　　　　　　　主要变量的全样本和分组样本统计描述

变量	面板 A：全样本			面板 B：违规和非违规分组样本			
	均值	中值	标准差	非违规	违规	差异	t 检验
	（1）	（2）	（3）	（4）	（5）	（6）	（7）
Fraud	0.111	0.000	0.314				
Fraud$_1$	0.089	0.000	0.285				
	（1）	（2）	（3）	（4）	（5）	（6）	（7）
Fraud$_2$	0.083	0.000	0.277				
Fraud$_3$	0.005	0.000	0.069				
CEO_pay	12.944	12.974	0.793	12.974	12.697	0.277	11.277***
CFO_pay	12.491	12.524	0.771	12.520	12.258	0.262	11.110***
Pressure	0.137	0.000	0.344	0.125	0.234	-0.109	-8.899***
ROA$_{t-1}$	0.051	0.039	1.002	0.055	0.022	0.033	3.112***
Board	5.610	6.000	1.372	5.619	5.534	0.085	2.142***
Independent	0.629	0.571	0.156	0.629	0.6323	-0.004	-0.856
First	0.364	0.348	0.152	0.367	0.346	0.021	4.901***
HZ	0.635	0.464	0.591	0.634	0.647	-0.014	-0.789
Duality	0.239	0.000	0.426	0.237	0.253	-0.016	-1.289
Meeting	9.154	9.000	3.638	9.066	9.859	-0.793	-7.538***
Size	21.759	21.595	1.259	21.794	21.472	0.322	9.561***
State	0.421	0.000	0.494	0.423	0.412	0.012	0.731
Lev	0.432	0.429	0.2211	0.426	0.482	-0.055	-8.729***
Return	0.212	0.065	0.734	0.241	-0.007	0.248	11.982***
TQ	2.196	1.547	9.988	2.245	1.799	0.445	3.875***
Overatio	6.246	5.047	4.694	6.091	7.491	-1.399	-8.641***
Bigfour	0.048	0.000	0.214	0.051	0.024	0.027	5.851***
Opinion	0.970	1.000	0.169	0.977	0.919	0.058	7.568***

注：面板 A 是全样本的描述统计，面板 B 报告了违规与非违规公司的分组均值，其中列（6）和列（7）分别是各变量分组均值的差异和 t 值，*、** 和 *** 分别表示在 10%、5% 和 1% 的水平上显著。

第四节　回归结果与分析

一、基本结果与分析

我们首先就退市业绩压力对于公司违法违规的影响进行分析，进而在退市业绩压力下，利用分组变量考察高管薪酬在其中的作用。被解释变量 Fraud，如果证监会在当年稽查出公司的违法违规则取值为 1，否则为 0，采用 Probit 模型的基本回归结果列示在表 9 - 3。从表 9 - 3 的列（1）和列（5）中可以发现，无论是以 Pressure 还是 ROA_{t-1} 来衡量的退市业绩压力的回归系数至少在 5% 水平上显著，公司退市业绩压力越强，公司上一年度业绩越差，则公司违法违规的可能性就越高。列（2）和列（3）的结果显示，CEO 和 CFO 的薪酬水平越高，则公司违规的可能性显著降低。列（4）中 CEO 薪酬水平的显著性下降到了 10% 的水平，CFO 薪酬的回归系数虽然为负但不再显著，这主要是由于 CFO 薪酬引入回归模型后所带来的共线性问题。在列（6）至列（8）中，以上一年度 ROA_{t-1} 作为解释变量的回归结果与以 Pressure 为解释变量的列（2）至列（4）的结果相同，与研究假设 H9 - 1 和假设 H9 - 2 相一致。

表 9 - 3　退市业绩压力、高管薪酬和公司违法违规的 Probit 模型回归结果

变量	违规							
	（1）	（2）	（3）	（4）	（5）	（6）	（7）	（8）
Pressure	0.269 *** (0.055) [0.046]	0.245 *** 0.057 [0.042]	0.257 *** (0.056) [0.044]	0.245 *** (0.057) [0.042]				
ROA_{t-1}					-0.816 *** (0.323) [-0.141]	-0.716 *** (0.321) [-0.123]	-0.627 * (0.329) [-0.108]	-0.610 * (0.330) [-0.104]
CEO_pay		-0.083 *** (0.268) [-0.014]		-0.063 * (0.035) [-0.011]		-0.085 *** (0.027) [-0.015]		-0.064 * (0.034) [-0.011]

续表

变量	违规							
	（1）	（2）	（3）	（4）	（5）	（6）	（7）	（8）
CFO_pay			−0.059 **	−0.023			−0.062 **	−0.022
			(0.028)	(0.037)			(0.028)	(0.037)
			[−0.009]	[−0.003]			[−0.011]	[−0.004]
Board	−0.025	−0.021	−0.021	−0.018	−0.023	−0.020	−0.019	−0.016
	(0.017)	(0.017)	(0.017)	(0.017)	(0.017)	(0.017)	(0.017)	(0.017)
	[−0.004]	[−0.004]	[−0.003]	[−0.003]	[−0.004]	[−0.003]	[−0.003]	[−0.003]
Independent	0.062	0.064	0.067	0.069	0.074	0.078	0.077	0.081
	(0.134)	(0.136)	(0.136)	(0.138)	(0.134)	(0.136)	(0.135)	(0.137)
	[0.011]	[0.011]	[0.011]	[0.012]	[0.013]	[0.013]	[0.013]	[0.014]
First	−0.111	−0.103	−0.119	−0.105	−0.119	−0.114	−0.130	−0.118
	(0.158)	(0.159)	(0.159)	(0.161)	(0.158)	(0.160)	(0.159)	(0.161)
	[−0.019]	[−0.018]	[−0.020]	[−0.018]	[−0.020]	[−0.019]	[−0.022]	[−0.020]
HZ	0.052	0.065	0.061	0.064	0.044	0.057	0.053	0.056
	(0.079)	(0.080)	(0.080)	(0.081)	(0.079)	(0.080)	(0.079)	(0.081)
	[0.009]	[0.011]	[0.011]	[0.011]	[0.008]	[0.009]	[0.009]	[0.009]
Duality	0.144 ***	0.157 ***	0.147 ***	0.155 ***	0.142 ***	0.154 ***	0.145 ***	0.152 ***
	(0.045)	(0.046)	(0.046)	(0.047)	(0.045)	(0.046)	(0.045)	(0.047)
	[0.025]	[0.027]	[0.025]	[0.026]	[0.024]	[0.026]	[0.025]	[0.026]
Meeting	0.030 ***	0.029 ***	0.030 ***	0.029 ***	0.031 ***	0.030 ***	0.031 ***	0.029 ***
	(0.005)	(0.005)	(0.005)	(0.005)	(0.005)	(0.005)	(0.005)	(0.005)
	[0.005]	[0.005]	[0.005]	[0.005]	[0.005]	[0.005]	[0.005]	[0.005]
Size	−0.129 ***	−0.102 ***	−0.114 ***	−0.102 ***	−0.141 ***	−0.113 ***	−0.127 ***	−0.113 ***
	(0.024)	(0.025)	(0.025)	(0.026)	(0.024)	(0.024)	(0.025)	(0.025)
	[−0.022]	[−0.017]	[−0.019]	[−0.017]	[−0.024]	[−0.019]	[−0.021]	[−0.019]
State	−0.085 *	−0.077	−0.076	−0.073	−0.087 *	−0.078	−0.077	−0.072
	(0.047)	(0.048)	(0.048)	(0.049)	(0.045)	(0.046)	(0.047)	(0.048)
	[−0.016]	[−0.014]	[−0.014]	[−0.013]	[−0.018]	[−0.015]	[−0.015]	[−0.013]
Lev	0.555 ***	0.504 ***	0.537 ***	0.503 ***	0.625 ***	0.570 ***	0.618 ***	0.578 ***
	(0.108)	(0.109)	(0.109)	(0.110)	(0.111)	(0.112)	(0.111)	(0.113)
	[0.095]	[0.087]	[0.091]	[0.086]	[0.108]	[0.098]	[0.106]	[0.098]
Return	0.011	0.006	0.009	0.004	0.023	0.018	0.018	0.012
	(0.035)	(0.036)	(0.036)	(0.037)	(0.035)	(0.035)	(0.036)	(0.037)
	[0.002]	[0.001]	[0.002]	[0.001]	[0.004]	[0.003]	[0.003]	[0.002]
TQ	−0.019	−0.015	−0.019	−0.017	−0.012	−0.009	−0.013	−0.011
	(0.013)	(0.012)	(0.013)	(0.013)	0.011	(0.009)	(0.012)	(0.011)
	[−0.003]	[−0.003]	[−0.003]	[−0.003]	[−0.002]	[−0.002]	[−0.002]	[−0.002]

续表

变量	违规							
	(1)	(2)	(3)	(4)	(5)	(6)	(7)	(8)
Overatio	0.014 ***	0.014 ***	0.015 ***	0.014 ***	0.012 ***	0.011 ***	0.013 ***	0.012 ***
	(0.004)	(0.004)	(0.004)	(0.004)	(0.004)	(0.004)	(0.004)	(0.004)
	[0.002]	[0.002]	[0.003]	[0.002]	[0.002]	[0.002]	[0.002]	[0.002]
Bigfour	−0.256 **	−0.256 **	−0.224 **	−0.244 **	−0.239 **	−0.240 **	−0.205 *	−0.227 *
	(0.116)	(0.118)	(0.115)	(0.118)	(0.117)	(0.119)	(0.117)	(0.119)
	[−0.044]	[−0.044]	[−0.039]	[−0.042]	[−0.041]	[−0.041]	[−0.035]	[−0.039]
Opinion	−0.539 ***	−0.491 ***	−0.494 ***	−0.463 ***	−0.570 ***	−0.522 ***	−0.531 ***	−0.501 ***
	(0.095)	(0.099)	(0.099)	(0.102)	(0.094)	(0.098)	(0.098)	(0.101)
	[−0.093]	[−0.084]	[−0.085]	[−0.079]	[−0.098]	[−0.089]	[−0.091]	[−0.085]
CEO_age		0.001		0.001		0.001		0.001
		(0.003)		(0.003)		(0.003)		(0.003)
		[0.000]		[0.000]		[0.000]		[0/000]
CEO_gender		0.060		0.053		0.061		0.052
		(0.080)		(0.081)		(0.081)		(0.082)
		[0.010]		[0.009]		[0.010]		[0.009]
CFO_age			−0.001	−0.001			−0.000	−0.001
			(0.003)	(0.003)			(0.003)	(0.003)
			[−0.000]	[−0.000]			[−0.000]	[−0.000]
CFO_gender			0.008	0.006			0.008	0.005
			(0.041)	(0.042)			(0.041)	(0.042)
			[0.001]	[0.001]			[0.001]	[0.001]
Year&Industry	Y	Y	Y	Y	Y	Y	Y	Y
Observations	8851	8645	8719	8541	8851	8645	8719	8530
Pseudo R^2	0.137	0.136	0.136	0.134	0.135	0.134	0.133	0.131
Prob > Chi^2	0.000	0.000	0.000	0.000	0.000	0.000	0.000	0.000

注：每个自变量对应三行结果，第一行为参数估计值，第二行为行业层面聚类的稳健标准误，第三行为边际效应；所有回归模型均包含了行业和年度固定效应；*、** 和 *** 分别表示在 10%、5% 和 1% 的水平上显著。

控制变量中，Duality 和 Lev 都对公司违法违规倾向有显著的正向影响，这说明 CEO 兼任董事长会增强对董事会的控制，拥有更大权力的 CEO 会削弱董事会的监督作用（Dechow et al.，1996）；同时，负债率更高的公司也更容易铤而走险，这与已有的研究结论（Wang et al.，2010）相一致。此外，Meeting 和 Overatio 也显著提高了公司违规的可能性。公司规模（Size）对违规行为有显著的负向影响，聘请国际知名会计师事务所进行审计（Bigfour）和注册会计师出具标准无保留意见均会显著降低公司违法违规行为。

表9-4列示了以公司退市业绩压力（Pressure）分组的回归结果，从列（1）和列（3）中可以发现，当公司存在退市业绩压力时（Pressure=1），CEO薪酬越低，公司违法违规倾向越高，被稽查出违规行为的可能性也就越大（CEO_pay在10%水平上显著），这符合犯罪理性行为的假设，即当CEO的薪酬较低的时候，其违法违规的收益将大于成本，所以薪酬越低的CEO越可能有违法违规的倾向。此外，列（4）中CEO_pay的回归系数也在1%水平上显著为负，这也说明当公司不存在退市业绩压力的时候（Pressure=0），CEO薪酬越高其抑制违规行为的作用也越强，而如果CEO薪酬越低则其违规倾向也越高，这说明即使在无退市业绩压力的公司中，高管的违规动机也是符合经济理性的，即CEO薪酬越低的公司违规的可能性也越高。CFO_pay的回归系数只在列（5）中显著（5%水平上显著），而CEO两职兼任（Duality）则在各列中都对违规有显著的正影响，这也进一步说明了在公司违法违规方面，CEO的影响要远大于CFO。从控制变量来看，该结果与陆瑶和李茶（2016）对中国上市公司违法违规的研究结果相一致，控制变量中的董事会治理变量等未能显著抑制公司违法违规，与路军（2015）的研究结果相同，董事会会议次数（Meeting）、公司负债程度（Lev）和股票换手率（Overatio）都显著增加了公司违规的可能性，公司规模Size降低了公司违规的倾向。总体上，回归结果表明，无论是否面临退市业绩压力，高管薪酬与公司违法违规之间的负向关系都存在，这也进一步证明了研究假设H9-2。

表9-4　高管薪酬和公司违法违规的 Probit 模型回归结果（以 Pressure 分组）

变量	违规					
	Pressure = 1			Pressure = 0		
	(1)	(2)	(3)	(4)	(5)	(6)
CEO_pay	-0.120* (0.063) [-0.026]		-0.148* (0.077) [-0.032]	-0.077** (0.030) [-0.017]		-0.063* (0.037) [-0.014]
CFO_pay		0.002 (0.065) [0.001]	0.134 (0.085) [0.029]		-0.071** (0.032) [-0.015]	-0.047 (0.042) [-0.014]
Board	-0.048 (0.041) [-0.011]	-0.062 (0.041) [-0.014]	-0.056 (0.042) [-0.012]	-0.014 (0.019) [-0.003]	-0.013 (0.019) [-0.003]	-0.011 (0.019) [-0.002]

续表

变量	违规					
	Pressure = 1			Pressure = 0		
	(1)	(2)	(3)	(4)	(5)	(6)
Independent	0.157 (0.307) [0.034]	0.074 (0.303) [0.016]	0.096 (0.311) [0.021]	0.035 (0.153) [0.007]	0.056 (0.152) [0.012]	0.052 (0.154) [0.012]
First	−0.126 (0.369) [−0.028]	−0.270 (0.365) [−0.060]	−0.202 (0.374) [−0.045]	−0.100 (0.180) [−0.022]	−0.106 (0.179) [−0.023]	−0.104 (0.181) [−0.023]
HZ	−0.040 (0.199) [−0.008]	−0.078 (0.196) [−0.017]	−0.073 (0.201) [−0.016]	0.064 (0.089) [0.014]	0.067 (0.089) [0.015]	0.063 (0.090) [0.014]
Duality	0.229* (0.124) [0.051]	0.178 (0.120) [0.039]	0.238* (0.127) [0.053]	0.139*** (0.051) [0.030]	0.135*** (0.049) [0.030]	0.132** (0.052) [0.029]
Meeting	0.052*** (0.013) [0.012]	0.052*** (0.013) [0.012]	0.050*** (0.013) [0.011]	0.025*** (0.006) [0.006]	0.027*** (0.006) [0.006]	0.025*** (0.006) [0.006]
Size	0.005 (0.059) [0.001]	−0.021 (0.059) [−0.004]	−0.013 (0.062) [−0.003]	−0.125*** (0.028) [−0.027]	−0.133*** (0.027) [−0.029]	−0.121*** (0.028) [−0.026]
State	−0.088 (0.111) [−0.019]	−0.089 (0.109) [−0.019]	−0.088 (0.113) [−0.019]	−0.065 (0.054) [−0.014]	−0.052 (0.054) [−0.012]	−0.055 (0.054) [−0.012]
Lev	0.416* (0.229) [0.092]	0.467** (0.229) [0.103]	0.481** (0.237) [0.106]	0.580*** (0.127) [0.128]	0.609*** (0.126) [0.135]	0.562*** (0.127) [0.124]
Return	0.010 (0.045) [0.022]	0.003 (0.045) [0.001]	−0.004 (0.044) [−0.001]	−0.007 (0.058) [−0.002]	−0.000 (0.056) [−0.000]	−0.007 (0.057) [−0.002]
TQ	0.008 (0.021) [0.002]	−0.005 (0.021) [−0.001]	−0.000 (0.020) [−0.000]	−0.013 (0.013) [−0.003]	−0.013 (0.011) [−0.003]	−0.013 (0.012) [−0.003]
Overatio	0.039*** (0.013) [0.008]	0.045*** (0.012) [0.010]	0.042*** (0.013) [0.009]	0.009** (0.005) [0.002]	0.010** (0.005) [0.002]	0.009** (0.005) [0.002]

续表

变量	违规					
	Pressure = 1			Pressure = 0		
	(1)	(2)	(3)	(4)	(5)	(6)
Bigfour	−0.120 (0.26) [−0.026]	0.005 (0.250) [0.001]	−0.089 (0.261) [−0.019]	−0.285 ** (0.136) [−0.063]	−0.270 ** (0.133) [−0.060]	−0.270 ** (0.136) [−0.060]
Opinion	−0.338 ** (0.136) [−0.075]	−0.303 ** (0.135) [−0.067]	−0.263 * (0.141) [−0.058]	−0.730 *** (0.143) [0.161]	−0.781 *** (0.138) [−0.173]	−0.732 *** (0.144) [−0.162]
CEO_age	0.001 (0.008) [0.000]		0.001 (0.008) [0.000]	0.001 (0.004) [0.000]		0.001 (0.004) [0.000]
CEO_gender	0.433 ** (0.190) [0.096]		0.434 ** (0.199) [0.096]	−0.015 (0.091) [−0.003]		−0.013 (0.092) [0.003]
CFO_age		0.007 (0.007) [0.001]	0.008 (0.008) [0.001]		−0.002 (0.003) [−0.000]	−0.002 (0.003) [−0.000]
CFO_gender		0.135 (0.102) [0.030]	0.099 (0.106) [0.022]		−0.013 (0.046) [−0.003]	−0.014 (0.046) [−0.003]
Year&Industry	Y	Y	Y	Y	Y	Y
Observations	1136	1151	1104	7490	7548	7414
Pseudo R^2	0.156	0.147	0.158	0.130	0.133	0.129
Prob > Chi^2	0.000	0.000	0.000	0.000	0.000	0.000

　　注：每个自变量对应三行结果，第一行为参数估计值，第二行为行业层面聚类的稳健标准误，第三行为边际效应；所有回归模型均包含了行业和年度固定效应；* 、** 和 *** 分别表示在 10%、5% 和 1% 的水平上显著。

　　值得注意的是，在表 9－4 的回归结果中，没有业绩压力公司的高管薪酬回归系数显著性水平更高。例如在列 (4) 和列 (5) 中，CEO_pay 和 CFO_pay 均在 5% 水平上显著。而在列 (1) 和列 (2) 中，面临退市压力的公司高管薪酬水平回归系数仅在 10% 水平上边际显著，分组回归结果的系数显著性水平差异也表明，当面临退市压力时，高管薪酬水平对公司违法违规倾向的抑制效应有所减弱，这与假设 H9 - 3 相符合。出现这一结果可能有两方面原因：一个原因是退市压力会提升公司违法违规从而保住"壳资源"的动机，这在面临退市压力公司的高管身上相对更大，因为其离职或被兼并之后将无法获得在位的高薪；另一个原因可能在于监管机构对于面临退市压力的业绩不良公司的监督检查更为严格，因此高管相对会采取更为谨慎的行动，但对于较低薪酬的高管来说，其违法违规成本更低，在权衡之后值得铤而走险，从而使得薪酬对违规的抑制效应减弱。

二、内生性检验

CEO 或 CFO 薪酬不可避免地具有内生性问题，存在可能的公司治理因素、高管政治联系或其他高管个体特征等因素会同时影响高管薪酬和公司违规行为。如果忽略这一内生性问题，其所带来的选择性偏误将会对前面的基本回归结果产生影响。在关于高管薪酬影响的已有文献中，传统方法仅仅根据公司规模、行业和年度等来寻找相似样本进行配对，这种局部配对方法（partial-matching approach）依然可能导致有偏的参数估计（Armstrong, Jagolinzer and Larcker, 2010）。对此，采用倾向评分匹配方法（PSM）对样本进行匹配[①]，以尽可能减轻样本选择性偏误可能带来的内生性问题。我们以同行业同年度公司的 CEO 和 CFO 薪酬均值作为标准，定义哑变量 CEO_low，如果该公司上一年度 CEO 薪酬低于均值则取值为 1，否则为 0；类似地，若 CFO 上一年度薪酬低于均值则 CFO_low 为 1，否则为 0。在具体的配对过程中，我们利用有放回的最近邻匹配方法，借鉴已有的做法，在为处理组公司（treatment firm，即 CEO_low = 1）寻找一个匹配的控制组公司（control firm，即 CEO_low = 0）时，匹配算法（matching algorithm）不仅使用了传统的局部匹配变量还包括了所有其他的控制变量，在得到配对样本后重新检验 CEO 和 CFO 薪酬对于公司违法违规的影响。

表 9 - 5 列示了利用 PSM 方法得到配对样本之后的 Probit 模型回归结果。从全部配对样本的结果来看，列（1）中，CEO_low 的回归系数为 0.113，在 1% 水平上显著为正，边际影响为 2.2%，这表明低薪酬水平的 CEO 对公司违法违规有正影响，薪酬水平较低的 CEO 其违规成本也越低，薪酬激励不

---

① Rosenbaum and Rubin（1983）、Rosenbaum（2002）的研究具体介绍了 PSM 方法的数学过程和优越性。

足将提升公司违规的可能性。与之相类似，列（2）中低薪酬水平的 CFO 回归系数为 0.110，在 1% 水平上显著为正，边际影响为 2.1%，即薪酬水平低的 CFO 也会提高公司违法违规倾向。从全样本的回归结果可以看出，利用 PSM 配对样本的估计结果与之前的回归结果相一致，即高管较低的薪酬水平才会提高公司违规的可能性，这符合犯罪行为的经济理性假设，也体现了近些年来随着公司治理结构改革，中国上市公司高管薪酬的增加具有一定的正面积极作用。

表 9-5　CEO 薪酬、CFO 薪酬与公司违规（PSM 配对样本的 Probit 模型）

变量	违规					
	全样本		Pressure = 1		Pressure = 0	
	（1）	（2）	（3）	（4）	（5）	（6）
CEO_low	0.113 *** (0.043) [0.022]		-0.123 (0.091) [0.024]		0.200 *** (0.046) [0.041]	
CFO_low		0.110 *** (0.040) [0.021]		-0.185 * (0.094) [-0.037]		0.225 *** (0.046) [0.045]
Board	-0.031 * (0.018) [-0.006]	-0.029 (0.019) [-0.006]	-0.095 ** (0.044) [-0.019]	-0.125 *** (0.046) [-0.025]	-0.026 (0.022) [-0.005]	-0.009 (0.022) [-0.002]
Independent	0.029 (0.143) [0.005]	-0.074 (0.156) [-0.014]	-0.470 (0.293) [-0.094]	0.176 (0.324) [0.035]	0.190 (0.172) [0.038]	-0.141 (0.182) [-0.028]
First	-0.171 (0.167) [-0.033]	-0.202 (0.172) [-0.040]	-1.812 *** (0.380) [-0.362]	-0.718 * (0.385) [-0.143]	0.086 (0.212) [0.017]	0.255 (0.211) [0.045]
HZ	0.132 (0.082) [0.026]	0.059 (0.085) [0.011]	-0.294 (0.196) [-0.058]	-0.388 ** (0.194) [-0.077]	0.221 ** (0.102) [0.044]	0.382 *** (0.099) [0.076]
Duality	0.260 *** (0.048) [0.043]	0.188 *** (0.049) [0.037]	0.114 (0.129) [0.022]	0.208 * (0.126) [0.041]	0.188 *** (0.058) [0.037]	0.105 * (0.056) [0.021]
Meeting	0.034 *** (0.006) [0.007]	0.034 *** (0.006) [0.006]	0.027 ** (0.012) [0.005]	0.024 ** (0.012) [0.005]	0.043 *** (0.007) [0.008]	0.024 *** (0.008) [0.005]

续表

变量	违规					
	全样本		Pressure = 1		Pressure = 0	
	(1)	(2)	(3)	(4)	(5)	(6)
Size	- 0. 117 *** (0. 025) [- 0. 023]	- 0. 147 *** (0. 026) [- 0. 029]	0. 116 * (0. 060) [0. 023]	- 0. 205 *** (0. 062) [- 0. 041]	- 0. 169 *** (0. 031) [- 0. 033]	- 0. 114 *** (0. 032) [- 0. 022]
State	- 0. 076 (0. 049) [- 0. 015]	- 0. 071 (0. 048) [- 0. 014]	- 0. 063 (0. 051) [- 0. 012]	- 0. 061 (0. 052) [- 0. 012]	- 0. 060 (0. 052) [- 0. 012]	- 0. 058 (0. 055) [- 0. 011]
Lev	0. 780 *** (0. 102) [0. 155]	0. 778 *** (0. 110) [0. 156]	0. 407 * (0. 226) [0. 081]	0. 759 *** (0. 233) [0. 151]	1. 084 *** (0. 135) [0. 216]	1. 012 *** (0. 142) [0. 202]
Return	- 0. 021 (0. 045) [- 0. 004]	0. 052 (0. 039) [0. 010]	- 0. 013 (0. 090) [- 0. 002]	0. 287 *** (0. 071) [0. 057]	- 0. 049 (0. 063) [0. 009]	0. 004 (0. 062) [0. 000]
TQ	- 0. 028 *** (0. 011) [- 0. 005]	- 0. 008 (0. 006) [- 0. 001]	- 0. 014 (0. 018) [- 0. 003]	- 0. 056 *** (0. 016) [- 0. 011]	- 0. 005 (0. 009) [- 0. 001]	- 0. 000 (0. 008) [- 0. 000]
Overatio	0. 012 *** (0. 004) [0. 002]	0. 005 (0. 004) [0. 001]	0. 033 *** (0. 013) [0. 006]	0. 034 ** (0. 013) [0. 007]	0. 012 ** (0. 005) [0. 002]	0. 016 *** (0. 005) [0. 003]
Bigfour	- 0. 698 *** (0. 174) [- 0. 139]	- 0. 648 *** (0. 187) [- 0. 129]	- 0. 178 (0. 441) [- 0. 036]	0. 156 (0. 416) [0. 031]	0. 023 (0. 189) [0. 004]	- 0. 877 *** (0. 263) [- 0. 175]
Opinion	- 0. 563 *** (0. 082) [- 0. 112]	- 0. 762 *** (0. 085) [- 0. 152]	- 0. 531 *** (0. 122) [- 0. 106]	- 0. 673 *** (0. 124) [- 0. 134]	- 0. 607 *** (0. 143) [- 0. 121]	- 0. 693 *** (0. 145) [- 0. 138]
CEO_age	- 0. 002 (0. 003) [- 0. 000]		- 0. 014 * (0. 008) [- 0. 003]		- 0. 009 ** (0. 004) [- 0. 001]	
CEO_gender	- 0. 029 (0. 078) [- 0. 005]		0. 424 ** (0. 215) [0. 084]		- 0. 091 (0. 093) [- 0. 018]	

续表

变量	违规					
	全样本		Pressure = 1		Pressure = 0	
	(1)	(2)	(3)	(4)	(5)	(6)
CFO_age		−0.005 (0.003) [−0.001]		0.017 ** (0.007) [0.003]		−0.002 (0.004) [−0.000]
CFO_gender		−0.054 (0.044) [−0.011]		0.160 (0.105) [0.032]		0.030 (0.051) [0.006]
Year&Industry	Y	Y	Y	Y	Y	Y
Observations	7136	7046	1319	1317	5817	5729
Pseudo R^2	0.162	0.161	0.205	0.261	0.161	9.146
Prob > Chi^2	0.000	0.000	0.000	0.000	0.000	0.000

　　注：若该公司 CEO 薪酬低于上一年度同行业同年度 CEO 薪酬均值则 CEO_low = 1，否则 CEO_low = 0；若该公司 CFO 薪酬低于上一年度同行业同年度 CFO 薪酬均值则 CFO_low = 1，否则 CFO_low = 0。每个自变量对应三行结果，第一行为参数估计值，第二行为行业层面聚类的稳健标准误，第三行为边际效应；所有回归模型均包含了行业和年度固定效应；＊、＊＊ 和 ＊＊＊ 分别表示在 10%、5% 和 1% 的水平上显著。

　　列（3）到列（6）分别列示了是否面临退市业绩压力的分组回归结果。在列（3）和列（4）中，面临退市业绩压力的 CEO 低水平薪酬对于公司违规的影响并不显著，而 CFO 低水平薪酬对于公司违规存在 10% 水平上的边际显著性的负向影响。在列（5）和列（6）中，CEO_low 的回归系数是 0.2，且在1% 水平上显著，CFO_low 的回归系数为 0.225，也在 1% 水平上显著，这进一步说明了高管薪酬和公司违法违规倾向之间的关系符合经济理性的假设，即低薪酬水平高管的机会主义倾向更高。同时，回归结果也进一步验证了研究假设H9 - 3，退市业绩压力会弱化高管薪酬对公司违法违规的抑制效应，降低二者关系的显著性水平。

　　表 9 - 6 列示了基于 PSM 方法所得到的 ATT（average treatment effects，平均处理效应）。面板 1 中，未匹配的处理组公司和控制组公司均值之差为0.087，且在统计意义上是显著的（t 检验 = 8.73）；匹配之后，两组样本差值为 0.073，统计上也是显著的（t 检验 = 6.39）。PSM 模型的结果表明，在面临业绩压力和没有业绩压力的公司中，公司违法违规行为存在显著的差异。在面板 2 和面板 3 中，PSM 方法得到的结果也表明，公司 CEO 或 CFO 较低薪酬水

平的 ATT 显著为正，即在控制了样本选择偏误的内生性之后，高管的低水平薪酬显著提高了公司违法违规的可能性。

表 9 - 6　　　　　　　　业绩压力、高管薪酬与公司违规—平均处理效应

面板 1：Pressure（1/0）	样本	处理	控制	差异	标准误	t 检验
违规	未匹配	0.194	0.107	0.087	0.009	8.73
[treated = 1210]	ATT	0.194	0.121	0.073	0.012	6.39
面板 2：CEO_low（1/0）	样本	处理	控制	差异	标准误	t 检验
违规	未匹配	0.148	0.092	0.056	0.007	8.09
[treated = 4189]	ATT	0.149	0.097	0.052	0.007	7.39
面板 3：CFO_low（1/0）	样本	处理	控制	差异	标准误	t 检验
违规	未匹配	0.151	0.091	0.060	0.007	8.60
[treated = 4139]	ATT	0.152	0.099	0.053	0.007	7.53

注：面板 1 中的指示变量是业绩压力 Pressure，面板 2 中的指示变量是 CEO 低水平薪酬 CEO_low，面板 3 中的指示变量是 CFO 低水平薪酬 CFO_low；ATT 是平均处理效应；第一阶段采用的 logit 回归方程中包括了表 9 - 1 中的所有控制变量和年度行业虚拟变量，用于估计得到倾向评分值。

三、不同类型违规的进一步分析

如前文所述，我们将企业违规类型具体分为信息披露违规、公司经营违规和公司高管违规三类。在验证了业绩压力和高管薪酬对整体违规行为的影响之后，我们感兴趣的另一个问题是，CEO 和 CFO 薪酬对于某一特定类型的公司违规有什么样的影响。参照证监会的公司违规分类，将违规样本分为信息披露违规、经营违规以及高管违规三个门类。信息披露违规类违规包括四个次类：财务报告虚假陈述、遗漏信息、延误披露，以及其他信息披露违规。经营违规类违规包括三个次类：违规担保、违规投资证券，以及其他经营违法违规。高管违规主要包括内幕交易和操纵股价。表 9 - 7 给出了对不同类型违规和以业绩压力分组的回归结果。

表 9 - 7 　　　　　　　　业绩压力、高管薪酬与不同类型公司违规

变量	全样本	Pressure = 1	Pressure = 0	Pressure = 1	Pressure = 0
	(1)	(2)	(3)	(4)	(5)

面板 A：因变量为第一类企业信息披露违规（$Fraud_1$）

变量	全样本	Pressure = 1	Pressure = 0	Pressure = 1	Pressure = 0
Pressure	0. 299 *** (0. 061) [0. 066]				
CEO_pay	- 0. 071 * (0. 035) [- 0. 016]	- 0. 107 * (0. 064) [- 0. 023]	- 0. 096 *** (0. 032) [- 0. 013]		
CFO_pay	- 0. 029 (0. 039) [- 0. 006]			0. 019 (0. 066) [0. 004]	- 0. 095 *** (0. 033) [- 0. 013]
控制变量	Y	Y	Y	Y	Y
Observations	8530	1136	7456	1151	7514
Pseudo R^2	0. 144	0. 143	0. 142	0. 135	0. 144
Prob > Chi^2	0. 000	0. 000	0. 000	0. 000	0. 000

面板 B：因变量为第二类企业经营违规（$Fraud_2$）

变量	全样本	Pressure = 1	Pressure = 0	Pressure = 1	Pressure = 0
Pressure	0. 098 * (0. 054) [0. 022]				
CEO_pay	- 0. 016 (0. 038) [- 0. 003]	- 0. 124 * (0. 069) [- 0. 021]	- 0. 042 (0. 032) [- 0. 006]		
CFO_pay	- 0. 053 (0. 041) [- 0. 011]			- 0. 039 (0. 074) [- 0. 007]	- 0. 063 * (0. 034) [- 0. 009]
控制变量	Y	Y	Y	Y	Y
Observations	8530	1129	7490	1144	7548
Pseudo R^2	0. 118	0. 154	0. 120	0. 145	0. 122
Prob > Chi^2	0. 000	0. 000	0. 000	0. 000	0. 000

面板 C：因变量为第三类企业高管违规（$Fraud_3$）

变量	全样本	Pressure = 1	Pressure = 0	Pressure = 1	Pressure = 0
Pressure	- 0. 407 * (0. 217) [- 0. 090]				

续表

变量	全样本	Pressure = 1	Pressure = 0	Pressure = 1	Pressure = 0
	（1）	（2）	（3）	（4）	（5）
面板 C：因变量为第三类企业高管违规（Fraud$_3$）					
CEO_pay	0.043 (0.107) [0.009]	-0.011 (0.026) [-0.001]	0.043 (0.081) [0.001]		
CFO_pay	0.051 (0.116) [0.011]			-0.033 (0.056) [-0.005]	0.059 (0.084) [0.001]
控制变量	Y	Y	Y	Y	Y
Observations	8362	1272	7154	1191	7212
Pseudo R^2	0.199	0.162	0.185	0.131	0.197
Prob > Chi^2	0.000	0.000	0.000	0.000	0.000

注：面板 A 的因变量为公司信息披露违规 Fraud1，面板 B 的因变量为公司经营违规 Fraud2，面板 C 的因变量为公司高管违规 Fraud3；所有模型均包含了行业和年度虚拟变量；每个自变量对应三行结果，第一行为参数估计值，第二行为行业层面聚类的稳健标准误，第三行为边际效应；所有回归模型均包含了行业和年度固定效应；*、** 和 *** 分别表示在 10%、5% 和 1% 的水平上显著；本表省略了控制变量回归系数的报告，从结果来看，各个控制变量与之前的回归结果没有显著差异。

在表 9 - 7 中，第（1）列的回归结果显示，业绩压力（Pressure）对于企业信息披露违规有显著的正影响（在 1% 水平上显著），对于经营违规也有正向影响（在 10% 水平上显著）。同时，退市业绩压力会降低高管个人违规倾向（在 10% 水平上边际显著），这可能是因为退市业绩压力主要体现在对公司财务绩效信息的衡量方面，盈余管理和信息披露违规可以直接缓解退市压力，因此，公司会更加直接进行信息披露方面的违规。另外，在列（1）中 CEO 薪酬对公司信息披露违规有负向影响（在 10% 水平上边际显著），这与之前的回归结果相一致。在面板 A 的列（2）和列（3）中，分组回归结果表明，面临退市业绩压力公司中，CEO 薪酬对于信息披露违规抑制效应的显著性水平（在 10% 水平上边际显著）要远低于没有退市压力的公司（在 1% 水平上显著）；列（4）和列（5）的回归系数也说明了 CFO 薪酬对公司违法违规倾向的抑制效应受到退市压力的弱化。与此同时，在没有业绩压力的公司中，CEO 薪酬水平越低也会提高公司信息披露违规的可能性，这与"经济理性"假设相一致。面板 B 和面板 C 中，CEO 薪酬和 CFO 薪酬对于经营违规和高管个人违规倾向的影响均不十分显著。

第五节　本章总结与启示

本章研究考虑了目前中国的公司上市审批门槛和退市业绩压力标准所形成的"壳资源"背景，在这样的现实条件下，我们集中分析了面临不同业绩压力公司 CEO 薪酬、CFO 薪酬和公司违法违规倾向之间的关系，并进一步考察了高管薪酬对于公司不同类型违规的影响。

利用传统的 Probit 模型和经过 PSM 方法样本配对后的研究结果显示：公司面临退市业绩压力会显著提高违法违规可能性，特别是对信息披露方面的违规影响最为显著；CEO 和 CFO 的薪酬水平都与公司违法违规倾向之间存在显著的负向关系，这一结果在统计上是显著而稳健的。我们的研究结论也发现，在面临退市业绩压力的公司中，高管薪酬和公司违法违规可能性之间负向关系的显著性要更弱；而在没有退市业绩压力的公司中，高管薪酬水平对公司违法违规的负向影响显著性更高，这不仅与犯罪行为是一种经济理性的假设相符合，而且也体现了单纯以业绩衡量的退市压力会弱化薪酬对违规倾向的抑制效应。此外，与已有研究发现相一致，本章的研究结果也发现，中国上市公司 CEO 两职兼任、过高的负债率和股票换手率都会显著提高公司违法违规的倾向。

本章为中国上市公司、大股东与董事会以及政府治理公司违规提供了经验证据。相应结论有以下三点政策启示：第一，应继续完善相关法律法规，在上市制度方面减少行政干预以消除不良的"壳资源"现象，在退市制度方面除了业绩标准外，对违法违规企业、特别是信息披露方面的处罚应更趋严格，增加对于信息披露违规退市的具体政策规定；第二，不仅需要对面临退市业绩压力的企业进行监管，而且对正常经营企业的监管关注也不可放松；第三，要进一步推进公司治理结构的完善，有效激励 CEO 和 CFO 等公司高管，完善董事会治理等相关治理机制。

第十章 CFO 和 CEO 相对影响力与
股价崩盘风险

第一节 研究意义与内容

股票价格的"暴涨暴跌"不仅给投资者带来更多风险，而且也会严重影响资本市场的健康有序发展，近年来中国股票市场的"暴跌"所引起的股价崩盘更是对投资者信心、金融市场稳定乃至实体经济发展造成了相当大的冲击。从股价崩盘风险的公司层面因素来看，国内外文献分别从公司信息透明度（Jin and Myers, 2006; Hutton et al., 2009）、高管的性别、薪酬和税收规避动机（Kim et al., 2011a, 2011b; 李小荣和刘行, 2012）、会计稳健性（Kim and Zhang, 2016）、政治事件冲击（Piotroski et al., 2011）、分析师的关注和乐观偏差（潘越等, 2011; 许年行等, 2012）、企业社会责任（权小锋等, 2015）和机构投资者的影响（An and Zhang, 2013; Callen and Fang, 2013）等角度对股价崩盘风险的原因和影响因素进行了研究。既有研究均认为，股价崩盘风险的生成原因主要在于：公司高管出于薪酬私利、过度自信和职业生涯等考虑，一般不愿意披露负面消息或隐藏公司亏损状况，经理人这种信息隐藏行为会导致公司股价受到高估并产生泡沫，而当负面消息逐渐累积到一定程度达到极限时，累积的坏消息会集中释放到外部市场，进而使得公司股价暴跌产生崩盘风险。

但从目前研究视角来看，多数文献更侧重于从信息透明度、薪酬动机等公司特征和高管私利动机来分析股价崩盘风险的影响因素，并没有深入到高管隐藏坏消息的能力或高管个人影响力和股价崩盘风险之间的关系。虽然股价崩盘风险是由于公司高管隐藏负面消息所致，但高管是否真正隐藏坏消息的行为则是较难观测到的（Dichev et al., 2013），就其本质而言，只有当公司高管具有相当大影响力或权力时，才可能具备实施隐藏负面消息的能力。

还有研究指出，CFO 的期权激励与未来股价崩盘风险的关系更为紧密（Kim et al.，2011a），进一步考虑到 CFO 是在内部人压力下实行盈余管理，并采取外部人难以观测到的真实活动盈余管理等不当行为而引致未来的股价崩盘，这就隐含着指出了公司高管的个人影响力与未来的股价崩盘风险之间存在关系（Dichev et al.，2013）。近年来关于公司高管影响力研究的文献也表明，CEO 相对于 CFO 影响力越大，公司越有可能出现盈余管理等不当行为（Coles et al.，2014；Feng et al.，2011）；CEO 的影响力越强，CEO 越可能侵占公司资源和违法违规，从而降低公司长期的收益和价值（Friedman，2014；Khanna et al.，2015）。然而，直接探讨 CEO 影响力对股价崩盘风险影响的文献却相对缺乏，分析高管之间相对影响力制衡或相互监督影响的研究更为鲜见。实际上，影响力大的 CEO 将对公司决策和信息披露有更大的话语权和决定权，也会更有能力来隐藏公司负面消息和采取不当的行为。现有研究多以美国上市公司作为研究样本，而针对中国上市公司股价崩盘风险的研究则相对不多，特别地，中国民营上市公司中，CEO 往往两职兼任或者是创始人大股东，其对企业拥有更高比例的所有权、对企业发展的影响至关重要、对企业的影响也更为巨大。那么，在中国民营上市公司中，CEO 影响力越大是否会带来更高的公司股价崩盘风险呢？

此外，已有文献的研究结果也表明，CFO 在财务信息披露和会计报表编制等方面具有更大的影响力（Jiang et al.，2010），但 CEO 相对 CFO 的影响力越大，越有可能迫使（Pressure）CFO 服从而采取违规行为（Feng et al.，2011），这也就更可能会隐藏不利的负面信息进而引起未来的股价崩盘风险。也有研究表明，CEO 影响力越大越会施压于 CFO，如果 CEO 的影响力较小而 CFO 影响力相对较高，则可能不会导致 CFO 迫于压力的财务不当行为（Friedman，2014）。公司中的非 CEO 高管也会出于自身长远职业和收益的考虑对公司发展更加关心，从而对 CEO 决策提供建议甚至否决 CEO 的动议（Landier et al.，2009；Acharya et al.，2011）。尤其是李（Li，2014）针对公司高管之间相互监督和权力配置的经验研究结果表明，高管之间职权制度和影响力制衡监督是一种缓解代理难题的有效机制。理论和经验研究方面均表明，高管之间的相互制衡能够降低公司违规概率、减轻不利影响和帮助管理层更好地决策。早先就有文献指出，公司非 CEO 高管如果有相当的影响力和适宜的渠道，就能够在一定程度上约束 CEO 的不当动机与行为（Alchian and Demsetz，1972）。由此，公司高管相对影响力制衡可能会对公司股价崩盘风险产生积极的影响。考虑到

CFO 在公司财务决策和信息披露方面承担着非常重要的职责，我们构建 CFO 相对 CEO 影响力变量来衡量高管的相对影响力制衡，进而考察相对影响力与公司股价崩盘风险之间的关系究竟如何。

根据所要研究的主题内容，首先，我们依照周等（Zhou et al.，2016）的方法，构造了 CFO 相对 CEO 影响力指数（简称"相对影响力"），这一变量刻画了 CFO 与 CEO 在职位、经验、背景和年龄等方面的综合相对差距，可以较好地衡量二者在公司中的相对影响力制衡情况。在具体的研究过程中，我们检验 CEO 影响力与股价崩盘风险之间的关系，以高管相对影响力制衡作为主要解释变量，考察相对影响力制衡对股价崩盘风险的影响。此外，高管影响力和公司绩效或风险之间的关系可能存在的内生性是公司金融领域研究不可回避的问题。除了采取替代变量、加入公司固定效应和多个模型比较之外，我们还利用 PSM 方法进行了大量的稳健性检验，其回归结果与基本的回归结果相一致。

具体来看，本章的回归结果表明：CEO 影响力与公司股价崩盘风险之间呈现显著的正向关系，CEO 影响力越大，公司未来的股价崩盘就越严重；我们引入 CFO 和 CEO 相对影响力变量来测度高管相对影响力制衡，回归结果显示，相对影响力制衡越大，则公司股价崩盘风险越低，这充分说明公司高管之间影响力的制衡有助于相互监督，从而降低未来公司股价崩盘的风险；与此同时，我们也分析了董事会治理、独立董事比例和股权结构等内部治理机制与相对影响力制衡变量之间的关系，研究结果表明，内部公司治理机制与高管相对影响力制衡呈现替代关系。

与本章研究最为相关的研究包括两篇文献（Mamun et al.，2016；Kim et al.，2016），其中马蒙等（Mamun et al.，2016）以 CEO 是否兼任董事长或总经理等职位兼任变量来衡量公司 CEO 的影响力，研究表明，CEO 两职兼任会加剧崩盘风险，而外部公司控制权市场能够在一定程度上抑制 CEO 权力引发的崩盘风险。与美国资本市场情况不同，中国民营公司的控制权比例较高，外部接管（takeover）较难实现且经理人市场也不完善，除了采用 CEO 综合影响力变量之外，集中分析了 CFO 和 CEO 的相对影响力制衡对于股价崩盘风险的影响，进一步丰富了公司高管权力配置和相互监督领域的研究成果。另外的一篇文章则从 CEO 过度自信角度出发，分析了过度自信或过度乐观 CEO 对于股价崩盘风险的影响，他们从这一角度分析了高管特征的作用（Kim et al.，2016）。本章不仅纳入了 CEO 和 CFO 的个体特征，而且主要集中于相对影响力制衡的效应，并考察了公司董事会治理的影响。

本章的贡献主要体现在以下方面。首先，不同于已有研究多关注公司特征对股价崩盘风险的影响，这里从高管个人影响力角度出发，丰富了股价崩盘风险因素的研究内容。我们的研究结论表明，CEO 影响力和相对影响力制衡均直接影响公司股价崩盘风险，在控制了其他相关因素之后，这一结果仍然在统计上显著。这说明，除了已有研究诸如盈余管理、高管激励对于崩盘风险的影响渠道之外，公司高管之间影响力的制衡与监督也是一个必须考虑的重要因素。其次，我们的研究丰富了公司治理和管理层权力理论的研究领域，从相对影响力制衡角度验证了其对于股价崩盘风险的影响，为高管影响力制衡和相互监督与公司绩效关系研究提供了新的证据，进一步丰富了该领域的文献。

另外需要说明的是，出于与第七章所述相同的原因，本书样本选择民营上市公司展开研究。

第二节　文献综述与假设提出

一、文献回顾

股价崩盘风险的公司层面原因研究主要集中在两个方面。其一，信息不对称和会计信息质量。信息不对称使得投资者无法观察到企业的真实业绩或投资项目的实际情况，无法及时准确地发现被隐藏的不利信息，从而容易被企业的虚假情况所蒙蔽并对股价产生误判。而一旦投资者掌握或知悉了企业的真实状况就会"用脚投票"，导致公司股价暴跌（Jin and Myers，2006；Bleck and Liu，2007；潘越等，2011）。以美国上市公司为研究样本发现，公司的财务报告越不透明，提供给外界的异质信息越少，股价同步性越高，股票也更容易出现崩盘的现象（Hutton et al.，2009）。也有研究发现，美国公司 CEO 等内部人利用真实的盈余管理往往是为了隐瞒坏消息，真实的盈余管理程度与未来的股价崩盘风险之间呈现显著的正相关关系（Kim and Zhang，2014）。在会计稳健性程度更高的公司中，坏消息则能够得到更快的确认，也会更及时地反映在报表当中，从而降低坏消息在企业内部的积累，抑制股价崩盘风险的发生（Kim and Zhang，2016；王冲和谢雅璐，2013）。其二，代理问题和高管私利动机。由于代理问题的存在，公司高管会为了股票期权、职务晋升、企业帝国构建等自利目的而隐藏公司经营的坏消息，当这种坏消息累积到某个临界点而无法再隐藏时就会突然爆发出来，导致股价的暴跌（Khan and Watts，2009；

Kim et al. , 2011b；Kothari et al. , 2009；Xu et al. , 2014）。

除了以上研究，还有部分文献就公司股价崩盘风险的其他影响因素进行了研究。例如，从大股东或机构投资者持股的影响（An and Zhang, 2012；许年行等，2013；王化成等，2015）、企业社会责任（权小锋等，2015）、分析师的关注（潘越等，2011；许年行等，2012）、高管性别和媒体治理（李小荣和刘行，2012；罗进辉和杜兴强，2014）等角度对股价崩盘风险进行探讨，丰富了本领域的文献并做出了有意义的成果。

二、研究假设

既有研究均认可公司股价崩盘风险主要是由于公司高管隐藏负面消息的累积所致，但高管是否真正实施隐藏坏消息的行为则是较难观测到的（Dichev et al. , 2013），究其本质而言，只有当公司高管具有相当大的影响力或权力时，才可能具备实施隐藏负面消息的能力。中国上市公司股价崩盘的现实案例也反映了 CEO 在隐藏坏消息方面所施加的影响。例如，2010 年轰动中国证券市场的"绿大地"生物科技公司（证券代码：002200），由于信息披露违规和财务造假导致股价 4 个交易日暴跌 30%。该公司的通告、中国证监会行政处罚决定书和媒体等公开资料的披露内容显示："2010 年，证监会联合公安部在督办对绿大地牵涉的违法违规案件，调查包含此前证监会立案的涉嫌信息披露违规以及不披露重要信息、上市不规范、绿大地原财务总监涉嫌内幕交易等问题；随后，在 2011 年，控股股东、原董事长因涉嫌欺诈发行股票罪被公安机关执行逮捕；4 月绿大地公司接到云南省公安机关通知，时任公司董事、财务总监因涉嫌违规披露、不披露重要信息罪，已于 4 月 7 日被公安机关采取强制措施。""在绿大地组织实施上市准备工作期间和上市后，公司即在招股说明书中虚增业务收入；在 2007～2009 年年度报告中虚增资产和收入。"[①]

另外，根据 2013 年 2 月 7 日，云南省昆明市官渡区人民法院审理此案的公告显示："公司董事长系绿大地实际控股股东和创始人，为实现上市目的，与原财务总监共谋、策划提供虚假信息和违法违规披露"。作为公司创始人和控股股东，何某最初同时兼任公司 CEO，而董事会中其他董事均未持有公司股份，公司原 CFO 则是为实现上市目的而高薪聘请的外部专业人士，可见该公司 CFO 在财务方面影响力虽然较为专业，但与 CEO 相比，实际控股股东兼任

---

① 关于"绿大地"公司案件内容详见《证券市场周刊》2013 年第 6 期。

CEO 的影响力更大。在不断造假和试图隐藏坏消息的过程中，该公司业绩每况愈下且积弊难返，直至无法再隐藏而爆发，导致公司股价崩盘，严重损害了投资者的利益和证券市场的公开与效率。

实际上，大量的文献已经证明，当公司 CEO 的影响力较大时，其对自身薪酬利益的提高程度更强（Morse et al. ，2011；权小锋等，2010）、公司盈余管理和违法违规倾向更高（Coles et al. ，2014；Khanna et al. ，2015）。马蒙等（2016）的经验研究直接考察了 CEO 影响力与股价崩盘风险之间的关系，他们以 CEO 两职兼任和 CEO 是否为创始人来衡量 CEO 影响力，实证结果表明，更具影响力的 CEO 会引致未来的公司股价崩盘风险更高，且相应的治理机制并不能弱化创始人 CEO 与股价崩盘风险间的正向联系。综合上述分析与实例可以看出，CEO 的影响力越大，越有可能控制公司和其他高管来隐藏坏的信息，而当公司坏消息或不佳业绩累积到一定程度的时候，公司股价崩盘的情况就会发生。据此，提出如下研究假设：

假设 H10 - 1：在其他条件不变的情况下，CEO 影响力越大，公司股价崩盘风险越高。

高管只有对公司的重要决策具有足够的影响力时才能影响公司的经济后果（Adams et al. ，2005）。尽管 CEO 作为公司最高的行政首长，具有最大的决策权、对公司信息披露等行为具有相当大的影响力，但从理论上说，非 CEO 高管也会对公司决策有很大的影响力，公司职权体制的适度分工与高管相互制衡能够起到为 CEO 提供资讯建议、甚至制约 CEO 不当行为的作用（Baker et al. ，1988；Acharya et al. ，2011）。例如姜等（2010）的研究表明，公司 CFO 对会计信息和财务报告有更大的决策权和影响力。公司非 CEO 高管出于自身职业发展和收益的动机，也可能会对 CEO 不当行为决策投出反对票甚至会离职或诉诸媒体与法庭（Dyck et al. ，2010）。只有当 CEO 相对于 CFO 影响力非常大的时候，CEO 才有可能对 CFO 施加影响来实行盈余管理等行为（Friedman，2014）。李（Li，2014）利用美国公司数据，首次实证检验了高管层制衡监督的经济影响，其研究结果支持了有关高管制衡的理论假设，高管相互监督制衡能够约束 CEO 的自利行为并可以作为公司治理的替代机制促进公司绩效的提升。CEO 和 CFO 作为公司中最重要的两个高管职位，他们之间的相对影响力制衡会对公司信息披露和财务报告的准确性产生重要影响，并进而影响到公司未来股价的崩盘风险。根据以上分析，我们提出如下研究假设：

假设 H10 - 2：其他条件不变，CFO 相对于 CEO 影响力越大，即高管的相对影响力制衡程度越高，公司股价崩盘风险越低。

第三节　研究设计与描述统计

一、数据和样本

考虑到早期我国上市公司关于高管薪酬及个体背景信息数据的缺失以及股权分置改革对财务年报一致性的影响，本章选取了 2007～2013 年中国沪、深两市所有 A 股民营上市公司作为研究样本。按照研究惯例，剔除了金融行业的公司、剔除同时发行 B 股或 H 股等的交叉上市公司、剔除全部的 ST 和 *ST 上市公司、剔除年交易周数小于 30 的公司样本和相关数据缺失的公司样本，并且对主要连续变量按照上下 1% 进行缩尾处理，最终获得了 1485 个公司——年度样本。有关股票价格、公司特征变量和计算盈余管理的财务数据均取自 CSMAR 数据库。高管个人信息和相对影响力制衡变量则根据 Wind 数据库提供的上市公司高管个人简历信息等手工整理，并依据既有的赋值方法进行计算得到。

二、主要变量的度量

1. 股价崩盘风险

借鉴许年行等（2012）和权小锋等（2015）的研究方法，采用两种方法来度量上市公司的股价崩盘风险。第一种股价崩盘风险的度量指标是经过计算每家公司各年度周收益三阶矩和周收益标准差三次方之商的相反数而得到的股票周收益负偏程度（NCSKEW）。第二种股价崩盘风险的度量指标是以各家公司每年度所有周收益平均值分组计算标准差后得到的周收益上下波动比率（DUVOL），DUVOL 是低于平均值的标准差与高于平均值的标准差比值的自然对数。此外，我们也借鉴许年行等（2012）文献的做法，构造了股价崩盘风险哑变量（Crash）用于进行稳健性检验。具体地，如果在一年的交易时间内第 i 家公司股票的周特定收益至少有一次低于周特定收益率的均值下方 3.09 倍标准差区域，那么意味着该公司股票在该年内发生了股价崩盘事件，则 Crash 取值 1，否则取值为 0。

2. CEO 影响力和相对影响力制衡变量

公司高管的影响力应该是一个综合的指标，不仅体现了高管在公司职位上的权力，还要包括社会背景、工作经历、教育水平等丰富的内容，才能够体现出 CEO 的综合影响力。为此，根据已有的研究思路，构造了 CEO 影响力变量和相对影响力制衡变量。依据既有文献的赋值原则，我们利用 CFO 和 CEO 各自的年龄、学历、专业背景、是否董事会成员、是否高管团队成员、具体职务、政治联系层级、是否具有学术背景、是否在股东单位兼任等信息分别赋值求和，从而得到 CEO 影响力总分值变量（CEO_power），然后再将公司 CFO 影响力总得分与 CEO 影响力总得分之比作为高管相对影响力制衡的衡量变量（C_C_power）。

3. 公司内部治理变量

考虑到公司董事会治理和股权结构等内部治理因素可能会对股价崩盘风险产生重要影响，而且内部治理机制也可能会对 CEO 影响力和高管相对影响力制衡与股价崩盘风险关系之间发挥作用。为此，我们以独立董事比例、第二到第五大股东持股之和与第一大股东持股之比来衡量公司内部治理机制，并检验内部治理因素是否显著影响公司 CEO 影响力和高管相对影响力制衡的崩盘效应。

4. 其他控制变量

借鉴李小荣和刘行（2012）、权小锋等（2015）等文献在股价崩盘风险研究中所采用的控制变量，选取了公司特征和高管个人特征等作为控制变量，具体变量的定义和说明见表 10-1。

表 10-1 变量定义与说明

变量类型	变量符号	变量说明
因变量	NCSKEW	公司 t 年的股票周收益的负偏态系数，NCSKEW 越大，股价崩盘风险越大
	DUVOL	公司 t 年股票的周收益涨跌波动比率，DUVOL 越大，股价崩盘风险越大
解释变量	CEO_power	公司 t-1 年的 CEO 影响力
	C_C_power	公司 t-1 年的高管相对影响力制衡，CFO 影响力得分与 CEO 影响力得分的比值
内部治理变量	Ind_director	公司 t-1 年的独立董事比例
	S_index	公司 t-1 年的股权制衡程度，第二到第五大股东持股之和与第一大股东持股之比

续表

变量类型	变量符号	变量说明
控制变量	Sigma	公司 t－1 年的周特有收益标准差
	Ret	公司 t－1 年的平均周特有收益率
	MB	公司 t－1 年的市值账面比，每股现价对每股账面价值的比率
	Size	公司规模，公司 t－1 年期末总资产的自然对数
	Lev	公司财务杠杆，公司 t－1 年的资产负债率
	ROA	公司财务绩效，公司 t－1 年的息税前利润除以期末总资产
	CEO_age	公司 t－1 年的 CEO 年龄
	CEO_gender	公司 t－1 年的 CEO 性别，女性 CEO 为 1，男性则为 0
	First	公司 t－1 年的第一大股东持股比例
	Year	控制年份固定效应
	Industry	控制行业固定效应
	ABACC	公司 t－1 年的公司财务信息透明度，以可操纵应计利润的绝对值来表示，可操纵应计利润由调整的 Jones 模型（Dechow et al.，1995）计算得到

三、回归模型

借鉴已有研究的模型设定，采用如下回归模型：

$$CrashRisk_{i,t} = \beta_0 + \beta_1 \times CEO\_power_{i,t-1}(C\_C\_power_{i,t-1}) + \gamma \times Controls_{t-1} + \varepsilon_{i,t}$$

其中，$CrashRisk_{i,t}$ 表示股价崩盘风险，分别由公司第 t 年的 NCSKEW 和 DUVOL 来度量；$CEO\_power_{i,t-1}$ 为 t－1 年的公司 CEO 影响力，$C\_C\_power_{i,t-1}$ 是公司 t－1 年的高管相对影响力制衡变量，$Controls_{i,t-1}$ 是滞后一期的控制变量集合。

四、描述性统计

表 10－2 给出了主要变量的描述性统计结果。NCSKEW 和 DUVOL 的均值分别为 －0.239 和 －0.1549，标准差则分别为 0.6848 和 0.4439，这说明样本内不同公司之间的股价崩盘风险存在着较大的差异。此外，虚拟变量 Crash 的均值和标准差分别为 0.1077 和 0.3102，也反映了股价崩盘风险在不同样本公司中的差异程度较为明显。高管的影响力变量中，CEO_power 的均值、标准差和中值分别为 6.6114、3.2397 和 6.6155，C_C_power 的均值、标准差和中值

表 10 - 2　　　　　　　　　　主要变量的描述性统计

变量	样本数	均值	最小值	最大值	标准差	中值
NCSKEW	1485	- 0.2390	- 3.6674	3.1024	0.6848	- 0.2017
DUVOL	1485	- 0.1549	- 1.7426	1.3487	0.4439	- 0.1447
Crash	1485	0.1077	0	1	0.3102	0
CEO_power	1485	6.6114	1	16	3.2397	6.6155
C_C_power	1485	1.1092	0.0125	10	0.7945	0.8750
Ind_director	1485	0.3690	0.25	0.6667	0.0504	0.3333
S_index	1485	0.8658	0.0084	6.6832	0.7434	0.2857
Sigma	1485	0.0458	0.0137	0.2474	0.0154	0.0440
Ret	1485	- 0.0012	- 0.0411	- 0.0001	0.0013	- 0.0010
MB	1485	1.9718	0.6079	15.0649	1.2348	1.5808
ABACC	1485	0.0675	0.0000	0.5655	0.0673	0.0478
Size	1485	21.6055	18.9508	24.2847	0.9582	21.5193
Lev	1485	0.4297	0.0409	0.9212	0.1939	0.4341
ROA	1485	0.0427	- 0.1975	1.7058	0.0649	0.0361
CEO_age	1485	47.3071	25	71	6.9327	47
CEO_gender	1485	0.0593	0	1	0.2362	0
First	1485	0.3274	0.0505	0.8523	0.1445	0.3011

分别为 1.1092、0.7945 和 0.8750，这也体现了在不同的公司中，相对影响力制衡的差异是明显存在的，且更多的公司中 CFO 影响力要小于 CEO 影响力。控制变量中，Ret 均值和标准差分别为 - 0.0012 和 0.0013；Sigma 的均值和标准差分别为 0.0458 和 0.0154，以上指标的统计量与以往研究股价崩盘风险的文献结论基本一致（许年行等，2012；褚剑和方军雄，2016）。

表 10 - 3 为单变量分析，面板 A 和面板 B 分别比较了 CEO_power 和 C_C_power 在高与低两种状态下的股价崩盘风险的差异。在面板 A 中，按照 CEO_power 均值划分时，较大组（High CEO_power）的 NCSKEW（DUVOL）的均值为 - 0.2255（ - 0.1412），略高于较低组（Low CEO_power）的 - 0.2509（ - 0.1670），但两者差异在统计意义上并不显著。面板 B 列示了 C_C_power 的分组单变量分析结果，按照 C_C_power 均值进行划分时，较高组（High C_C_power）的

NCSKEW（DUVOL）均值为 - 0.2291（ - 0.1529），略高于较低组（Low C_C_power）的 - 0.2435（ - 0.1558）。由于股价崩盘风险还会受到控制变量的影响，且各因素在组间也存在显著的差异，因此单变量分析结果不能完全准确反映二者之间的关系，我们仍需要进一步回归分析，以得出更为可靠和稳健的结论。

表 10 - 3　　　　　　　　　　　变量的分组差异检验

面板 A：High CEO_power vs. Low CEO_power

变量	(1) High CEO_power 均值	(2) Low CEO_power 均值	Difference = (2) - (1) 均值（t 值）
NCSKEW	- 0.2255	- 0.2509	- 0.0254（ - 0.0356）
DUVOL	- 0.1412	- 0.1670	- 0.0258（ - 0.0231）

面板 B：High C_C_power vs. Low C_C_power

变量	(1) High C_C_power 均值	(2) Low C_C_power 均值	Difference = (2) - (1) 均值（t 值）
NCSKEW	- 0.2291	- 0.2435	- 0.0143（ - 0.3770）
DUVOL	- 0.1529	- 0.1558	- 0.0029（ - 0.1167）

第四节　回归结果与分析

一、CEO 影响力、相对影响力制衡与股价崩盘风险的回归结果分析

表 10 - 4 报告了基于全样本的回归结果，被解释变量为股价崩盘风险，分别以收益的负偏态系数 NCSKEW 和涨跌波动比率 DUVOL 来衡量。其中，第（1）～（4）列以 CEO 影响力作为解释变量，CEO_power 的回归系数均显著为正，且均在 1% 水平上显著。在列（3）和列（4）中，我们进一步控制了信息透明度和独立董事比例的影响后，CEO_power 的回归系数仍然在 1% 水平上显著为正，这一结果与已有采用 CRSP 数据库针对美国上市公司为样本的研究结论相一致。从经济意义上来讲，CEO_power 变动一个标准差，则公司未来的股价崩盘风险 NCSKEW 约增加 6.6%。由此可见，CEO 的影响力越大，就越有能力来干预和隐藏"坏消息"，从而导致风险的累积，以上的结果初步支持了

假设 H10 - 1。表 10 - 4 的列（5）～列（8）以高管相对影响力制衡作为解释变量，C_C_power 的回归系数基本上在 1% 水平上显著为负，高管相对影响力的制衡程度越高，越会降低公司的股价崩盘风险，C_C_power 一个标准差的变动，则公司股价崩盘风险 NCSKEW 约降低 4.4%，以上的结果与假设 H10 - 2 相一致。

表 10 - 4　　　　　CEO 影响力、相对影响力制衡与股价崩盘风险

变量	(1) NCSKEW	(2) DUVOL	(3) NCSKEW	(4) DUVOL	(5) NCSKEW	(6) DUVOL	(7) NCSKEW	(8) DUVOL
CEO_power	0.0205 *** (3.45)	0.0124 *** (3.15)	0.0189 *** (3.20)	0.0112 *** (2.83)				
C_C_power					-0.0454 *** (-2.87)	-0.0331 *** (-2.77)	-0.0412 *** (-2.64)	-0.0303 ** (-2.56)
Sigma	-0.1084 *** (0.0250)	-0.0921 *** (0.0160)	-0.1083 *** (0.0250)	-0.0921 *** (0.0159)	-0.1117 *** (0.0250)	-0.0943 *** (0.0159)	-0.1105 *** (0.0250)	-0.0937 *** (0.0160)
Ret	29.0388 (1.01)	-26.3544 (-1.53)	29.4607 (1.04)	-26.2448 (-1.54)	29.3668 (1.01)	-26.3717 (-1.53)	29.6566 (1.03)	-26.3467 (-1.54)
MB	0.0238 (1.30)	0.0141 (1.13)	0.0274 (1.49)	0.0165 (1.34)	0.0222 (1.20)	0.0130 (1.02)	0.0261 (1.41)	0.0156 (1.25)
Size	0.0228 (1.00)	0.0043 (0.30)	0.0190 (0.86)	0.0014 (0.09)	0.0215 (0.93)	0.0035 (0.24)	0.0174 (0.77)	0.0005 (0.03)
Lev	-0.1759 * (-1.67)	-0.1465 ** (-2.10)	-0.1508 (-1.45)	-0.1263 * (-1.79)	-0.1952 * (-1.82)	-0.1574 ** (-2.24)	-0.1656 (-1.57)	-0.1343 * (-1.90)
ROA	-0.1075 (-0.44)	-0.1456 (-0.88)	-0.1869 (-0.84)	-0.1980 (-1.28)	-0.0644 (-0.26)	-0.1236 (-0.74)	-0.1539 (-0.68)	-0.1819 (-1.17)
CEO_age	-0.0014 (-0.55)	-0.0002 (-0.10)	-0.0014 (-0.53)	-0.0001 (-0.05)				
CEO_gender	0.0095 (0.15)	-0.0364 (-0.76)	0.0039 (0.06)	-0.0379 (-0.79)				
First	-0.2536 * (-1.76)	-0.0833 (-0.91)	0.0030 (0.02)	0.0864 (0.72)	-0.2254 (-1.55)	-0.0739 (-0.81)	0.0459 (0.24)	0.1028 (0.86)
ABACC			0.3403 * (1.65)	0.1639 (0.96)			0.3599 * (1.66)	0.1683 (0.98)
Ind_director			-0.4092 (-1.28)	-0.0878 (-0.39)			-0.3488 (-1.09)	-0.0486 (-0.22)

续表

变量	(1) NCSKEW	(2) DUVOL	(3) NCSKEW	(4) DUVOL	(5) NCSKEW	(6) DUVOL	(7) NCSKEW	(8) DUVOL
Year	Yes	Yes	Yes	Yes	Yes	Yes	Yes	Yes
Industry	Yes	Yes	Yes	Yes	Yes	Yes	Yes	Yes
N	1485	1485	1485	1485	1485	1485	1485	1485
R^2	0.121	0.110	0.125	0.113	0.118	0.108	0.122	0.112

注: *、** 和 *** 分别表示相关系数在 10%、5% 和 1% 水平上显著（双尾）；本表省略了年度虚拟变量、行业虚拟变量和常数项回归结果的报告；括号内的 t 值是经过公司层面聚类调整后的结果。

在控制变量中，叶康涛等（2015）的研究都指出，公司财务信息透明度和公司股价崩盘风险之间存在联系。借鉴已有研究思路，在列（3）、列（4）、列（7）和列（8）中纳入 ABACC 变量，回归结果发现，以可操纵应计利润绝对值表示的公司信息透明度 ABACC 会提高公司股价崩盘风险，符号符合已有研究结论和预期。公司内部治理的独立董事比例变量 Ind_director 则在统计上并不显著，其他控制变量方面，与已有研究结果基本一致。

二、内生性与稳健性测试

尽管前面的回归过程中已经明确地控制了信息透明度和公司独立董事比例等变量，并且解释变量也采用了 t-1 年的数据，但在 CEO 影响力或相对影响力制衡与股价崩盘风险之间仍然可能存在一定的内生性问题。出于稳健性的考虑，我们还使用了以下几种方法，进一步控制内生性对研究结论的干扰，对主要回归结果进行稳健性测试。

首先，由于 CEO 影响力、相对影响力制衡和公司股价崩盘风险及随机扰动项内公司其他不可观测的特征之间可能存在联系，主要的解释变量与股价崩盘风险之间也可能存在选择性偏误，这就会导致估计结果的有偏和失效。我们采用倾向评分匹配的 PSM 方法对样本进行匹配并重新回归用以稳健性测试。具体来说，借鉴已有研究的处理方法，分别按照 CEO 影响力 CEO_power 的中值和相对影响力制衡 C_C_power 的中值将样本分为相对影响力"高"和"低"两组，生成处理变量，并以公司特征等控制变量进行 Logit 回归，用于预测和估算相对影响力的倾向得分。然后，进一步利用计算得到的倾向评分值对样本进行匹配，为高影响力的处理组中每一个样本寻找一个匹配的低影响力控制组样本。表 10-5 列示了分别按照两个变量的中值与 25% 分位数来划分高低组

的两次 PSM 配对后的回归结果，其目的是更为详细地分析相对影响力制衡对
公司股价崩盘风险的影响。

从表 10 - 5 的面板 A 和面板 B 结果来看，经过 PSM 方法配对控制了样本
的选择性偏误后的回归结果中，CEO_power 的回归系数仍然显著提高了公司股
价崩盘风险，特别是在 25% 分位数的回归结果中，仍然达到了 1% 的显著水
平，这一结果充分说明了研究假设 H10 - 1 是成立的，即 CEO 影响力和股价崩
盘风险之间存在显著的正向影响。面板 A 中 C_C_power 的回归系数则是在 5%
水平上显著为负，在面板 B 中回归系数在 1% 水平上显著为负，这与前面的回
归结果相一致，高管相对影响力制衡会降低公司的股价崩盘风险，研究结论是
较为稳健的。

表 10 - 5　　　　　　　　PSM 方法配对样本后的回归结果

面板 A：PSM 方法配对样本的回归结果（根据中值分组）

变量	NCSKEW		DUVOL	
	(1)	(2)	(3)	(4)
CEO_power	0.0161 ** (0.0071)		0.0102 ** (0.0047)	
C_C_power		− 0.0387 ** (0.0168)		− 0.0262 ** (0.0133)
Controls Variables	Yes	Yes	Yes	Yes
Year	Yes	Yes	Yes	Yes
Industry	Yes	Yes	Yes	Yes
R^2	0.1871	0.1859	0.1622	0.1614
N	1118	1118	1118	1118

面板 B：PSM 方法配对样本的回归结果（根据 25% 分位数分组）

变量	NCSKEW		DUVOL	
	(1)	(2)	(3)	(4)
CEO_power	0.0223 *** (0.0084)		0.0147 *** (0.0056)	
C_C_power		− 0.0682 *** (0.0180)		− 0.0452 ** (0.0148)
Control Variables	Yes	Yes	Yes	Yes

续表

面板 B：PSM 方法配对样本的回归结果（根据 25% 分位数分组）

变量	NCSKEW		DUVOL	
	（1）	（2）	（3）	（4）
Year	Yes	Yes	Yes	Yes
Industry	Yes	Yes	Yes	Yes
R^2	0.2181	0.2226	0.2069	0.2115
N	675	675	675	675

注：*、** 和 *** 分别表示相关系数在 10%、5% 和 1% 水平上显著（双尾）；为了节省篇幅本表省略了其他控制变量（与表 10-4 相同的控制变量）、年度虚拟变量、行业虚拟变量和常数项回归结果的报告；括号内是经过公司层面聚类调整后计算得到的标准误（下同）。

其次，为了进一步控制内生性问题的干扰以验证研究结论的稳健性，我们根据公司金融领域内生性问题的研究建议和具体处理方法（Gormley and Masta，2014；Cornelissen，2008；Graham et al.，2012），通过引入公司个体固定效应和年度固定效应，采用个体固定效应模型对研究假设 H10-1 和假设 H10-2 重新回归，具体结果列示在表 10-6 中。从表 10-6 的列（1）和列（2）可知，在采用了固定效应模型之后，尽管 CEO_power 的回归系数在统计上不显著，但符号方向与预期一致。而在列（4）中，C_C_power 的回归系数则仍然是在 5% 水平上显著为负的，在列（3）C_C_power 的回归系数在 16% 水平上显著，这说明，研究假设 H10-2 是较为稳健的，高管之间的相互影响力制衡可以有效地缓解公司股价崩盘风险。

最后，我们进一步借鉴许年行等（2012）和罗进辉等（2014）文献的做法，构造了崩盘风险哑变量 Crash，并采用 Logit 模型进行稳健性测试。具体地，如果在一年的交易时间内，第 i 家公司股票的周特定收益率至少有一次低于周特定收益率的均值下方 3.09 倍标准差区域，那么意味着该公司股票在该年内发生了股价崩盘事件，则 Crash 取值为 1，否则取值为 0。变量度量方法的稳健性测试结果在表 10-6 的第（5）和第（6）列中报告。在列（5）和列（6）中，CEO_power 和 C_C_power 的回归系数的符号与预期一致，且在列（5）中 CEO_power 在 5% 水平上显著，列（6）的 C_C_power 也在 10% 水平上显著，以上的稳健性测试结果表明，研究结果是较为稳健的[①]。

————————

① 我们也利用公司 CEO 是否两职兼任作为 CEO_power 的替代变量、CFO 和 CEO 薪酬差距的自然对数为 C_C_power 的替代变量，重复了以上的回归过程，结果相一致。

表 10-6　　　　　　　　　　　稳健性测试的回归结果

变量	(1)	(2)	(3)	(4)	(5)	(6)
	NCSKEW	DUVOL	NCSKEW	DUVOL	Crash	Crash
CEO_power	0.0049 (0.0143)	0.0067 (0.0093)			0.0327 ** (0.0155)	
C_C_power			-0.0433 (0.0312)	-0.0424 ** (0.0206)		-0.1277 * (0.0721)
Control Variables	Yes	Yes	Yes	Yes	Yes	Yes
Year	Yes	Yes	Yes	Yes	Yes	Yes
Firm	Yes	Yes	Yes	Yes	No	No
Industry	No	No	No	No	Yes	Yes
R^2/Pseudo R^2	0.4523	0.4475	0.4533	0.4497	0.0939	0.0932
N	1485	1485	1485	1485	1428	1428

三、相对影响力制衡的进一步分析

尽管前文的结果与分析均支持了研究假设 H10-1 和假设 H10-2，但影响力更高的 CEO 是否真的会增加公司的信息不透明程度，或者说 CEO 影响力越大就越可能会通过盈余管理操纵而隐藏坏的信息进而导致崩盘风险吗？ CEO 和 CFO 之间的监督协调能否起到公司治理机制的作用，高管的相对影响力制衡是内部治理的有效替代机制吗？ 为了厘清以上的问题，从而揭示 CEO 影响力和相对影响力制衡对于股价崩盘风险的影响机理，下面我们对以上问题展开进一步考察。

1. CEO 影响力、相对影响力制衡与公司信息透明度

已有研究表明，管理层的权力越大越容易利用盈余操纵获取绩效薪酬（权小锋等，2010），特别是 CEO 的影响力越大时，其操纵应计盈余的能力越强，也就越可能累积坏消息从而引致未来的公司股价崩盘（Hutton et al.，2009；叶康涛等，2015；Mamun et al.，2016）。我们以公司信息透明度哑变量 high_ABACC 作为因变量（若 ABACC 大于等于中值则取值为 1，否则取值为 0），OLS 方法的回归结果表明，CEO_power 的回归系数在 10% 水平上显著为正，这说明 CEO 影响力越大，公司的信息不透明程度越高，即盈余管理操纵越大；C_C_power 的回归系数符号为负，约在 15% 水平上显著 ［见表 10-7 的列 (1) 和列 (3)］。采用 Logit 方法的回归结果与之相一致 ［见表 10-7 的列 (2) 和列 (4)］。

表 10 - 7   信息透明度的影响和治理机制的替代效应

变量	(1) high_ABACC	(2) high_ABACC	(3) high_ABACC	(4) high_ABACC	(5) C_C_power
CEO_power	0.0073 * (0.004)	0.0322 * (0.0187)			
C_C_power			−0.0185 (0.013)	−0.0818 (0.051)	
Sigma	2.5723 * (1.5163)	11.302 * (6.808)	2.5512 * (1.5065)	11.250 * (6.769)	
Ret	20.6104 * (11.3021)	94.1758 (60.8219)	20.5847 * (11.1776)	94.729 (60.6385)	
MB	0.0350 ** (0.0137)	0.1598 ** (0.0637)	0.0346 ** (0.0137)	0.1579 ** (0.064)	0.0218 (0.0459)
Size	−0.0162 (0.0185)	−0.0679 (0.0785)	−0.0166 (0.0186)	−0.0701 (0.0789)	0.0558 (0.0538)
Lev	0.2227 ** (0.0927)	0.9635 ** (0.3962)	0.2163 ** (0.0927)	0.9330 ** (0.3957)	0.0345 (0.2176)
ROA	−0.1602 (0.1838)	−0.7142 (0.8449)	−0.1462 (0.1858)	−0.6411 (0.8467)	−0.1691 (0.3333)
CEO_age	−0.0023 (0.0022)	−0.0099 (0.0092)	−0.0021 (0.0022)	−0.0091 (0.0092)	−0.0295 *** (0.0045)
CEO_gender	−0.0237 (0.0512)	−0.0984 (0.2178)	−0.0237 (0.0513)	−0.0981 (0.2188)	0.0967 (0.1581)
Her_1	0.1321 (0.1073)	0.5989 (0.4590)	0.1395 (0.1071)	0.6214 (0.4588)	−0.9370 *** (0.2739)
Ind_director	−0.1338 (0.2862)	−0.6275 (1.2099)	−0.1123 (0.2850)	−0.5122 (1.2016)	0.1728 (0.9211)
Board					0.0447 * (0.0252)
S_index					−0.1347 *** (0.0513)
Year	Yes	Yes	Yes	Yes	Yes
Industry	Yes	Yes	Yes	Yes	Yes
R^2/Pseudo R^2	0.089	0.0587	0.088	0.0581	0.172
N	1485	1467	1485	1467	1485

2. 相对影响力制衡与内部公司治理机制的替代关系

一般来说，诸如董事会治理、董事会独立性和股权结构等内部公司治理机制主要都是为了在两权分离背景下对公司内部人、特别是 CEO 进行有效的监督激励。例如，外部董事越多，董事会的独立性越强，则 CEO 受到的制约就会越多、权力也会越小（Hermalin and Weisbach，1988；权小锋等，2010）；大股东的控制权—现金流权分离度越大、掏空动机越强，股价崩盘风险也随之增加（Hong et al.，2012）；大股东持股比例越高，其对公司的"监督效应"和"更少的掏空效应"也会降低股价崩盘风险（王化成等，2015）；此外，独立董事制度也是出于对中小投资者保护的目的和监督内部人的侵占而设立的（叶康涛等，2007）。那么以上的这些内部治理机制与高管相互监督制衡之间是否存在着替代或者互补的关系呢？已有研究指出，只有当 CEO 对公司重要决策有足够影响力时，才会对公司的经济后果产生影响（Adams et al.，2005）。而高管之间相对影响力的大小体现了他们之间对公司影响力的差异，更强的相对影响力制衡意味着 CFO 在公司财务决策乃至公司决策制定中的话语权会更高。

如果一个公司内部治理较弱，例如董事会规模过大无法有效监督 CEO 或者监督成本远超过收益，那么高管之间的相互监督制衡可能会比其他治理机制的监督效果更好、实施成本更低。而如果公司有较完善或较强的内部治理，那么高管相互制衡就是没有必要的过度监督（Li，2014）。表 10-7 的列（5）报告了公司内部治理机制与高管相对影响力制衡之间的关系。从中可以发现，Her_1 和 S_index 的回归系数均在 1% 水平上显著为负，这说明公司第一大股东持股比例越高，对于公司 CEO 的监督能力越强，则 C_C_power 越小，高管之间相对影响力制衡程度就越低。股权制衡程度（S_index）越高，则其他大股东也会对公司决策施加更大影响，更积极地监督公司内部高管，C_C_power 越小。公司董事会规模 Board 的回归系数在 10% 水平上显著为正，董事会人数越多，交易成本和监督成本就会越大，从而高管之间的相对制衡成本更低更可能需要。总体来看，以上的回归结果表明，公司内部治理更强的时候，高管相对影响力制衡就越低。而当公司董事会规模越大、第一大股东持股越低、股权制衡程度越低的时候，就会更需要高管的相互监督与制衡，这充分支持了高管相对影响力制衡与内部治理机制之间的替代关系假设。

第五节   本章总结与启示

股价崩盘风险是由于公司高管隐藏负面消息所致，但高管是否真正隐藏坏消息的行为则是较难观测到的，一般来说，当公司 CEO 的权力更高其对公司决策的影响就越强，其影响力越大，也就越有实施隐藏负面消息的能力。同时，公司 CFO 对财务决策和公司财务年报信息披露方面也会承担更大的责任并具有相对较高的影响，由此 CFO 和 CEO 之间影响力的制衡是否会起到公司治理机制的替代作用，高管之间的相对影响力能否抑制公司股价崩盘风险呢？本章从 CEO 影响力和高管相对影响力制衡视角入手，通过实证检验研究了 CEO 影响力对于股价崩盘风险的影响，进而分析和验证了高管相对影响力能够起到降低股价崩盘风险的作用。具体研究结论发现：（1） CEO 影响力和公司股价崩盘风险之间呈显著的正向关系，表明 CEO 的绝对影响力越大越有可能累积风险从而存在显著的崩盘效应；（2） CFO 与 CEO 之间相对影响力制衡对公司股价崩盘风险有显著的负向影响，CFO 相对于 CEO 影响力越大，越能够降低未来的崩盘风险；（3） 高管的相对影响力制衡是公司内部治理机制的有效替代，特别是在内部治理较弱的公司中，高管相互监督制衡、提高 CFO 的综合影响力能够起到内部治理机制的替代作用，降低公司未来股价的崩盘风险。

本章不仅丰富了股价崩盘风险的影响因素文献，而且从高管特征和影响力角度探讨了 CEO 对于股价崩盘风险的直接效应，并且从高管相对影响力制衡这一独特视角分析了高管相互监督制衡对于公司内部治理机制的替代作用。同时，研究结论对于上市公司的治理和监管也具有一定的政策启示，即在未来的制度建设和治理结构完善过程中，适当地提高公司 CFO 影响力、增加高管相互监督和强化 CFO 责权可以成为一个政策的导向，从而发挥高管制衡的监督作用进而降低隐藏负面消息导致崩盘风险的可能性。

第十一章 萨班斯法案带来的
经济影响与启示

第一节 萨班斯法案的主要内容与批评声音

为了应对安然等公司的财务丑闻危机、挽救投资者对美国资本市场的信心，美国国会于 2002 年通过了自 20 世纪 30 年代以来最为严厉的萨班斯法案。虽然萨班斯法案诞生之际，对其成本与收益的争议就伴随而生，但从根本上说，作为一项重要的外部监管法规，萨班斯法案的出发点是为了适应新的经济环境变化和强化公司信息披露义务，而对以往监管法规做出的弥补与完善，是为了更好地保护投资者权益、预防和惩治公司治理失效与委托代理导致的财务欺诈"痼疾"而做出的外部适应性调整。鉴于美国资本市场和公司治理机制改革的风向标地位，萨班斯法案的出台对世界各国公司治理改革、信息披露制度、投资者保护和资本市场监管都产生了深远影响①。更为重要的是，评价一部法规的优劣，必然需要经过时间的验证。萨班斯法案施行以来，围绕萨班斯法案对公司治理、信息披露和高管薪酬绩效影响已经产生了一些最新的研究成果。那么萨班斯法案所体现的对公司行为加强监管和提高犯罪处罚成本的改革思路是否有效和有意义，这一剂猛药是否起到了疗效，就需要我们对最新的研

---

① 例如，欧洲各国在萨班斯法案出台和欧洲 Parmalat 等公司的财务丑闻爆发之后也对公司治理和信息披露方面的法规要求进行了调整，在美国举措的影响下，欧盟委员会于 2003 年 5 月 21 日提出建议，按照法律程序设立一个类似于美国的新监管构架；实际上，自美国安然丑闻之后，欧洲大陆对自我交易披露的力度也在加大，2002 年颁布了欧洲共同市场章程，同时要求从 2006 年起，欧洲上市公司的年度财务报表必须根据国际财务报告准则编制（IFRS），该准则的第 24 条还明确要求公司必须对关联交易进行详细的披露。与欧美国家的信息披露监管思路相一致，我国财政部等相关五部委在 2010 年也联合发布了"企业内部控制基本规范"和"企业内部控制配套指引"，对我国上市公司内部控制信息披露制度做了相应的完善。

究成果和经验证据进行评析与比较。"他山之石，可以攻玉"，我们从萨班斯法案的影响与评价视角出发，梳理其对于美国公司治理、高管监督激励、信息披露的影响以及资本市场的反应，至少对我国进一步深化公司治理改革具有重要的借鉴意义，而且也可以通过分析其不足之处为我国相关监管法规制定提供参考。

一、萨班斯法案的主要内容与强化之处

正是为了平息公众对上市公司管理层财务造假丑闻的愤怒和恢复投资者对美国资本市场的信心，美国参众两院一致通过的萨班斯法案的主要关注点就是明确公司管理层在信息披露准确性方面的刑事责任并通过提高外部审计的独立性来保证上市公司的内部控制有效性。除了在《1934 年证券交易法》和《1933 年证券法》基础上对会计行业监管做出的补充之外，萨班斯法案对公司内部治理、公司高管犯罪处罚和外部审计等方面都提出了更为严苛的要求，主要内容包括：在外部监管方面，成立独立的公众公司会计监督委员会，监管执行公众公司审计职业，同时禁止会计师事务所为审计客户提供列入禁止清单的非审计服务，还对会计审计轮换提出了要求；在内部治理方面，法案明确要求上市公司的董事会必须设立全部由独立董事组成的审计委员会，由它来聘请外部审计、领导内部审计机构，对生产经营管理全过程进行监督和评价，而且审计委员会中至少要有一位财务专家；在内部信息披露方面，法案进一步通过302 条款和 404 条款强化了公众公司内部控制和信息披露方面的程序和责任，一方面要求公司 CEO 和 CFO 在其年度和中期财务报表中必须签名并认证报表的合规性和有效性，而且一旦将来发现有问题，CEO 或 CFO 个人将对公司财务报表承担民事甚至刑事责任，另一方面也要求管理层应承担应有的内部控制结构的职责，上市公司的管理层和注册会计师都需要对企业的内部控制系统做出评价，注册会计师还必须对公司管理层的评估过程和内控报告结论进行相应检查并出具正式意见；在高管的违法惩罚方面，公司 CEO 和 CFO 对报送给SEC 的财务报告的合法性和公允性表达进行保证并承担相同的法律责任，如出现虚假瞒报或其他不当行为等则按照 906 条款规定，处以 50 万美元以下罚款或最多 20 年的监禁，甚至两者并罚①。此外，为了保证监管部门、外部审计

---

① 自 2002 年萨班斯法案出台以来，国内已有多篇文献就法案内容做了详细的介绍，例如徐林（2007）、孙杰（2006）等，因此，这里不再就法案本身的基本内容做过多陈述性介绍，而将主要研究视角集中于近年来萨班斯法案所造成的经济影响与最新研究进展。

机构、公司内部的独立审计委员会更有可能掌握公司欺诈、犯罪的证据，萨班斯法案在不同的章节中反复提到建立起顺畅的知情员工举报、反映公司（高管）违法犯罪线索的渠道（解学成，2006）。

二、针对萨班斯法案条款的主要批评与争议

由于萨班斯法案出台的仓促，其本身不可避免地存在一些过激之处，而部分实行成本过高的条款以及其产生的后续影响也正是反对者批评声音较为集中的所在，例如该法案的 302 条款和 404 条款就是学界和实务层面的争议焦点之一。萨班斯法案的 302 条款和 404 条款要求公司 CEO 和 CFO 对财务报告、内控程序和内控报告有效性进行签字负责，同时又要求注册会计师在审计报告时对企业内控报告进行评价并出具具体意见，并且对事务所进行轮换调整。2004年 11 月开始执行的以上条款对美国上市公司来说无疑产生了巨大的执行成本，根据条款要求，公众公司需要公司董事、管理层、404 项目小组、内审总监与其他人士都必须积极监察和参与内部控制整个流程。同时，每个公司都要对任何一个岗位的职务、职责描述得一目了然、对交易进行财务记录的每一个环节都要有相应的内部控制制度，这也需要巨大的人力物力投入，而且公司还需要支付给注册会计师更高的审计费用。正因为执行成本高昂，所以对部分小公司来说这样的巨大支出难以承受，而这些巨大经济成本带来的不利影响也正是法案受到批评较多的主要原因（Nyberg，2003；Engel et al.，2006；郭德维和李杰，2008）。

例如，已有的研究表明，在萨班斯法案实行之后，由于被迫承担更多的成本，很多中小型企业不得不选择私有化策略，从而导致在 2003 年就有 101 家公司主动退市或进入信息披露要求相对较低的 OTC 市场（Engel et al.，2006），萨班斯法案相对提高了大型公司的市场价值但却有损小型公司的价值（Chhaochharia and Grinstein，2004）。然而最新的研究成果针对萨班斯法案内控和信息披露成本过高的问题提出了一些相异的观点，在萨班斯法案之后选择私有化倾向的公司与美国的情况大体相似（Leuz，2007），然而英国当时还没有实行类似萨班斯法案所要求的强化信息披露等公司内控改革，由此在萨班斯法案出台之后的小企业私有化策略实际上也可能是受到当时的经济金融环境（例如较低的利率和较多的 PE 收购活动）影响（Gaoet al.，2009）。此外，通过排除经济金融环境影响的进一步研究表明（Leuz et al.，2008），那些选择退市（going dark）或撤销证券市场登记的小型企业往往是绩效较差、增长机会较小、存在融资困境、较弱的现金流、较差的公司治理和较低会计报告质量的

公司，这就从一个侧面说明即使是萨班斯法案引起的小企业退市或私有化增加，也有可能对社会收益产生积极影响。

除了法案实施给公众公司带来的直接投入成本之外，美国审计总署2006年发布的调查报告显示，一些被调查的中小型上市公司在执行萨班斯404条款的第一年，公司首席财务官和财务主管90%的工作时间用于处理有关遵循萨班斯条款的问题；47%的被调查公司为了执行萨班斯404条款而推迟或取消了改进公司经营方面的活动，因此，萨班斯法案404条款可能会抑制公司的新产品开发与创新活动，其带来的潜在影响或是间接成本可能更大。但硬币总有两面，最新研究表明，萨班斯法案降低了公司的信息不对称程度，从而促使机构投资者更愿意参与到上市公司的创新活动投资中去（Abdioglu et al.，2015）。

此外，就法案本身可能存在的监管逻辑，也有部分学者提出了意见。由于公司内部高管对内控流程负责以及公司本身存在的契约不完备性所产生的委托代理链条，使得内部控制作为公司内部一种人盯人防守式的连环牵制也不可能总是有效的（孙杰，2006）。萨班斯法案规定成立独立的公众公司会计监督委员会（简称"PCAOB"），然而监管链条的延长必然也会产生谁来监督会计监督委员会及其成员的问题，这种大幅度提高监管要求的做法并不见得会对资本市场长期健康发展具有促进作用（Hart，2009；谢志华，2006）。

当然，一项法案究竟是否功大于过，需要比较法案本身的直接经济成本与经济收益、衡量法案所带来的社会成本和收益。但更为重要的是，在萨班斯法案已经基本定调了美国今后的上市公司监管原则之后，我们需要明晰该法案及其确立的监管原则对公司治理、信息披露、高管尽职、财务造假或盈余管理等方面是否带来了深刻的影响和变化，各个相关利益方和资本市场是否认可法案的功能与作用，法案究竟是否对公司的委托代理和财务欺诈起到了医治效果。后续部分将在部分最新文献梳理的基础上对这些问题进行较为详细的述评，以期为我国公众公司治理和资本市场完善提供有益参考。

第二节　萨班斯法案对公司治理结构的影响及其绩效分析

一、董事会治理与内部审计委员会的改革

董事会是把提供资本的股东和使用这些资本创造价值的经理人连接起来的

重要组织结构，作为公司治理机制的核心，其不仅具有选拔和任命经理人的职能，而且董事会成员还要尽职尽责通过其下辖各委员会对公司高管的履职行为和财务绩效等方面进行监督（Hermalin and Weisbach，2001）。出于完善董事会监督角色的考虑，萨班斯法案对董事会及其下辖审计委员会的人员组成和职能进行了明确的规定，对董事会独立性提出了更为严格的要求。首先，法案对董事会独立性做出了更为细致严格的要求①，新的上市规则不仅要求公众公司董事会要由大多数独立董事组成，而且对于"独立性"有了更为严苛的规定②；其次，公司董事会还被要求其下辖的关键委员会必须全部由独立董事组成，同时公众公司董事会也必须要有审计委员会、薪酬委员会和提名委员会这三个关键的委员会；最后，法案对公司审计委员会组成和权力做了明确的规定，即要求审计委员会的成员不仅是独立董事，而且还需要了解财务金融知识，成员中必须至少有一位"财务专家"，法案还赋予了审计委员会聘请和支付外部审计事务所的权力，从而进一步突出了公司治理当中董事会的审计独立性与独立董事的权力。

二、公司治理的变化与绩效影响

虽然法玛和詹森（Fama and Jensen，1983）早已强调了董事会治理机制在应对委托代理问题方面的重要性，但对于董事会规模和董事会独立性的争议却从未消失（Harris and Raviv，2008）。基于16000家美国公司年度样本的研究表明（Cicero et al.，2013），在1991~2003年间，美国上市公司董事会规模和独立性的调整变动频率较高，公司主动调整董事会规模和独立性的行为与公司自身的特征和基本面紧密相关，但是在萨班斯法案出台实行之后的2004~2009年间，公司调整董事会规模和独立性的频率显著降低了，这种情况的出现可能是公司面临的管制环境和政治压力导致的，多数美国上市公司基本保持了较为稳定的董事会结构和独立性，独立董事多数制也得到了普遍推行。董事会独立性与公司经营绩效之间的关系是公司治理文献始终关注的焦点问题之一，研究发现，董事会独立性与公司市场价值之间存在负向的关系（Agrawal and Knoeber，1996），采用多个绩效衡量指标的实证研究进一步证实了这种观点（Bhagat and Black，2002）。

---

① 独立董事占公司董事会成员的比例被公司治理文献称为"董事会的独立性"。

② 独立董事不仅不能在公司任职，而且三年内曾在公司任职的也不能作为独立董事等，具体规定可以参见 NYSE CG Rules §303A. 01. 和 NYSE CG Rules §303A. 02. 条款。

　　如果真的像多数早期实证研究结论所体现的观点，董事会独立性对于公司绩效没有积极的影响，那么突出强调董事会独立性的萨班斯法案是否真的在公司治理纠偏的道路上"误入歧途"了呢？实际上，多数得到董事会治理与绩效负相关结论的文献都是基于 2002 年以前的样本进行的考察，这些研究普遍的一个特征是没有体现外生监管政策对于公司治理的冲击，而萨班斯法案恰恰提供了这种外生冲击研究的可能，尤其是对于董事会中审计委员会独立性的要求不同于以往的标准，这就为研究董事会治理与公司绩效提供了新的划分区间。就董事会独立性和公司绩效之间关系建立的理论模型来看，其结果预测了更大的董事会独立性会更好地监督经理人行为（Adams et al.，2010）。在扩充了样本并引入了萨班斯法案外生冲击之后的修正研究（Bhagat and Bolton，2008）中发现，在萨班斯法案出台后的 2003～2007 年间董事会独立性变量对于公司财务绩效 ROA 指标具有正向的积极影响，而且董事股权也和公司绩效呈现正向关系，这从一个侧面验证了对公司董事持有一定数量股权呼声的合理性（Charles，2005）。进一步地，利用美国 1998～2008 年 14576 个公司—年度样本分析了董事会审计监督委员会成员股权和公司绩效之间的关系（Bolton，2014）。其经验研究指出，审计监督委员会独立性和公司绩效的关系并不显著，但是审计委员会董事成员的股权却是对公司绩效产生积极影响的一个有效治理机制。利用问卷和访谈的方法，通过对上市公司董事和高管直接调查的研究（Cohen et al.，2013）表明，萨班斯法案之后董事会的审计委员会行使权力的空间和威信较之以前要提高很多，其对于公司财务报告质量和高管尽职行为都产生了积极的影响。王（Wang，2014）利用处理效应模型（treatment effect）和倾向评分匹配方法（PSM）在进一步控制内生性和样本选择偏差问题的基础上，研究了董事会独立性的影响。通过对审计监督委员会、提名委员会和薪酬委员会独立性的分别回归可以发现，审计监督和提名委员会独立性的提高显著促进了公司财务绩效的提升，而薪酬委员会独立性提高的影响并不稳定。

　　从以上的文献梳理可以发现，越来越多的研究利用萨班斯法案所提供的外生事件机会来考察董事会治理机制影响公司绩效有效性的问题，而且多数最新文献都倾向于支持萨班斯法案要求提高董事会独立性的规定。但我们也要看到，仍有研究对董事会独立性治理效果的稳健性表示怀疑，而且部分文献也指出审计委员会中董事拥有股权的影响可能更为有效，这些经验在其他国家以及新兴市场经济国家是否同样可靠也尚未得知。此外，组成审计监督或提名委员会的独立董事背景等个体特质因素是否也起到了主要的作用，仍有待实证研究的进一步推进。

三、萨班斯法案对公司高管监督激励效应的经验研究进展

传统公司治理对于高管的监督激励问题研究往往从 CEO 角度展开，但自安然、世通等大公司财务丑闻爆发以来，学术界和监管层都注意到公司 CFO 在财务和会计信息报告方面的重要作用。考虑到 CFO 对会计信息处理和财务绩效的影响可能更大（Mian，2001；Geiger and North，2006；Graham et al.，2005；Chava and Purnanandam，2010；Jiang et al.，2010），部分学者逐渐开始将研究视角转移到 CFO 身上，利用萨班斯法案施行的契机，实证考察法案对于包括 CFO 在内的公司高管的监督激励效果[①]。考虑到短期影响具有一定的偶然性和样本较少带来的缺陷，对萨班斯法案前后时期进行了划分，综合考察了财务重述和 CFO 非自愿离职之间的短期与长期关系后发现（Collins et al.，2009），萨班斯法案本身并没有提高财务重述公司 CEO 或 CFO 的非自愿离职概率，但是法案却影响了高管人力资源市场对于发生财务重述行为公司的前CFO 处罚程度，使得发生财务重述公司的非自愿离职 CFO 面临更高的后续工作成本，因此萨班斯法案对于高管人力资源市场的影响会导致 CFO 对自己的行为更加负责。

对相关文献的梳理也表明，提高信息披露可以减轻董事会和高管之间的信息不对称程度，进而提高董事会对高管的监督效果（Armstrong et al.，2010）。理论模型也指出，萨班斯法案强制信息披露的实施会降低信息不对称程度、增加 CFO 的风险承担报酬，而且也会导致 CFO 离职率的提高（Hermalin and Weisbach，2012）。经验研究证实，在内部控制报告中出现了重大缺陷的公司有更高的 CFO 离职概率，而且这些公司在后续年度将更可能聘请具有注册会计师等更高资质的 CFO（Li et al.，2010）。进一步实证研究发现了内部控制披露要求和 CFO 离职之间的关系，通过显示公司内控质量，萨班斯法案下的强制内控披露可以作为高管人力资源市场上有效区分 CFO 好坏的可信机制（Wang，2010）。同时经验结论表明，与较弱内控公司 CFO 相比，具有较强内控质量公司的 CFO 会得到更高的报酬，被迫离职情况也更少。萨班斯法案之后的高管薪酬绩效敏感性研究表明，2001～2002 年前后经理人薪酬绩效敏感性的变化，进一步证实了萨班斯法案增加了对经理人操纵的监管并提高了财务报告质量，

---

① 主要目的是梳理和评析萨班斯法案给上市公司带来的经营影响，我们将集中于萨班斯法案施行对公司高管的监督激励效果，而关于 CFO 或 CEO 财务欺诈动因、盈余管理影响和治理效果等方面的研究和早期文献不在我们的讨论之列。

同时法案也更紧密联系了高管报酬和股东财富，从而显著增加了公司经理人的薪酬绩效敏感性（Chen et al.，2013）。总体来看，萨班斯法案强化公司监管对于经理人的监督起到了一定的效果，尽管过于严苛的监管受到了媒体、法律或政治层面的嘲讽，但法案的确发挥了一定的威慑效应，使得公司高管的履职行为更加负责和谨慎，同时在 CFO 的聘任方面更关注其执业资质的水准。

第三节　后萨班斯时代公司信息披露和盈余管理行为的变化

一、内部控制责任要求对信息披露和盈余管理的影响

萨班斯法案的出台正是为了应对公司财务丑闻对投资者信心和美国资本市场造成的损伤，因此，既然要辨析该法案是否成功，就必然需要分析其对于公司财务报告质量、信息披露透明度和盈余管理行为的影响，总结后萨班斯时代公众公司在财务报告内容与风格方面的变化，这也是衡量萨班斯法案成效的重要依据之一。萨班斯法案的 301 条款、302 条款和 404 条款对上市公司内部控制责任提出了明确而严格的具体要求，不仅需要公司审计委员会、CEO 和 CFO 尽职完成内部控制过程，而且还需要公司高管对内控报告和财务报表信息披露的准确性提供担保，要求外部审计师对报告的充分性提供评价意见，同时906 条款还具体规定了公司高管违反法律所需要承担的处罚后果。既然萨班斯法案对内部控制的要求如此严格，而且成本支出巨大，导致内控要求的规定也是法案颇受争议的最大焦点，那么其是否能够实现提高公司信息披露透明度和增加公司财务报告质量的立法初衷呢？

早就有研究对萨班斯法案的内容进行了具体的分析，并猜测法案在短时期内会给公众公司带来加大的成本压力，可能不利于美国资本市场的发展，但是随着时间的增加，这种不利影响会逐步减少，尤其是法案有可能会对较差的公司治理形成弥补作用，从而发挥外部监督对企业信息披露等方面的积极监管效果。已有文献发现，萨班斯法案的内部控制要求会显著地影响公众公司信息披露质量和财务报表的风格，使得公司高管对财务报告信息更趋保守（Lobo and Zhou，2006；Coates，2007；Litvak，2007）。伊雷夫（Iliev，2010）以萨班斯法案作为一个准自然实验，采用断点回归设计（regression discontinuity design）

和工具变量、双重差分方法研究了萨班斯法案的成本收益衡量问题，该方法可以有效利用现实约束条件分析变量之间因果关系并且评估政策效果影响，其结果表明萨班斯法案的确加重了小规模上市公司的成本并且降低了它们的市场价值。但研究也发现萨班斯法案会导致公司的收益报告更趋保守，对于公司财务信息披露会产生一定的约束影响。更为具体的研究则考察了萨班斯法案对于公司信息披露透明程度的影响（Arping and Sautner，2013），以分析师对公司绩效预测和实际披露绩效值的偏差来衡量信息透明程度，在具体实证研究中他们将交叉上市公司进行分组，通过比较在美交叉上市服从萨班斯法案的公司与其他未受萨班斯法案影响的上市公司进行对比。实证回归结果显示，处理组和控制组在萨班斯法案之后的公司信息披露透明度都得到了提高，而在美交叉上市的公司受到萨班斯法案影响的程度更大、信息不透明程度降低幅度也更为显著，这就在一定程度上支持了美国证券交易监督委员会（U. S. Securities and Exchange Commission，SEC，简称"美国证监会"）对萨班斯法案积极意义的辩论。

　　萨班斯法案对上市公司治理结构和信息披露都有具体的严格规则，既有强化公司治理的董事会独立性规定，又有对企业内部控制缺陷披露的外部强制审计要求，那么内部公司治理水平是否会影响公司的内部控制信息披露情况呢？众所周知，争议最大的萨班斯法案404条款受到抨击的主要原因就在于公司自我内控报告需要支付巨大成本进行外部审计和评价，那么提高公司治理水平是否可以作为一种替代机制来缓解外部审计的成本开支呢？研究表明，公司治理质量和萨班斯法案404条款下内部控制披露之间呈负相关关系，同时，没有发现在第302条款下存在显著的相关性（Hoitash et al.，2009）。因此在萨班斯法案第404条款的外部审计要求框架下，拥有较高治理水平的上市公司才可能会具有较少的内部控制缺陷。斯蒂芬斯（Stephens，2009）则利用萨班斯法案302条款和404条款执行存在的时间差，进一步扩展研究了公司治理水平和内部控制缺陷披露之间的关系，结论不仅支持了关于更好的公司治理水平会降低内部控制缺陷发生的观点（Hoitash et al.，2009），而且还证明了更好的公司治理水平（内部审计委员会独立性、独立董事和CFO富有财务背景经验、权威注册会计师事务所审计财报等）会提高内部控制缺陷被披露的可能性。这一研究也从一个侧面表明，提高小型上市公司内部公司治理水平可能是对内部控制报告强制性外部审计的一个有效替代机制，可以减轻小型公司的外部审计成本。

二、后萨班斯时代的盈余管理行为

　　除了对信息披露透明度和完整性的关注之外，萨班斯法案出台的另外一个关注点可能就是一直以来困扰企业的盈余管理行为。由于企业经营者可以运用会计方法或者安排真实交易来改变财务报告以误导利益相关者对公司业绩的理解，或者影响以报告盈余为基础的合约（Healy and Wahlen，1999），所以财务报告中是否有盈余管理行为存在将直接影响报告的准确性以及其所带来的经济影响。就盈余管理行为的差异而言，主要包括了应计项目的盈余管理和真实活动的盈余管理①，利用萨班斯法案颁布作为时域划分，已有研究较为细致地考察了安然事件和萨班斯法案颁布后的盈余管理行为变化情况，揭示了上市公司盈余管理活动的变化，在萨班斯法案颁布之前的 1987～2002 年间，随着公司高管股基激励比例提高，公司应计项目盈余管理活动大幅度增加。而在萨班斯法案之后，公司的真实和应计盈余管理都出现显著下降的趋势，但与此同时，隐蔽性更强的真实活动盈余管理行为却呈现了增加的趋势（Cohen et al.，2008）。陈等（Chen et al.，2010）检验了萨班斯法案施行后董事会独立性对于盈余管理行为的影响，他们的研究结论认为，当信息获取成本更低或董事会成员有更丰富的公司信息时，独立董事的监督作用才能更好地发挥，从而才有可能降低盈余管理行为发生的概率与规模。而针对真实盈余活动的研究发现，相较于应计盈余管理，真实盈余管理活动造成的市场对企业的错误估值更甚，公司的未来股票回报更低（Mizik and Jacobson，2008）。李增福等（2011）的研究也发现，真实盈余管理的危害可能更大，他们的经验证据表明，应计盈余管理活动会导致融资后公司业绩的短期下滑，而真实盈余管理活动则会引起公司业绩的长期下滑。但与以上证据相对应，泰勒等（Taylor et al.，2010）的研究发现，真实盈余管理并未造成随后年度公司经营业绩的显著下降。

多伊尔等（Doyle et al.，2007）则利用萨班斯法案颁布施行后的内控报告样本进行研究，发现较弱的内部控制将导致较低的盈余质量，内部控制越弱的公司其管理层就越容易有意高估或低估盈余，内部控制缺陷披露与否和公司盈余质量没有显著关系，这就意味着只有严格和较好地执行内部控制才是约束盈余管理行为的关键。进一步的分析表明萨班斯法案内控要求对企业盈余管理行为影响的传导机制，通过引入次级高管（除公司 CEO 之外的、包括 CFO、COO 等高管团队成员）特征因素进行回归，发现了内控要求会影响次级高管进而对 CEO 真实盈余管理行为存在监督的传导机制（Cheng et al.，2014）。从以上的研究结论可以看出，真实盈余管理活动对公司绩效的影响还需要进一步

---

① 此处的重点不是对盈余管理活动进行综述和分析，因此对于盈余管理研究的具体文献和内容不会涉及过多，有兴趣的读者可以专门参阅这一领域的文献或综述性研究（如 Healy and Wahlen，1999；Dechow et al.，2010）。

的经验考察，而萨班斯法案的内控要求对盈余管理行为影响的净效应仍有待时间的检验和更为精准的衡量。

第四节　萨班斯法案的成本估算与争议

尽管从前面几部分文献的梳理来看，多数的研究都证实了法案对董事会独立性的要求提高了公司财务报表的质量，加强了高管的薪酬绩效敏感性，而且法案所体现的外部强制信息披露可以降低公司信息披露的不透明程度。但是无论自愿信息披露还是强制信息披露都需要衡量其成本与收益，尽管强制信息披露可能带来积极变化，但其给个体公司和社会带来的成本如何仍然需要更为精准的定量分析，然而从研究进展来看，学界对法案成本的测算争议较大、尚未得到清晰一致的结论。

一、直接成本

由于萨班斯法案 404 条款执行成本过高，学界和公司层面对其非议最多，因此 SEC、PCAOB 和美国国会都对法案的执行进行了一定程度的延长和缓和，尤其是针对中小型上市公司的要求进一步放松，公司执行内部控制披露和支付外部审计的直接成本随着时间的推移也趋于降低（SEC，2009；Doogar et al.，2010）。但法案带来的直接成本仍非常明显，根据萨班斯法案的要求，公司必须开展内部控制的监测、报告和外部审计评价。根据 SEC 在 2004 年的估算，仅提交 404（a）条款需要的文档报告费用支出就为 91000 美元，这还不包括满足条款要求的审计证明所需成本。根据对财富 1000 强公司的评估（Charles River Associates，CRA，2005），在萨班斯法案执行的第一年包括审计费用在内的平均直接成本为 590 万美元，第二年各公司总直接成本都下降了 15% ~ 40% 以上（Coates，2007），而随着 2007 年 PCAOB 对 404 条款执行要求的进一步放松修订[①]，法案给公司带来的直接费用成本随着时间推移呈现逐步下降的趋势（GAO，2013）。部分研究认为，在法案施行之初较高的直接成本可能存在估算的错误（Asthana et al.，2009）。萨班斯法案颁布之前，外部审计服务费用

---

① 法案做出的修订包括：市值低于 7500 万美元的公司，其发布管理层内部控制报告的时间推迟至 2007 年 12 月 15 日，发布外部审计师验证报告的时间推迟至 2008 年 12 月 15 日，新上市公司发布管理层内部控制报告和外部审计师验证报告的时间为第二个会计年报日。

已经逐渐增加。此外，在法案刚刚颁布施行之际，上市公司和提供外部审计服务的会计师事务所都需要快速学习如何更好报告和评估内控体系，这种初始的固定投入和学习成本应该有长期的摊销，但可能被早期的研究文献错误地循环计入年度成本当中，而且早期的研究也没能反映 2007 年萨班斯法案的 404 条款成本节省的修订情况①。尽管直接成本逐年递减，但对于小规模公司而言，直接成本仍然是一笔巨大的开支，正如 Iliev（2010）的研究结果所示，对于市值 7500 万美元以下的小型公司而言，法案带来的成本使得公司市值有所下降，影响了企业的绩效表现。

二、间接成本

除了重要的直接成本外，我们更关心法案带来的间接成本，虽然直接成本对小型公司的影响非常大，但间接成本会影响所有企业，而且对企业的长期发展可能更具深远影响。考虑到萨班斯法案对高管或董事责任的严苛要求，公司高管们可能会采取更为谨慎小心的经营管理行为，这就可能会导致公司投资不足和较低的风险承担，并进而影响公司的研发创新投入和资金获取能力。有研究发现，与英国公司相比，美国公司 2002 年后的投资资本比率明显下降（Kang et al. , 2010），利用美国公司与英国和加拿大公司的比较研究也支持了这一观点（Lehn and Zutter, 2010），这些研究结论意味着萨班斯法案可能导致美国上市公司创新研发投入不足、经理人更趋保守求稳。然而如果将时间提前更早一些，就会发现美国公司投资程度的降低实际上早就发生了，贝茨等（Bates et al. , 2009）的研究证实，自 20 世纪 80 年代早期开始，美国公司的现金持有就呈现增加的趋势，相应的投资支出也降低。阿尔伯克和朱（Albuquerque and Zhu, 2013）采用与多伊尔（2010）相似的断点回归技术，也研究了萨班斯法案对美国公司投资情况的影响，同样以 7500 万美元市值为临界点，研究发现无论是否遵从萨班斯法案的要求，总体来看企业投资水平都呈现下降趋势，因此康等（Kang et al. , 2010）的研究可能只是发现了美国公司投资水平降低趋势，但无法证明这与萨班斯法案之间的因果关系。班纳吉等（Baner-

---

① 科茨等（Coates et al. , 2014）的研究集中于萨班斯法案的成本衡量问题，他们梳理了经济学、金融学、会计学和法学领域的相关文献，对法案成本测算问题进行了较为详细的评述，有兴趣的读者可以参见他们的文章；同时，为了内容的完整性，我们也对成本问题进行了讨论和梳理，但与之不同的是，文献分析更集中于经济学、财务学和金融学，尤其是对萨班斯法案在公司治理层面的影响及其经济效果进行了详细阐述，涉及文献也更为丰富和及时。

jee et al.，2014）实证检验了萨班斯法案的公司治理效应，通过对高管过度自信程度的衡量，并引入针对资本支出、销售管理支出、公司风险承担倾向、公司绩效和股利发放等几组因变量的对比数据，研究发现萨班斯法案能够减轻之前因公司 CEO 过度自信而扭曲的风险承担和投资决策，其治理效应对公司绩效会产生积极的影响。

此外，关于萨班斯法案施行导致的企业退市问题，正如前面已经进行的相关研究评述，对于这一问题的探讨仍无法给出清晰一致的意见。而且随着时间的变化这种退市的影响已经微乎其微，相对于其他国家而言，美国资本市场仍然是更具吸引力的公司交叉上市目的地（Bianconi and Chen，2010）。但科茨和斯里尼瓦森（Coates and Srinivasan，2014）也指出，以上多数研究都是采用法案施行前后一段时间的数据进行比较来分析萨班斯法案带来的影响变化，这就会普遍面临研究对象的同期相关性和同期变化（contemporaneous changes）问题，从而导致因果效应的识别存在困难。因此，如何开发更好的准自然实验设计方法（quasi-experimental designs）以满足样本的随机性和弥补遗漏变量造成的影响，仍然是摆在计量经济学家面前的一个重要难题。

第五节　本章总结与启示

自萨班斯法案出台以来，法案的影响已经远远超越了美国的地域界限。鉴于美国资本市场的示范效应，在 21 世纪初欧美发达国家财务丑闻爆发之后，萨班斯法案已经标志着全球资本市场和上市公司治理将迎来新的深远变化，而以提高公司信息披露程度、强化审计责任和保护投资者为目标的法规修订和完善也的确在各个国家得到普遍推行（Kim and Lu，2013）。2006 年，日本将《证券交易法》修改为《金融商品交易法》，由于引入了与萨班斯法案 302 条款、404 条款相同的内部控制要求，也被称之为"J‐SOX"。与此同时，欧盟也对公司治理法规和公司内控要求进行了修订，基本上包括了萨班斯法案 302 条款的内容。

尽管存在着"反应过度"的嫌疑，但在萨班斯法案出台后美国投资者信心的恢复和信息不对称程度的缓解却是毋庸置疑的。对萨班斯法案的经济效应和成本收益进行归纳与分析，不仅能够使我们对该法案本身及其影响有更清楚的认识，而且也会为今后我国类似法规的修订和完善提供相应的参考。

通过对近年来研究萨班斯法案影响的文献进行梳理与述评，我们在文献讨论的基础上分析了法案对公司治理、信息披露、高管激励、盈余管理的影响以及法案带来的成本测算问题。总结已有研究结论可以发现，萨班斯法案带来了较为明显的公司治理结构变化和信息披露透明度的提高，但其直接成本、间接成本和收益的衡量仍存在着一定的问题与争议。具体而言，法案影响呈现的结果包括：第一，萨班斯法案对公司治理结构产生了重要影响，提高了公司董事会独立性，而且独立董事构成的审计委员会在监督高管和财务信息披露方面确实起到了一定的积极作用，但独立董事持有股权与否的治理效应差别仍需要更多的经验证据；第二，相对执行成本较小的 302 条款内控要求、公司治理质量的提高和法律对外部审计的威慑在一定程度上起到了促进公司信息披露透明度提高的作用，缓解了公司内外部信息不对称的固有难题，因此适度的外部监管和内部治理机制完善能够对公司财务造假行为和高管渎职行为起到一定的限制作用；第三，由于契约的不完备性和会计准则本身固有的特点，公司盈余管理行为，尤其是正常的会计财务方法选择的权衡无法避免，萨班斯法案降低了应计项目盈余管理行为，但真实活动盈余管理有增加的趋势，真实盈余管理行为的危害或影响仍需要进一步详细考察；第四，由于法案最初施行过程中，缺少豁免原则的考虑，"一刀切"的做法给中小型上市公司带来了巨大的成本影响，从而给中小型公司的上市融资和市场价值带来了一定的负面效应，但具体成本的测算仍需要更为细致的考察和研究方法的进一步改进。

针对萨班斯法案给美国乃至全球资本市场和公司治理带来的广泛影响，中国相关监管机构和学术界需要充分研究类似监管法规的经验和教训。通过对已有研究结果的梳理分析，我们从萨班斯法案的影响出发，提出以下几点启示，为中国的公司治理改革和外部监管政策完善的深入研究发挥抛砖引玉的作用。

（1）完善信息披露制度，强化 CFO 法律责任，提高 CEO 和 CFO 信息披露违规成本。信息披露的透明与准确是严格监管、保护中小投资者权益和减少信息不对称的基本保证，萨班斯法案实施强制性信息披露制度，同时要求 CEO 和 CFO 对主体财务呈报的内部控制和财务报告有效性负责，保证财务报告不存在重大错报、漏报，在所有重大方面公允地反映公司在该报告期内的财务状况和经营成果，否则公司高管将承担相应的法律制裁。相比较来说，我国虽然有较为严格的监管法规法律，但是在具体执行层面还有很多漏洞，所以加强政策的落实，做到令行禁止是更为重要的（贾宁，2010）。而且，我国目前对上市公司财务欺诈或信息披露造假的处罚成本较低，尤其是对 CEO 和 CFO 个人的责任承担方面还未能有更为清晰的条款。鉴于 CFO 在财务报告和投融资活动方面的重要性，其职能和地位不断提高，CFO 实际上已经成为 CEO 最重要的团队伙伴（SEC，2006；Geiger and North，2006；Friedman，2014），除了对CEO信息披露责任强化之外，还需要提高CFO在财务报告和信息披露方面的法律地位，发挥其作为董事会和股东"看门人"的功能作用。

（2）推进公司治理改革，完善"三委"设置，进一步提高董事会独立性，发挥外部董事和机构投资者的作用。缓解内部人控制和委托代理问题需要改革完善公司治理结构和公司治理机制，萨班斯法案对董事会独立性的强调，以及内部审计委员会职能的作用已经获得了经验证据的支持，因此包括审计委员会在内的"四委"设置需要在我国上市公司董事会治理中得到完善，以真正发挥董事会和独立董事的监督作用。同时，考虑到我国上市公司多数股权相对集中的现状，为了限制大股东的"隧道行为"，充分发挥股权制衡的作用，根据已有研究的结论可以在具体的审计委员会组成设计中安排一名非控股股东董事，其余成员则应全部为独立董事。此外，我国公司的监管模式采用的是日德公司治理下的二元监管模式，即董事会和监视会平行设置，而监事会既无重大决策权，也无董事任免权，其监督作用非常有限。因此，在监事会中推行独立监事和非控股股东的外部监事也是提高监事会权责的一个思路。

（3）强化内部控制要求的同时，考虑合理的"豁免"原则，从而降低中小上市公司的合规成本。萨班斯法案强制要求上市公司建立和完善内部控制过程，CEO和CFO等高管要对内部控制报告负责，而且外部审计机构要对内控报告进行评价。从本质上说，内控的核心目标之一是合理保证财务报告的质量，披露公司可能存在的实质性缺陷，从而正确引导投资者以及优化资源配置功能。借鉴美国萨班斯法案内部控制条款，2008年，我国财政部等五部委联合发布了《企业内部控制基本规范》，2011年又进一步发布了《企业内部控制配套指引》，这些文件标志着我国上市公司内部控制规范体系的建立。但在目前的规定中，并没有对会计师事务所的审计报告提出强制性的要求，只对境内外同时上市及中央和地方国有控股主板上市公司强制披露注册会计师出具的内控审计报告，而其他上市公司可以自愿选择是否披露。这种以所有权性质进行划分的"豁免"原则存在一定的弊端。合理的"豁免"原则应该依据经验研究的证据，借鉴公司市场价值或公司资产规模进行划分，并设定一定的延长适用时间，从而保证中小型上市公司和创业板公司的合规成本不至于过高。

参 考 文 献

[1] 蔡吉甫. 非效率投资、公司业绩及其影响因素研究 [J]. 财会通讯, 2010 (9): 109 - 117.

[2] 蔡卫星, 高明华. 终极股东的所有权、控制权与利益侵占: 来自关联交易的证据 [J]. 南方经济, 2010 (2): 28 - 41.

[3] 陈冬华, 陈信元, 万华林. 国有企业中的薪酬管制与在职消费 [J]. 经济研究, 2005 (2): 92 - 101.

[4] 陈丽英, 李婉丽. 错误还是操纵: 盈余重述归因研究 [J]. 预测, 2011 (3): 32 - 36.

[5] 陈凌, 王萌, 楼静波. 家族企业委托代理关系研究: 山西票号与中世纪意大利家族企业的分析与比较 [J]. 山东社会科学, 2009 (6): 37 - 46.

[6] 陈然方. 亲族信任、治理结构与公司绩效: 以中国家族上市公司为例 [J]. 世界经济, 2006 (4): 37 - 46.

[7] 陈胜蓝, 卢锐. 股权分置改革、盈余管理与高管薪酬业绩敏感性 [J]. 金融研究, 2012 (10): 180 - 192.

[8] 陈胜蓝, 吕丹. 控股股东委派董事能降低公司盈余管理吗? [J]. 上海财经大学学报, 2014 (4): 74 - 85.

[9] 陈仕华, 姜广省, 李维安. 国有企业纪委的治理参与能否抑制高管私有收益? [J]. 经济研究, 2014 (10): 139 - 151.

[10] 陈晓敏, 胡玉明, 周茜. 财务重述经济后果研究述评 [J]. 外国经济与管理, 2010 (6): 59 - 64.

[11] 程新生, 谭有超, 刘建梅. 非财务信息、外部融资与投资效率: 基于外部制度约束的研究 [J]. 管理世界, 2012 (7): 137 - 150.

[12] 褚剑, 方军雄. 中国式融资融券制度安排与股价崩盘风险的恶化 [J]. 经济研究, 2016 (5): 143 - 158.

[13] 戴亦一, 潘越, 刘思超. 媒体监督、政府干预与公司治理: 来自中国上市公司财务重述视角的证据 [J]. 世界经济, 2011 (11): 121 - 144.

[14] 邓春华. CFO 在公司治理中的作用分析 [J]. 中国工业经济, 2003

（5）：92 - 96.

　　[15] 丁友刚，文佑云. 我国总会计师制度建设若干问题研究：基于相关政策与法规之间冲突性与不完善性的思考 [J]. 会计研究，2012（8）：72 - 77.

　　[16] 杜胜利，周琪. 上市公司 CFO 制度特征业绩相关性实证研究 [J]. 金融研究，2009（9）：135 - 142.

　　[17] 杜胜利. CFO 制度 [M]. 中信出版社，2010.

　　[18] 杜兴强，陈韫慧，杜颖洁. 寻租、政治联系与"真实"业绩：基于民营上市公司的经验证据 [J]. 金融研究，2010（10）：135 - 157.

　　[19] 范合君，叶胜然. 中国女性领导者真的能够抑制企业过度投资吗：基于经济周期不同阶段的实证研究 [J]. 经济管理，2014（4）：73 - 81.

　　[20] 方军雄. 我国上市公司高管的薪酬存在粘性吗？ [J]. 经济研究，2009（3）：110 - 123.

　　[21] 高明华，杨丹，杜雯翠. 国有企业分类改革与分类治理——基于七家国有企业的调研 [J]. 经济社会体制比较，2014（2）：19 - 34.

　　[22] 顾小龙，辛宇，滕飞. 违规监管具有治理效应吗——兼论股价同步性指标的两重性 [J]. 南开管理评论，2016（5）：41 - 54.

　　[23] 关健，段澄梦. CEO 变更与盈余管理：基于 PSM 和 DID 方法的分析 [J]. 华东经济管理，2017（1）：126 - 135.

　　[24] 郭德维，李杰. 美国萨班斯法案 404 条款对上市公司的影响及启示 [J]. 现代经济，2008（8）：88 - 92.

　　[25] 韩静，陈志红，杨晓星. 高管团队背景特征视角下的会计稳健性与投资效率关系研究 [J]. 会计研究，2014（12）：25 - 31.

　　[26] 何威风. 财务重述：国外研究述评与展望 [J]. 审计研究，2010（2）：97 - 102.

　　[27] 何威风，刘启亮. 我国上市公司高管背景特征与财务重述行为研究 [J]. 管理世界，2010（7）：144 - 155.

　　[28] 何威风，刘启亮，罗乐. 债务监督效应：基于财务重述的实证研究 [J]. 山西财经大学学报，2013（3）：113 - 124.

　　[29] 何瑛，张大伟. 管理者特质、负债融资与企业价值 [J]. 会计研究，2015（8）：65 - 72.

　　[30] 洪剑峭，薛皓. 股权制衡如何影响经营性应计的可靠性：关联交易的视角 [J]. 管理世界，2009（1）：153 - 161.

　　[31] 胡奕明，唐松莲. 独立董事与上市公司盈余信息质量 [J]. 管理世

界，2008（9）：149－160.

［32］黄文伴，李延喜. 管理者薪酬契约与企业盈余管理程度关系［J］. 科研管理，2011（6）：33－139.

［33］贾宁. 资本市场危机与上市公司监管——萨班斯—奥克斯利法案引发的学术论争［J］. 经济学动态，2010（7）：119－124.

［34］姜付秀，伊志宏，苏飞. 管理者背景特征与企业过度投资行为［J］. 管理世界，2009（1）：130－139.

［35］姜付秀，朱冰，王运通. 国有企业的经理激励契约更不看重绩效吗？［J］. 管理世界，2014（9）：143－159.

［36］姜付秀，朱冰，唐凝. CEO 和 CFO 任期交错是否可以降低盈余管理？［J］. 管理世界，2013（1）：158－167.

［37］雷敏，吴文锋，吴冲锋. 上市公司财务报告补充更正问题研究［J］. 上海管理科学，2006（4）：38－43.

［38］黎海珊，叶建光，王聪. 高管性别、过度自信与投资决策关系的实证检验［J］. 统计与决策，2014（18）：158－162.

［39］李红梅，韩庆兰. 财务重述与债务融资的实证研究：来自中国资本市场的证据［J］. 预测，2013（3）：39－45.

［40］李青原，陈超，赵曌. 最终控制人性质、会计信息质量与公司投资效率：来自中国上市公司的经验证据［J］. 经济评论，2010（2）：81－93.

［41］李蕊爱，段如水. 我国 CFO 制度实施中的问题及其改进［J］. 经济管理，2009（1）：104－107.

［42］李善民，周小春. 公司特征、行业特征和并购战略类型的实证研究［J］. 管理世界，2007（4）：130－137.

［43］李世刚. 女性高管、过度投资与企业价值：来自中国资本市场的经验证据［J］. 经济管理，2013（7）：74－84.

［44］李世刚. 女性高管、过度自信与上市公司融资偏好：来自中国资本市场的经验证据［J］. 经济经纬，2014（2）：92－96.

［45］李文洲，冉茂盛，黄俊. 大股东掏空视角下的薪酬激励与盈余管理［J］. 管理科学，2014（11）：27－39.

［46］李小荣，刘行，傅代国. 女性 CFO 与资金配置［J］. 经济管理，2013（12）：100－110.

［47］李小荣，刘行. CEO vs CFO：性别与股价崩盘风险［J］. 世界经济，2012（12）：102－129.

[48] 李新春,杨学儒,姜岳新,胡晓红.内部人所有权与企业价值:对中国民营上市公司的研究 [J].经济研究,2008 (11):27 - 39.

[49] 李延喜,包世泽,高锐,孔宪京.薪酬激励、董事会监管与上市公司盈余管理 [J].南开管理评论,2007 (6):55 - 61.

[50] 李增福,郑友环,连玉君.股权再融资、盈余管理与上市公司业绩滑坡:基于应计项目操控与真实活动操控方式下的研究 [J].中国管理科学,2011 (4):49 - 56.

[51] 李增泉.激励机制与企业绩效:一项基于上市公司的实证研究 [J].会计研究,2000 (1):24 - 30.

[52] 李增泉.激励机制与企业绩效 [J].会计研究,2000 (1):24 - 30.

[53] 李自然,成思危.完善我国上市公司的退市制度 [J].金融研究,2006 (11):17 - 32.

[54] 廖理,张学勇.全流通纠正终极控制者利益取向的有效性:来自中国家族上市公司的证据 [J].经济研究,2008 (8):77 - 89.

[55] 林朝南,林怡.高层管理者背景特征与企业投资效率:来自中国上市公司的经验证据 [J].厦门大学学报 (哲学社会科学版),2014 (2):100 - 109.

[56] 林川,曹国华.中国商业银行盈余管理研究:一个前景理论视角的解释 [J].金融论坛,2012 (11):17 - 22.

[57] 林大庞,苏冬蔚.CEO与CFO股权激励的治理效应之比较:基于盈余管理的实证研究 [J].南方经济,2012 (6):15 - 31.

[58] 刘斌,刘星.CEO薪酬与企业业绩互动效应的实证检验 [J].会计研究,2003 (3):35 - 39.

[59] 刘诚,杨继东,周斯洁.社会关系,独立董事任命与董事会独立性 [J].世界经济,2012 (12):83 - 101.

[60] 刘善敏,林斌.大股东掏空与经理人薪酬激励:基于资金占用的视角 [J].中国会计评论,2011 (9):387 - 404.

[61] 陆瑶,李茶.CEO对董事会的影响力与上市公司违规犯罪 [J].金融研究,2016 (1):176 - 191.

[62] 陆瑶,朱玉杰,胡晓元.机构投资者持股与上市公司违规行为的实证研究 [J].南开管理评论,2012 (1):13 - 23.

[63] 陆正飞,胡诗阳.股东:经理代理冲突与非执行董事的治理作用:来自中国A股市场的经验证据 [J].管理世界,2015 (1):129 - 138.

[64] 路军.女性高管抑制上市公司违规了吗:来自中国资本市场的经验

证据 [J]. 中国经济问题, 2015 (5): 66 - 81.

[65] 罗进辉. 独立董事的明星效应: 基于高管薪酬—业绩敏感性的考察 [J]. 南开管理评论, 2014 (3): 62 - 73.

[66] 罗进辉, 杜兴强. 媒体报道、制度环境与股价崩盘风险 [J]. 会计研究, 2014 (9): 53 - 59.

[67] 罗玫, 陈运森. 建立薪酬激励机制会导致高管操纵利润吗? [J]. 中国会计评论, 2010 (1): 3 - 16.

[68] 吕长江, 赵宇恒. 国有企业管理者激励效应研究——基于管理者权力的解释 [J]. 管理世界, 2008 (11): 99 - 110.

[69] 吕兆德, 徐晓薇. 董事背景多元化抑制董事长过度自信吗: 基于企业过度投资的角度 [J]. 经济管理, 2016 (4): 60 - 71.

[70] 马晨, 程茂勇, 张俊瑞. 财务重述、年报披露及时性与股价波动性 [J]. 投资研究, 2015 (1): 65 - 81.

[71] 马晨, 张俊瑞, 李彬. 财务重述对分析师预测行为的影响研究 [J]. 数理统计与管理, 2013 (2): 221 - 231.

[72] 马连福, 王元芳, 沈小秀. 国有企业党组织治理、冗余雇员与高管薪酬契约 [J]. 管理世界, 2013 (5): 100 - 115.

[73] 牛建波, 李盛楠. 民营公司的上市方式、董事会结构与企业价值: 基于中国民营上市公司面板数据的比较研究 [J]. 管理科学, 2007 (2): 15 - 24.

[74] 潘越, 戴亦一, 林超群. 信息不透明、分析师关注与个股暴跌风险 [J]. 金融研究, 2011 (9): 138 - 151.

[75] 彭中文, 刘韬. 女性董事、债务融资与非效率投资: 基于风险规避的视角 [J]. 湘潭大学学报 (哲学社会科学版), 2017 (5): 71 - 76.

[76] 钱岩松, 刘银国. 国有企业经营者激励与绩效关系研究——来自深交所国有上市公司的证据 [J]. 经济学动态, 2008 (12): 61 - 65.

[77] 邱昱芳, 贾宁, 吴少凡. 财务负责人的专业能力影响公司的会计信息质量吗: 基于中国上市公司财务负责人专项调查的实证研究 [J]. 会计研究, 2011 (4): 61 - 67.

[78] 瞿旭, 杨丹, 瞿彦卿, 苏斌. 创始人保护、替罪羊与连坐效应: 基于会计违规背景下的高管变更研究 [J]. 管理世界, 2012 (5): 137 - 156.

[79] 权小锋, 吴世农, 文芳. 管理层权力、私有收益与薪酬操纵 [J]. 经济研究, 2010 (11): 73 - 87.

[80] 权小锋, 吴世农, 尹洪英. 企业社会责任与股价崩盘风险: "价值

利器"或"自利工具"？[J]. 经济研究，2015（11）：49 - 64.

[81] 苏冬蔚，熊家财. 大股东掏空与 CEO 薪酬契约 [J]. 金融研究，2013（12）：167 - 180.

[82] 孙刚. 控股权性质、会计稳健性与不对称投资效率：基于我国上市公司的再检验 [J]. 山西财经大学学报，2010（5）：74 - 84.

[83] 孙杰. 萨班斯法案能否改善公司治理、根治盈余操纵？[J]. 国际经济评论，2006（11）：34 - 38.

[84] 孙亮，周琳. 女性董事、过度投资与绩效波动：基于谨慎性视角的研究 [J]. 管理评论，2016（7）：165 - 178.

[85] 孙烨，罗党论. 政府竞争、资本配置与上市公司"壳资源"转让 [J]. 管理科学，2011（1）：11 - 20.

[86] 唐萍. 财务总监委派制的可行性研究 [J]. 经济研究，1999（1）：60 - 65.

[87] 田利辉. 国有产权、预算软约束和中国上市公司杠杆治理 [J]. 管理世界，2005（7）：123 - 128.

[88] 万华林，陈信元. 治理环境、企业寻租与交易成本：基于中国上市公司非生产性支出的经验证据 [J]. 经济学（季刊），2010（2）：553 - 570.

[89] 王成方，罗明琦，张胜. 投资效率、企业产权与高管变更：基于中国上市公司的经验证据 [J]. 上海立信会计学院学报，2010（1）：37 - 47.

[90] 王冲，谢雅璐. 会计稳健性、信息不透明与股价暴跌风险 [J]. 管理科学，2013（1）：68 - 79.

[91] 王化成，曹丰，叶康涛. 监督还是掏空：大股东持股比例与股价崩盘风险 [J]. 管理世界，2015（2）：45 - 57.

[92] 王会娟，张然. 私募股权投资与被投资企业高管薪酬契约：基于公司治理视角的研究 [J]. 管理世界，2012（9）：156 - 167.

[93] 王克敏，廉鹏，向阳. 上市公司"出身"与盈余质量 [J]. 中国会计评论，2009（1）：3 - 28.

[94] 王克敏，王志超. 高管控制权、报酬与盈余管理 [J]. 管理世界，2007（7）：111 - 119.

[95] 王鹏，周黎安. 控股股东的控制权、所有权与公司绩效：基于中国上市公司的证据 [J]. 经济研究，2006（2）：88 - 98.

[96] 王霞，张敏，于富生. 管理者过度自信与企业投资行为异化：来自我国证券市场的经验证据 [J]. 南开管理评论，2008（2）：77 - 83.

[97] 王霞，薛跃，于学强. CFO 的背景特征与会计信息质量：基于中国财务重述公司的经验证据 [J]. 财经研究，2011（9）：123 - 133.

[98] 王跃堂，赵子夜，魏晓雁. 董事会的独立性是否影响公司绩效 [J]. 经济研究，2006（5）：62 - 73.

[99] 魏刚. 高级管理层激励与上市公司经营绩效 [J]. 经济研究，2000（12）：32 - 39.

[100] 魏明海，柳建华. 国企分红、治理因素与过度投资 [J]. 管理世界，2007（4）：88 - 95.

[101] 魏志华，李常青，王毅辉. 中国上市公司年报重述公告效应研究 [J]. 会计研究，2009（8）：31 - 39.

[102] 魏志华，吴育辉，李常青. 家族控制、双重委托代理冲突与现金股利政策—基于中国上市公司的实证研究 [J]. 金融研究，2012（7）：168 - 181.

[103] 温忠麟，叶宝娟. 中介效应分析：方法和模型发展 [J]. 心理科学进展，2014（5）：731 - 745.

[104] 吴德军，黄丹丹. 高管特征与公司环境绩效 [J]. 中南财经政法大学学报，2013（5）：109 - 114.

[105] 吴联生，林景艺，王亚平. 薪酬外部公平性，股权性质与公司业绩 [J]. 管理世界，2010（3）：117 - 126.

[106] 吴育辉，吴世农. 股权集中、大股东掏空与管理层自利行为 [J]. 管理科学学报，2011（8）：34 - 44.

[107] 夏纪军，张晏. 控制权与激励的冲突：兼对股权激励有效性的实证分析 [J]. 经济研究，2008（3）：87 - 98.

[108] 向锐. 财务独立董事特征与会计稳健性 [J]. 山西财经大学学报，2014（6）：102 - 112.

[109] 肖继辉，彭文平. 上市公司总经理报酬业绩敏感性研究 [J]. 财经研究，2005（12）：34 - 43.

[110] 肖珉. 现金股利、内部现金流与投资效率 [J]. 金融研究，2010（10）：117 - 134.

[111] 谢柳芳，朱荣，何苦. 退市制度对创业板上市公司盈余管理行为的影响：基于应计与真实盈余管理的分析 [J]. 审计研究，2013（1）：95 - 102.

[112] 谢志华. 萨班斯法案孰是孰非：基于成本与效率（收益）的分析视角 [J]. 审计与经济研究，2006（7）：3 - 7.

[113] 辛清泉，林斌. 债务杠杆与企业投资：双重预算软约束视角 [J].

财经研究，2006（7）：73-83.

[114] 辛清泉，谭伟强．市场化改革、企业业绩与国有企业经理薪酬 [J]．经济研究，2009（11）：68-81.

[115] 熊焰韧，黄志忠，王文秀．高学历多经验的能提升会计信息质量吗：基于我国 A 股上市公司财务重述视角 [J]．南大商学评论，2013（4）：137-154.

[116] 徐莉萍，辛宇，陈工孟．股权集中度和股权制衡及其对公司经营绩效的影响 [J]．经济研究，2006（1）：90-100.

[117] 许年行，江轩宇，伊志宏，徐信忠．分析师利益冲突、乐观偏差与股价崩盘风险 [J]．经济研究，2012（7）：127-140.

[118] 许年行，于上尧，伊志宏．机构投资者羊群行为与股价崩盘风险 [J]．管理世界，2013（7）：31-43.

[119] 杨华军，胡奕明．制度环境与自由现金流的过度投资 [J]．管理世界，2007（9）：99-106.

[120] 杨瑞龙，王元，聂辉华．"准官员"的晋升机制：来自中国央企的证据 [J]．管理世界，2013（3）：23-33.

[121] 杨兴全，申艳艳，尹兴强．外资银行进入与公司投资效率：缓解融资约束抑或抑制代理冲突？[J]．财经研究，2017（2）：98-109.

[122] 姚颐，刘志远，冯程．央企负责人，货币性薪酬与公司业绩 [J]．南开管理评论，2013（6）：123-135.

[123] 叶康涛，曹丰，王化成．内部控制信息披露能够降低股价崩盘风险吗？[J]．金融研究，2015（2）：192-208.

[124] 叶康涛，陆正飞，张志华．独立董事能否抑制大股东的"掏空"？[J]．经济研究，2007（4）：101-111.

[125] 叶康涛，祝继高，陆正飞，张然．独立董事的独立性：基于董事会投票的证据 [J]．经济研究，2011（1）：126-139.

[126] 俞红海，徐龙炳，陈百助．终极控股股东控制权与自由现金流过度投资 [J]．经济研究，2010（8）：103-114.

[127] 袁知柱，郝文瀚，王泽燊．管理层激励对企业应计与真实盈余管理行为影响的实证研究 [J]．管理评论，2014（10）：181-196.

[128] 张必武，石金涛．董事会特征，高管薪酬与薪绩敏感性：中国上市公司的经验分析 [J]．管理科学，2005（4）：32-39.

[129] 张华伦，王磊，刘慧．美国 CFO 制度及启示 [J]．经济纵横，

2006（10）：59 - 61.

[130] 张晖明，陈志广. 高级管理人员激励与企业绩效：以沪市上市公司为样本的实证研究 [J]. 世界经济文汇，2002（4）：29 - 37.

[131] 张娟，黄志忠. 盈余管理异质性、公司治理和高管薪酬：基于中国上市公司的实证研究 [J]. 经济管理，2014（9）：79 - 90.

[132] 张敏，姜付秀. 机构投资者、企业产权与薪酬契约 [J]. 世界经济，2010（8）：43 - 58.

[133] 张维迎. 理解公司：产权、激励与治理 [M]. 上海，上海人民出版社，2014（6）.

[134] 张亦春，李晚春，彭江. 债权治理对企业投资效率的作用研究：来自中国上市公司的经验证据 [J]. 金融研究，2015（7）：190 - 203.

[135] 张兆国，刘永丽，谈多娇. 管理者背景特征与会计稳健性：来自中国上市公司的经验证据 [J]. 会计研究，2011（7）：11 - 18.

[136] 赵璨，杨德明，曹伟. 行政权、控制权与国有企业高管腐败 [J]. 财经研究，2015（5）：78 - 89.

[137] 郑立东，程小可，姚立杰. 独立董事背景特征与企业投资效率："帮助之手"抑或"抑制之手"？[J]. 经济与管理研究，2013（8）：5 - 14.

[138] 郑志刚. 对公司治理内涵的重新认识 [J]. 金融研究，2010（8）：184 - 198.

[139] 郑志刚. 经理人超额薪酬和公司治理：一个文献综述 [J]. 金融评论，2012（1）：103 - 112.

[140] 支晓强，童盼. 盈余管理、控制权转移与独立董事变更：兼论独立董事治理作用的发挥 [J]. 管理世界，2005（11）：137 - 144.

[141] 周方召，潘鹏杰. 控股股东、投资者法律保护和公司价值研究综述：基于不对称股权结构视角 [J]. 外国经济与管理，2011（12）：42 - 48.

[142] 周洋，李若山. 上市公司年报"补丁"的特征和市场反应 [J]. 审计研究，2007（4）：69 - 75.

[143] 周泽将，修宗峰. 女性高管、宏观经济环境与现金持有 [J]. 经济经纬，2015（4）：121 - 125.

[144] 祝继高，叶康涛，严冬. 女性董事的风险规避与企业投资行为研究：基于金融危机的视角 [J]. 财贸经济，2012（4）：50 - 58.

[145] 祝继高，叶康涛，陆正飞. 谁是更积极的监督者：非控股股东董事还是独立董事？[J]. 经济研究，2015（9）：170 - 184.

[146] Acharya V. , Myers S. , Rajan R. The Internal Governance of Firms [J]. Journal of Finance, 2011, 66: 689 – 720.

[147] Adams R. , Ferreira D. Women in the Boardroom and Their Impact on Governance and Performance [J]. Journal of Financial Economics, 2009, 94 (2): 291 – 309.

[148] Adams R. , Almeida H. , Ferreira D. Powerful CEOs and Their Impact on Corporate Performance [J]. Review of Financial Studies, 2005, 18 (4): 1403 – 1432.

[149] Agrawal A. , Chadha S. Corporate Governance and Accounting Scandals [J]. Journal of Law & Economics, 2005, 48 (2): 371 – 406.

[150] Agrawal A. , Charles R. Firm Performance and Mechanisms to Control Agency Problems Between Managers and Shareholders [J]. Journal of Financial and Quantitative Analysis, 1996, 31: 377 – 397.

[151] Aivazian V. , Ge Y. , Qiu J. The Impact of Leverage on Firm Investment: Canadian Evidence [J]. Journal of Corporate Finance, 2005, 11 (1 – 2): 277 – 291.

[152] Albuquerque R. , Miao J. CEO Power, Compensation, and Governance [J]. Annals of Economics and Finance, 2013, 14 (1): 21 – 56.

[153] Albuquerque A. , Zhu J. Has Section 404 of the Sarbanes – Oxley Act Discouraged Corporate Risk – Taking? New Evidence from a Natural Experimentv [W]. Working Paper Available at SSRN: http: //ssrn. com/abstract = 1997228, 2013.

[154] Alchian A. , Demsetz H. Production, Information Costs, and Economic Organization [J]. American Economic Review, 1972, 62: 777 – 795.

[155] Allen F. , Qian J. , Qian M. Law, Finance, and Economic Growth in China [J]. Journal of Financial Economics, 2005, 77 (1): 57 – 116.

[156] An H. , Zhang T. Stock Price Synchronicity, Crash Risk, and Institutiaonal Investors [J]. Journal of Corporate Finance, 2013, 21: 1 – 15.

[157] Anderson M. , Banker R. , Huang R. , et al. Cost Bchavior and Fundamental Analysis of SG&A Costs [J]. Journal of Accounting, Auditing & Finance, 2007, 22 (1): 1 – 28.

[158] Anderson K. , Yohn T. The Effect of 10K Restatements on Firm Value, Information Asymmetries, and Investors' Reliance on Earnings [J]. Social Science

Electronic Publishing，2002.

　　［159］Anup A. ，Tareque N. Blockholders on Boards and CEO Compensation，Turnover and Firm Valuation ［W］. Available athttp：//bama. ua. edu/ ~ aagrawal/IDB – CEO. pdf，2011.

　　［160］Armstrong C. ，Jagolinzer A. ，Larcker D. Chief Executive Officer Equity Incentives and Accounting Irregularities ［J］. Journal of Accounting Research，2010，48（2）：225 – 271.

　　［161］Armstrong C. ，Guay W. ，Weber J. The Role of Information and Financial Reporting in Corporate Governance and Contracting ［J］. Journal of Accounting and Economics，2010，50（4）：179 – 234.

　　［162］Asthana S. ，Balsam S. ，Kim S. The Effect of Enron，Andersen，and Sarbanes – Oxley on the Market for Audit Services ［J］. Accounting Research Journal Vol. 2009，22（1）.

　　［163］Baker G. ，Jensen M. ，Murphy K. Compensation and Incentives：Practice vs. Theory ［J］. Journal of Finance，1988，43（3）：593 – 616.

　　［164］Ball R. ，Shivakumar L. Earnings Quality in UK Private Firms：Comparative Loss Recognition Timeliness ［J］. Journal of Accounting and Economics，2005，39（1）.

　　［165］Banerjee S. ，Humpheryjenner M. ，Nanda V. Restraining Overconfident CEOs Through Improved Governance：Evidence from the Sarbanes – Oxley Act ［R］. UNSW Australian School of Business Research Paper，2014.

　　［166］Bates T. ，Kathleen K. ，René S. Why do US Firms Hold So Much More Cash Than They Used to? ［J］. Journal of Finance，2009，64：1985 – 2022.

　　［167］Bebchuk L. ，Fried J. Executive Compensation as an Agency Problem ［J］. Journal of Economic Perspective，2003，17：71 – 92.

　　［168］Bebchuk L. ，Fried J. ，Walker D. Managerial Power and Rent Extraction in the Design of Executive Compensation ［J］. CEPR Discussion Papers，2002，69（3）：751 – 846.

　　［169］Becker G. Crime and Punishment：An Economic Approach ［J］. Journal of Political Economy，1968，76，169 – 217.

　　［170］Bergstresser D. ，Philippon T. CEO Incentives and Earnings Management ［J］. Journal of Financial Economics，2006，80（3）：511 – 529.

　　［171］Bertrand M. ，Schoar A. Managing with Style：The Effect of Managers on Firm Policies [J]. 2002, (8): 1169 –1208.

[172] Bertrand M. , Mullainathan S. Are CEOs Rewarded for Luck? The Ones Without Principals are [J]. Quarterly Journal of Economics, 2001, 901 –932.

[173] Betz M. , O'Connell L. , Shepard J. Gender Differences in Proclivity for Unethical Behavior [J]. Journal of Business Ethics, 1989, 8 (5): 321 –324.

[174] Bhagat S. , Bernard B. The Non – Correlation Between Board Independence and Long Term Firm Performance [J]. Journal of Corporation Law, 2002, 27: 231 –274.

[175] Bhagat S. , Bolton B. Sarbanes – Oxley, Governance and Performance. 2009, Available at SSRN: http: //ssrn. com/abstract = 1361815.

[176] Bhattacharya U. , Marshall C. Do They do it for the Money? [J]. Journal of Corporate Finance, 2012, 18: 92 –104.

[177] Bianconi M. , Chen R. , Yoshino J. Firm Value, the Sarbanes – Oxley Act and Cross – Listing in the US, Germany and Hong Kong Destinations. 2010.

[178] Biddle G. , Hilary G. Accounting Quality and Firm – Level Capital Investment [J]. The Accounting Review, 2006, 81 (5).

[179] Bleck A. , Liu X. Market Transparency and the Accounting Regime [J]. Journal of Accounting Research, 2007, 45 (2): 229 –256.

[180] Blumentritt T. , Keyt A. , Astrachan J. Creating an Environment for Successful Nonfamily CEOs: An Exploratory Study of Good Principals [J]. Family Business Review, 2007, 20 (4): 321 –335.

[181] Brian B. Audit Committee Performance: Ownership vs. Independence – Did SOX Get It Wrong? [J]. Accounting & Finance, 2014, 54: 1, 83 –112.

[182] Brickley J. , Coles J. , Terry R. Outside Directors and the Adoption of Poison Pills [J]. Journal of Financial Economics, 1994, 35: 371 –390.

[183] Bryan S. , Hwang L. , Lilien S. CEO Stock – Based Compensation: An Empirical Analysis of Incentive – Intensity, Relative Mix, and Economic Determinants [J]. The Journal of Business, 2000, 73 (4): 661 –693.

[184] Burks J. Disciplinary Measures in Response to Restatements After Sarbanes – Oxley [J]. Journal of Accounting & Public Policy, 2010, 29 (3): 195 –225.

[185] Burns N. , Kedia S. The Impact of Performance – Based Compensation on Misreporting [J]. Journal of Financial Economics, 2006, 79 (1): 35 –67.

[186] Callen J. , Fang X. Institutioanl Investors Stability and Crash Risk: Mo-

nitoring Versus Short Termism?　［J］. Journal of Banking and Finance, 2013, 37 (8): 3047 – 3063.

［187］Callen J. , Livnat J. , Segal D. AccountingRestatements: Are They Always Bad News ［J］. Journal of Investing, 2006, 15 (3): 57 – 68.

［188］Cao J. , Pan X. , Tian G. Disproportional Ownership Structure and Pay-performance Relationship: Evidence from China's Listed Firms ［J］. Journal of Corporate Finance, 2011, 17 (3): 541 – 554.

［189］Carlson R. Succession and Performance Among School Superintendents ［J］. Administrative Science Quarterly, 1961: 210 – 227.

［190］Caselli S. , Di G. Does the CFO Matter in Family Firms? Evidence from Italy ［J］. The European Journal of Finance, 2010, 16 (5): 381 – 411.

［191］Chan L. , Sun L. , Michael E. Financial Executive Qualifications, Financial Executive Turnover, and Adverse SOX 404 Opinions ［J］. Journal of Accounting and Economics, 2010, 50 (1), 93 – 110.

［192］Chan C. , Li K. Why do Executives Commit Financial Fraud? An Explanation of Executive Perquisite and Corporate Governance Implications ［W］. Working Paper, Yuan Ze University, 2012.

［193］Chapman C. , Steenburgh T. An Investigation of Earnings Management Through Marketing Actions ［J］. Management Science, 2011, 57 (1): 72 – 92.

［194］Chava S. , Purnanandam A. CEOs Versus CFOs: Incentives and Corporate Policies ［J］. Journal of Financial Economics, 2010, 97 (2): 263 – 278.

［195］Chen H. , Chen J. , Lobo G. , Wang Y. Effects of Audit Quality on Earnings Management and Cost of Equity Capital: Evidence from China ［J］. Contemporary Accounting Research, 2011, 28 (3): 892 – 925.

［196］Chen S. , Sun Z. , Tang S. , etc. Government Intervention and Investment Efficiency: Evidence from China ［J］. Journal of Corporate Finance, 2011, 17 (2).

［197］Chen X. , Cheng Q. , Wang X. Does Increased Board Independence Reduce Earnings Management? Evidence from Recent Regulatory Reforms ［W］. Working Paper, University of Wisconsin – Madison and Chinese University of Hong Kong, 2011.

［198］Chen D. , Jiang D. , Liang S. Selective Enforcement of Regulation ［J］. China Journal of Accounting Research, 2011, 4 (Z1): 9 – 27.

［199］ Chen G. , Firth M. , Gao D. Is China's Securities Regulatory Agency a Toothless Tiger? Evidence from Enforcement Actions ［J］. Journal of Accounting & Public Policy, 2005, 24（6）: 451 – 488.

［200］ Chen G. , Firth M. , Gao D. , Rui O. Ownership Structure, Corporate Governance, and Fraud: Evidence from China ［J］. Journal of Corporate Finance, 2006, 12: 424 – 448.

［201］ Chen H. , Jeter D. , Yang Y. Pay – Performance Sensitivity Before and After SOX ［R］. Vanderbilt Owen Graduate School of Management Research Paper, No. 2321732, 2013.

［202］ Cheng I. Corporate Governance Spillover ［W］. Working paper, University of Michigan, 2011.

［203］ Cheng Q. , Farber D. Earnings Restatements, Changes in CEO Compensation, and Firm Performance ［J］. Accounting Review, 2011, 83（5）: 1217 – 1250.

［204］ Cheng Q. , Lee J. , Shevlin T. Internal Governance and Real Earnings Management ［R］. Singapore Management University School of Accountancy Research Paper, No. 5. Available at SSRN: http: // ssrn. com/ abstract = 2162277, 2014.

［205］ Chhaochharia V. , Grinstein Y. CEO Compensation and Board Oversight ［J］. J. Finance, 2009, 64（1）: 231 – 61.

［206］ Chua J. , Chrisman J. , Sharma P. Succession and Nonsuccession Concerns of Family Firms and Agency Relationship with Nonfamily Managers ［J］. Family Business Review, 2003, 16（2）: 89 – 107.

［207］ Cicero D. , Wintoki M. , Yang T. How do Public Companies Adjust Their Board Structures? ［J］. Social Science Electronic Publishing, 2013, 23（4）: 108 – 127.

［208］ Claessens S. , Simeon D. , Joseph P. , Larry L. Disentangling the Incentive and Entrenchment Effects of Large Shareholdings ［J］. Journal of Finance, 2002, 57（6）: 2741 – 2771.

［209］ Clark R. Corporate Governance Changes in the Wake of the Sarbanes – Oxley Act: A Morality Tale for Policymakers Too ［W］. Harvard Law and Economics Discussion Paper, No. 525, 2005.

［210］ Coates J. , John C. , Srinivasan S. SOX after Ten Years: A Multidisciplinary Review ［J］. Accounting Horizons, 2014, 28（3）: 627 – 671.

[211] Coates J. The Goals and Promise of the Sarbanes – Oxley Act [J]. Journal of Economic Perspectives, 2007, 21: 91 – 116.

[212] Cohen D. , Aiyesha D. , Thomas L. Real and Accrual – Based Earnings Management in the Pre-and Post – Sarbanes Oxley Periods [J]. Accounting Review, 2008, 83 (3): 757 – 787.

[213] Cohen J. , Hayes C. , Krishnamoorthy G. , Monroe G. , Arnold M. The Effectiveness of SOX Regulation: An Interview Study of Corporate Directors [J]. Behavioral Research in Accounting, 2013, 25 (1): 61 – 87.

[214] Coles J. , Daniel N. , Naveen L. Co-opted Boards [J]. Review of Financial Studies, 2014, 27 (6): 1751 – 1796.

[215] Conyon M. , He L. CEO Pay and Corporate Governance in China [J]. Corporate Governance: An International Review, 2012, 20 (6): 575 – 592.

[216] Conyon M. , He L. Executive Compensation and Corporate Fraud in China [J]. Journal of Business Ethics, 2016, 134 (4): 669 – 691.

[217] Core J. , Holthausen R. , Larcker D. Corporate Governance, Chief Executive Officer Compensation and Firm Performance [J]. Journal of Financial Economics, 1999, 51 (3): 371 – 406.

[218] Core J. , Guay W. The Use Equity Grants to Manage Optimal Equity Incentive Levels [J]. Journal of Accounting and Economics, 1999, 28: 151 – 184.

[219] Cornelissen T. The Stata Command Felsdvreg to Fit a Linear Model with Two High – DimensionalFixed Effects [J]. Stata Journal, 2008, 8: 79 – 89.

[220] Cornett M. , Marcus A. , Tehranian H. Corporate Governance and Pay-for-performance: The Impact of Earnings Management [J]. Journal of Financial Economics, 2008, 87: 357 – 373.

[221] Dalton D. , Kesner I. Inside/Outside Succession and Organizational Size: The Pragmatics of Executive Replacement [J]. Academy of Management Journal, 1983, 26 (4): 736 – 742.

[222] Dalton D. , Kesner I. Organizational Performance as an Antecedent of Inside/Outside Chief Executive Succession: An Empirical Assessment [J]. Academy of Management Journal, 1985, 28 (4): 749 – 762.

[223] De K. , Uhlaner L. Organization Context and Human Resource Management in the Small Firm [J]. Small Business Economics, 2001, 17 (4): 273 – 291.

[224] Dechow P. , Sloan R. , Sweeney A. Detecting Earnings Management

[J]. Accounting Review, 1995, 70 (2): 193 – 225.

[225] Dechow P. , Ge W. , Schrand C. Understanding Earnings Quality: A Review of the Proxies, Their Determinants and Their Consequences [J]. Journal of Accounting and Economics, 2010, 50: 344 – 401.

[226] Dechow P. , Sloan R. , Sweeney A. Causes and Consequences of Earnings Manipulation: An Analysis of Firms Subject to Enforcement Actions by the SEC [R]. Contemporary Accounting Research, 1996, 13 (1): 1 – 36.

[227] Denton C. , Adi M. , Austin L. , Juan M. Earning Restatements, the Sarbanes – Oxley Act and the Disciplining of Chief Financial Officers [J]. Journal of Accounting, Auditing and Finance, 2009, 24 (1): 1 – 34.

[228] Desai H. , Hogan C. , Wilkins M. The Reputational Penalty for Aggressive Accounting: Earnings Restatements and Management Turnover [J]. Accounting Review, 2006, 81 (1): 83 – 112.

[229] Dichev I. , Graham J. , Harvey C. , Rajgopal S. Earnings Quality: Evidence from the Field [J]. Journal of Accounting and Economics, 2013, 56 (2 – 3): 1 – 33.

[230] Ding S. , Jia C. , Li Y. Reactivity and Passivity After Enforcement Actions: Better Late Than Never [J]. Journal of Business Ethics, 2010, 95 (2): 337 – 359.

[231] Doogar R. , Sivadasan P. , Solomon I. The Regulation of Public Company Auditing: Evidence from the Transition to AS5 [J]. Journal of Accounting Research, 2010, 48 (4): 795 – 814.

[232] Doyle J. , Ge W. , McVay S. Accruals Quality and Internal Control over Financial Reporting [J]. Accounting Review, 2007, 82 (5): 1141 – 1170.

[233] Dreber A. , Johannesson M. Gender Differences in Deception [J]. Economics Letters, 2008, 99 (1): 197 – 199.

[234] Dyck A. , Morse A. , Zingales L. Who Blows the Whistle on Corporate Fraud? [J]. Journal of Finance, 2010, 65: 2213 – 2253.

[235] Efendi J. , Srivastava A. , Swanson E. Why Do Corporate Managers Misstate Financial Statements? The Role of Option Compensation and Other Factors [J]. Journal of Financial Economics, 2007, 85: 667 – 708.

[236] Engel E. , Hayes R. , Wang X. CEO Turnover and Properties of Accounting Information [J]. Journal of Accounting and Economics, 2003, 36 (1):

197 – 226.

［237］ Engel E. , Gao F. , Wang X. Chief Financial Officer Succession and Corporate Financial Practices ［W］. Fisher College of Business Working Paper, 2015. No. RP 2014 – 02 – 005.

［238］ Engel E. , Hayes R. , Wang X. The Sarbanes – Oxley Act and Firms' Going – Private Decisions ［J］. Journal of Accounting and Economics, 2006, 44 (1 – 2): 116 – 145.

［239］ Faccio M. , Marchica M T. , Mura R. CEO Gender and Corporate Risk-taking ［W］. Available at SSRN: http: //dx. doi. org/10. 2139/ssrn. 2021136, 2014.

［240］ Fama E. , Jensen M. Separation of Ownership and Control ［J］. Journal of Law and Economics, 1983, 26: 301 – 325.

［241］ Fan J. , Wong T. , Zhang T. Institutions and Organizational Structure: The Case of State – Owned Corporate Pyramid ［J］. The Journal of Law, Economics, and Organization, 2009, 29 (6): 1217 – 1252.

［242］ Feng M. , Ge W. , Luo S. , Shevlin T. Why do CFOs Become Involved in Material Accounting Manipulations? ［J］. Journal of Accounting and Economics, 2011, 51 (1): 21 – 36.

［243］ Filbeck G. , Lee S. Financial Management Techniques in Family Businesses ［J］. Family Business Review, 2000, 13 (3): 201 – 216.

［244］ Firth M. , Fung P. , Rui O. Ownership, Two-tier Board Structure, and the Informativeness of Earnings – Evidence from China ［J］. Journal of Accounting and Public Policy, 2007, 26 (4).

［245］ Firth M. , Lin C. , Wong S. Leverage and Investment Under a State-owned Bank Lending Environment: Evidence from China ［J］. Journal of Corporate Finance, 2008, 14 (5).

［246］ Firth M. , Leung T. , Rui O. Justifying Top Management Pay in a Transitional Economy ［J］. Journal of Empirical Finance, 2010, 17: 852 – 866.

［247］ Firth M. , Rui O. , Wu W. Cooking the Books: Recipes and Costs of Falsified Financial Statements in China ［J］. Journal of Corporate Finance, 2011, 17 (2): 371 – 390.

［248］ Francis B. , Hasan I. , Wu Q. The Impact of CFO Gender on Bank Loan Contracting ［J］. Journal of Accounting, Auditing & Finance, 2013, 28 (1): 53 – 78.

[249] Francis B. , Hasan I. , Park J. , etc. Gender Differences in Financial Reporting Decision Making: Evidence from Accounting Conservatism [J]. Contemporary Accounting Research, 2015, 32 (3): 1285 – 1318.

[250] Friedman H. Implications of Power: When the CEO can Pressure the CFO to Bias Reports [J]. Journal of Accounting and Economics, 2014, 58 (1): 117 – 141.

[251] Gao, 2013. United States Government Accountability Office, Report to Congressional Committees, Internal Controls: SEC Should Consider Requiring Companies to Disclose Whether They Obtained an Auditor Attestation (GAO – 13 – 582), 2013, (7).

[252] Gary K. , Zhao H. , Randall X. Consequences of Real Earnings Management on Subsequent Operating Performance [J]. Research in Accounting Regulation, 2010, 22: 128 – 132.

[253] Geiger M. , North D. Does Hiring a New CFO Change Things? An Investigation of Changes in Discretionary Accruals [J]. The Accounting Review, 2006, 81 (4): 781 – 809.

[254] Gerald J. , Jian Z. Did Conservatism in Financial Reporting Increase after the Sarbanes – Oxley Act? Initial Evidence [J]. Accounting Horizons, 2006, 20 (1): 57 – 73.

[255] Gibbons R. Incentives in Organizations [R]. National Bureau of Economic Research, 1998, 12 (4): 115 – 132.

[256] Goldman E. , Slezak S. An Equilibrium Model of Incentive Contracts in the Presence of Information Manipulation [J]. Journal of Financial Economics, 2006, 80: 603 – 626.

[257] Gomez – Mejia L. , Wiseman R. Reframing Execufive Compensation: An Assessment and Outlook [J]. Journal of Management, 1997, 23 (3): 291 – 374.

[258] Gopalan R. , Jayaraman S. Private Control Benefits and Earnings Management: Evidence from Insider Controlled Firms [J]. Journal of Accounting Research, 2012, 50 (1): 117 – 157.

[259] Gormley T. , Matsa D. Common Errors: How to (and Not to) Control for Unobserved Heterogeneity The Review of Finance Studies, 2014, 27 (2): 617 – 661.

[260] Graham J R. , Harvey C. , Rajgopal S. The Economic Implications of

Corporate Financial Reporting [J]. Journal of Accounting and Economics, 2005, 40 (1 –3): 3 –73.

[261] Graham J., Li S., Qiu J. Managerial Attributes and Executive Compensation [J]. Review of Financial Studies, 2012, 25: 144 –186.

[262] Grahama J., Li S., Qiu J. Corporate Misreporting and Bank Loan Contracting [J]. Journal of Financial Economics, 2007, 89 (1): 44 –61.

[263] Grossman S., Hart O. Corporate Financial Structure and Managerial Incentives [M]. The Economics of Information and Uncertainty. University of Chicago Press, 1982.

[264] Gul F., Chen C., Tsui J. Discretionary Accounting Accruals, Managers' Incentives and Audit Fees [J]. Contemporary Accounting Research, 2003, 20 (3): 441 –464.

[265] Gulamhussen M., Santa S. Female Directors in Bank Boardrooms and Their Influence on Performance and Risk-taking [J]. Global Finance Journal, 2010, 28.

[266] Harris M., Raviv A. A Theory of Board Control and Size [J]. Review of Financial Studies, 2008, 21: 1797 –1832.

[267] Hart O. Financial Contracting [J]. Journal of Economic Literature, 2001, 39 (4): 1079 –1100.

[268] Hart O. Regulation and Sarbanes – Oxley [J]. Journal of Accounting Research, 2009, 47: 437 –445.

[269] Hartzell J., Starks L. Institutional Investors and Executive Compensation [J]. Journal of Finance, 2003, 58: 2351 –2374.

[270] Healy, Paul M. The Effect of Bonus Schemes on Accounting Decisions [J]. Journal of Accounting & Economics, 1985, 7 (1/2/3): 85 –107.

[271] Healy P., Wahlen J. A Review of the Earnings Management Literature and its Implications for Standars Setting [J]. Accounting Horizons, 1999, 13 (4): 365 –383.

[272] Heckman J. Sample Selection Bias as a Specification Error [J]. Econometrica, 1979, 47 (1): 153 –161.

[273] Hennes K., Lenone A., Miller B. Accounting Restatements and Auditor Accountability [W]. Working paper, University of Oklahoma, 2011.

[274] Hermalin B., Weisbach M. Board of Directors as an Endogenously De-

termined Institution: A Survey of the Economic Literature [J]. FRB New York – Economic Policy Review, 2003, 9 (Apr), 7 – 26.

[275] Hermalin B., Weisbach M. The Determinants of Board Composition [J]. Rand Journal of Economics, 1988, 19: 589 – 606.

[276] Hermalin B., Weisbach M. Endogenously Chosen Boards of Directors and Their Monitoring of the CEO [J]. American Economic Review, 1998, 88: 96 – 118.

[277] Hermalin B., Weisbach M. Boards of Directors as an EndogenouslyDe- termined Institution: A Survey the Economic Literature [J]. FRBNY Economic Poli- cy Review, 2003, 4: 7 – 26.

[278] Hermalin B., Weisbach M. Information Disclosure and Corporate Gov- ernance [J]. The Journal of Finance, 2012, 67: 195 – 233.

[279] Ho L., Liao Q., Taylor M., Real and Accrual – Based Earnings Management in the Pre-and Post-Ifrs Periods: Evidence from China [J]. Journal of International Financial Management & Accounting, 2015, 26 (3): 294 – 335.

[280] Hoitash U., Hoitash R., Bedard J. Corporate Governance and Internal Control over Financial Reporting: A Comparison of Regulatory Regimes [J]. The Accounting Review, 2009, 84 (3): 839 – 867.

[281] Holmstrom B. Moral Hazard and Observability [J]. Bell Journal of Economics, 1979, 10 (1): 74 – 91.

[282] Holmstrom B., Kaplan S. The State of U. S. Corporate Governance: What's Right and What's Wrong? in D. H. Chen and S. L. Gillan editors: "U. S. Corporate Governance", 2009, Columbia University Press, New York.

[283] Hong H., Kim J., Welker M. Divergence of Cash Flow and Voting Right, Opacity, and Stock Price Crash Risk: International Evidence [W]. Working Paper, 2012.

[284] Hossain S., Monroe G. Chief Financial Officers' Short — And Long – Term Incentives Based Compensation and Earnings Management [J]. Australian Ac- counting Review, 2015, 25 (3): 279 – 291.

[285] Hothausen R., Larcher D., Sloan R. Annual Bonus Schemes and the Manipulation of Earnings [J]. Journal of Accounting and Economics, 1995, 19 (1): 29 – 74.

[286] Hou W., Moore G. Player and Referee Roles Held Jointly: The Effect

of State Ownership on China's Regulatory Enforcement Against Fraud [J]. Journal of Business Ethics, 2010, 95: 317 – 335.

[287] Huang J. , Kisgen D. Gender and Corporate Finance: Are Male Executives Overconfident Relative to Female Executives? [J]. Journal of Financial Economics, 2013, 108 (3): 822 – 839.

[288] Hui K. , Matsunaga S. , Are CEOs and CFOs Rewarded for Disclosure Quality? [J]. The Accounting Review, 2015, 90 (3): 1013 – 1047.

[289] Hutton A. , Marcus A. , Tehranian H. Opaque Financial Reports, R2, and Crash Risk [J]. Journal of Financial Economics, 2009, 94: 67 – 86.

[290] Iliev P. The Effect of SOX Section 404: Costs, Earnings Quality and Stock Prices [J]. Journal of Finance, 2010, 65: 1163 – 1196.

[291] Indjejikian R. , Matμejka M. CFO Öduciary Responsibilities and Annual Bonus Incentives [J]. Journal of Accounting Research, 2009, 47: 1061 – 1093.

[292] Jensen M. , Meckling W. Theory of the Firm: Managerial Behavior, Agency Costs and Ownership Structure [J]. Journal of Financial Economics, 1976, 3 (4): 305 – 360.

[293] Jensen M. , Murphy K. CEO Incentives: It's not How Much You Pay, but How [J]. Journal of Applied Corporate Finance, 1990, 3 (3): 36 – 49.

[294] Jensen M. Agency Costs of Free Cash Flow, Corporate Finance, and Takeovers [J]. The American Economic Review, 1986, 76 (2): 323 – 329.

[295] Jia C. , Ding S. , Li Y. , Wu Z. Fraud, Enforcement Action, and the Role of Corporate Governance: Evidence from China [J]. Journal of Business Ethics, 2009, 90: 561 – 576.

[296] Jiang G. , Lee C. , Yue H. Tunneling Through Intercorporate Loans: The China Experience [J]. Journal of Financial Economics, 2010, 98 (1): 1 – 20.

[297] Jiang J. , Petroni K. , Wang I. CFOs and CEOs: Who has The Most Influence on Earnings Management? [J]. Journal of Financial Economics, 2010, 96 (3): 513 – 526.

[298] Jin L. , Myers S. R2 Around the World: New Theory and New Tests [J]. Journal of Financial Economics, 2006, 79 (2): 257 – 292.

[299] Johnson S. , Porta R. , Lopez – de – Silanes F. , Shleifer A. Tunneling [J]. American Economic Review, 2000, 90: 22 – 27.

[300] Johnson S. , Ryan H. , Tian Y. Managerial Incentives and Corporate

Fraud: The Source of Incentives Matter [J]. Review of Finance, 2009, 13: 115 – 145.

[301] Kaplan S. Top Executive Rewards and Firm Performance: A Comparison of Japan and the U. S [J]. Journal of Political Economy, 1994, 102: 510 – 546.

[302] Kaplan S. , Rauh J. Wall Street and Main Street: What Contributes to the Rise in the Highest Incomes? [J]. Review of Financial Studies, 2010, 23 (3): 1004 – 1050.

[303] Kato T. , Long C. , Executive Compensation, Firm Performance, and Corporate Governance in China: Evidence from Firms Listed in the Shanghai and Shenzhen Stock Exchanges [J] . Economic Development and Cultural Change, 2006, 54 (4): 945 – 983.

[304] Kedia S. , Philippon T. The Economics of Fraudulent Accounting [J]. Review of Financial Studies, 2005, 22 (6): 2169 – 2199.

[305] Khan M. , Watts R. , Estimation and Empirical Properties of a Firm: Year Measure of Accounting Conservatism [J]. Journal of Accounting and Economics, 2009, 48: 132 – 150.

[306] Khanna V. , Kim E. , Lu Y. CEO Connectedness and Corporate Fraud [J]. The Journal of Finance, 2015, 70 (3): 1203 – 1252.

[307] Kim J. , Li Y. , Zhang L. CFOs Versus CEOs: Equity Incentives and Crashes [J]. Journal of Financial Economics, 2011, 101: 713 – 730.

[308] Kim, J. B. , Zhang, L. Accounting Conservatism and Stock Price Crash Risk: Firm Level Evidence [J]. Contemporary Accounting Research, 2016, 33 (1): 412 – 441.

[309] Kothari S. , Shu S. , Wysocki P. Do Managers Withhold Bad News? [J]. Journal of Accounting Research, 2009, 47: 241 – 276.

[310] Kim J. , Zhang L. Financial Reporting Opacity and Expected Crash Risk: Evidence from Implied Volatility Smirks [J]. Contemp. Account. Res, 2014, 31 (3): 851 – 875.

[311] Kim E. , Lu Y. Corporate Governance Reforms Around the World and Cross: Border Acquisitions [J]. Journal of Corporate Finance, 2013, 22: 236 – 253.

[312] Klein S. , Bell F. Non-family Executives in Family Businesses: A Literature Review [J]. 2007, 1: 19 – 37.

[313] Klein A. Firm Performance and Board Committee Structure [J]. Journal of Law and Economics, 1998, 41: 275 – 304.

［314］Porta L. , Lopez – de – Silanes F. , Shleifer A. , Vishny R. Corporate Ownership Around the World ［J］. Journal of Finance, 1999, 54 (2): 471 – 517.

［315］Porta L. , Lopez – de – Silanes F. , Shleifer A. , Vishny R. Investor Protection and Corporate Governance ［J］. Journal of Financial Economics, 2000, 58 (1): 3 – 27.

［316］Landier A. , Sraer D. , Thesmar D. Optimal Dissent in Organizations ［J］. Review of Economic Studies, 2009, 76: 761 – 794.

［317］Larcker D. , Tayan B. Seven Myths of Boards of Directors ［W］. Rock Center for Corporate Governance at Stanford University Closer Look Series: Topics, Issues and Controversies in Corporate Governance No. CGRP – 51, 2015.

［318］Lee W. Propensity Score Matching and Variations on the Balancing Test ［J］. Empirical Economics, 2013, 44 (1), 47 – 80.

［319］Leone A. , Wu J. , Zimmerman J. Asymmetric Sensitivity of CEO Cash Compensation to accounting and Stock Returns ［J］. Journal of Accounting and Economics, 2006, 42: 167 – 192.

［320］Leuz C. Was the Sarbanes – Oxley Act of 2002 Really this Costly? A Discussion of Evidence from Event Returns and Going – Private Decisions ［J］. Journal of Accounting and Economics, 2007, 44 (1): 146 – 165.

［321］Leuz C. , Triantis A. , Wang T. Why do Firms Go Dark? Causes and Economic Consequences of Voluntary SEC Deregistrations ［J］. Journal of Accounting and Economics, 2008, 45: 181 – 208.

［322］Li O. , Zhang Y. Financial Restatement Announcements and Insider Trading ［W］. Working paper, University of Arizona and Columbia University, 2007.

［323］Li Z. Mutual Monitoring and Corporate Governance ［J］. Journal of Banking and Finance, 2014, 45: 225 – 269.

［324］Litvak K. Defensive Management: Does the Sarbanes – Oxley Act Discourage Corporate Risk – Taking? ［W］. Working Paper, UT Austin Law School, 2008.

［325］Liu Y. , An Y. , Zhang J. Bribe Payments Under Regulatory Decentralization: Evidence from Rights Offering Regulations in China ［J］. Journal of Banking and Finance, 2016, 63: 61 – 75.

［326］Malmendier U. , Tate G. CEO Overconfidence and Corporate Investment ［J］. Journal of Finance, 2005, 60 (6): 2661 – 2700.

[327] Mamun A. , Balachandran B. , Duong H. Powerful CEOs and Stock Price Crash Risk [R]. FIRN Research Paper No. 2791707. Available at SSRN: http://dx. doi. org/10. 2139/ssrn. 2797107, 2016.

[328] Mian S. On the Choice and Replacement of Chief Financial Officers [J]. Journal of Financial Economics, 2001, 60 (1): 143–175.

[329] Mizik N. , Jacobson R. Earnings Inflation Through Accruals and Real Activity Manipulation: Its Prevalence at the Time of an SEO and the Financial Market Consequences [W]. Working Paper, Columbia University, 2008.

[330] Mobbs S. Internal Financial Expertise on the Board: Implications of CFO Board Influence on Firm Financial Policy [W]. University of Alabama, Working paper, 2011.

[331] Morse A. , Nanda V. , Seru A. Are Incentive Contracts Rigged by Powerful CEOs? [J]. Journal of Finance, 2011, 66 (5): 1779–1821.

[332] Natarajan R. Stewardship Value of Earnings Components: Additional Evidence on the Determinants of Executive Compensation [J]. Accounting Review, 1996, 71 (1): 1–22.

[333] Nida A. , Arif K. , Konstantinos S. Firm Innovation and Institutional Investment: The Role of the Sarbanes–Oxley Act [J]. The European Journal of Finance, 2015, 21: 71–92.

[334] Palmrose Z. V. , Richardson V. J. , Scholz S. Determinants of Market Ractions to Restatement Announcements [J]. Journal of Accounting & Economics, 2004, 37 (1): 59–89.

[335] Peng S. , Tonkar R. , Smith J. , Harless D. Does Convergence of Accounting Standards Lead to the Convergence of Accounting Practices: A Study from China [J]. International Journal of Accounting, 2008, 43 (4): 448–468.

[336] Peng W. , Wei K. Women Executives and Corporate Investment: Evidence from the S&P 1500 [W]. Working Paper, Hong Kong University of Science and Technology, 2007.

[337] Peng L. , Röell A. Executive Pay and Shareholder Litigation [J]. Review of Finance, 2008, 12: 141–184.

[338] Piotroski J. , Wong T. , Zhang T. Political Incentives to Suppress Negative Financial Information: Evidence from State Controlled Chinese Firms [W]. Working paper, The Chinese University of Hong Kong, 2011.

[339] Porta R. , Lopez – De – Silanes F. , Shleifer A. Investor Protection and Corporate Valuation [J]. The Journal of Finance, 2002, 57 (3): 1147 – 1170.

[340] Powell M. , Ansic D. Gender Differences in Risk Behaviour in Financial Decision – Making: An Experimental Analysis [J]. Journal of Economic Psychology, 1997, 18 (6): 605 – 628.

[341] Renee B. , Benjamin E. , Michael S. The Role of Boards of Directors in Corporate Governance: A Conceptual Framework and Survey [J]. Journal of Economic Literature, American Economic Association, 2010, 48 (1): 58 – 107.

[342] Richardson S. Over – Investment of Free Cash Flow [J]. Social Science Electronic Publishing, 2006, 11 (2 – 3): 159 – 189.

[343] Rosenbaum P. , Rubin D. Constructing a Control Group Using Multivariate Matched Sampling Methods That Incorporate the Propensity Score [J]. American Statistician, 1985, 39 (1): 33 – 38.

[344] Rosenbaum P. Replicating Effects and Biases [J]. The American Statistician, 2001, 55 (3): 223 – 227.

[345] Rosenbaum P. , Rubin D. The Central Role of the Propensity Score in Observational Studies for Causal Effects [J]. Biometrika, 1983, 70 (1): 41 – 55.

[346] Roychowdhury S. Earnings Management Through Real Activities Manipulation [J]. Journal of Accounting and Economics, 2006, 42 (3): 335 – 370.

[347] Sarbanes – Oxley act: Consideration of Key Principles Needed in Addressing Implementation for Smaller Public Companies [J]. United States Government Accountability Office Reports, 2006.

[348] Scholze W. The Changing Nature and Consequences of Public Company Financial Restatements 1997 – 2006 [R]. The Department of the Treasury Reporting, 2008.

[349] Schulze W. , Lubatkin M. , Dino R. Altruism, Agency, and the Competitiveness of Family Firms [J]. Managerial and Decision Economics, 2002, 23 (4 – 5): 247 – 259.

[350] SEC 2009. US Securities and Exchange Commission. Study and Recommendations on Sections 404 (b) of the Sarbanes – Oxley Act of 2002 For Issuers with Public Float Between $75 and $250 Million. Washington, D. C. : 2011.

[351] Securities Exchange Commission. Final Rule: Executive Compensation and Related Person Disclosure [R]. Release No. 33 – 8732a. , File No. s7 – 03 –

06, 2006.

[352] Shleifer A. , Vishny R. Large Shareholders and Corporate Control [J]. The Journal of Political Economy, 1986, 94 (3): 461 – 488.

[353] Shleifer A. , Vishny R. A Survey of Corporate Governance [J]. The Journal of Finance, 1997, 52 (2): 737 – 783.

[354] Stefan A. , Zacharias S. Did SOX Section 404 Make Firms Less Opaque? Evidence from Cross – Listed Firms [J]. Contemporary Accounting Research, 2013, 30 (3): 1133 – 1165.

[355] Stephens, Nathaniel M. Corporate Governance Quality and Internal Control Reporting Under SOX Section 302 [R]. Available at SSRN: http://ssrn.com/abstract = 1313339, 2009.

[356] Taylor R. Age and Experience as Determinants of Managerial Information Processing and Decision Making Performance [J]. Academy of Management Journal, 1975, 18 (1): 74 – 81.

[357] Tsui A. , Porter L. , Egan T. When Both Similarities Matter: Extending the Concept of Relational Demography [R]. Human Relations, 2002, 55: 899 – 929.

[358] Uhlaner L. , Floren R. , Geerlings J. Owner Commitment and Relational Governance in the Privately-held Firm: An Empirical Study [J]. Small Business Economics, 2007, 29 (3): 275 – 293.

[359] Vancil R. A Look at CEO Succession [J]. Harvard Business Review, 1987, 65 (2): 107 – 117.

[360] Villalonga B. , Amit R. How do Family Ownership, Control and Management Affect Firm Value? [J]. Journal of financial Economics, 2006, 80 (2): 385 – 417.

[361] Wang T. , Winton A. Product Market Interactions and Corporate Fraud [W]. Working Paper, University of Minnesota, 2014.

[362] Wang T. , Winton A. , Yu X. Corporate Fraud and Business Conditions: Evidence from IPOs [J]. Journal of Finance, 2010, 65 (6): 2255 – 2292.

[363] Wang C. Does Independent Board of Directors Really Make a Difference? Evaluating the Treatment Effects of Increased Board Independence Requirements on Corporate Performance [R]. Available at SSRN: http://ssrn.com/abstract = 2535761, 2014.

[364] Wang X. Increased Disclosure Requirements and Corporate Governance Decisions: Evidence from Chief Financial Officers in the Pre and Post – Sarbanes Oxley Periods [J]. Journal of Accounting Research, 2010, 48 (4): 885 – 920.

[365] Watts R. , Zimmerman J. Positive Accounting Theory [R]. Prentice Hall, 1986.

[366] Watts R. Conservatism in Accounting Part I: Theory and Implications [J]. Accounting Horizons, 2003, 17 (3): 207 – 221.

[367] Williamson. Themodern: Origins, Evolution, Attributes [J]. Journal of Economic Literature, 1981, (19): 1537 – 1568.

[368] Xu N. , Li X. , Yuan Q. , Chan K. Excess Perks and Stock Price Crash Risk: Evidence from China [J]. Journal of Corporate Finance, 2014, 25: 419 – 434.

[369] Yu Q. , Du B. , Sun Q. Earnings Management at Rights Issues Thresholds: Evidence from China [J]. Journal of Banking and Finance, 2006, 30 (12): 3453 – 3468.

[370] Yu X. Securities Fraud and Corporate Finance: Recent Developments [J]. Managerial & Decision Economics, 2013, 34 (7 – 8): 439 – 450.

[371] Zang A. Evidence on the Trade – Off between Real Activities Manipulation and Accrual – Based Earnings Management [J]. The Accounting Review, 2012, 87 (2): 675 – 703.

[372] Zhang Y. Law, Corporate Governance, and Corporate Scandal in an Emerging Economy: Insights from China [R]. Available at SSRN: http://ssrn. com/abstract = 957549, 2007.

[373] Zhou F. , Wang L. , Zhang Z. , An Y. The Impacts of Accrual – Based and Real Earnings Management on Executive Compensation: Evidence from Chinese Public Firms in the Private Sector [J]. Asia – Pacific Journal of Accounting and Economics, 2016, 8: 1 – 17.

[374] Zorn D. Here a Chief, There a Chief: The Rise of the CFO in the American Firm [J]. American Sociological Review, 2004, 69 (3): 345 – 364.

[375] Zuckerman M. Behavioral Expressions and Biosocial Bases of Sensation Seeking [M]. Cambridge University Press, 1994.